影响中国外交决策的五大因素

YINGXIANG ZHONGGUO WAIJIAO JUECE DE WUDA YINSU

齐建华 著

全国百佳出版社
中央编译出版社
Central Compilation & Translation Press

图书在版编目(CIP)数据

影响中国外交决策的五大因素/齐建华著.
—北京:中央编译出版社,2010.4
ISBN 978 – 7 – 5117 – 0275 – 3

Ⅰ.①影…

Ⅱ.①齐…

Ⅲ.①外交政策 – 决策 – 研究 – 中国

Ⅳ.①D820

中国版本图书馆 CIP 数据核字(2010)第 060015 号

影响中国外交决策的五大因素

出 版 人	和 龑
责任编辑	郑 锦
责任印制	尹 珺
出版发行	中央编译出版社
地　　址	北京西单西斜街 36 号(100032)
电　　话	(010)66509360(总编室)　(010)66509353(编辑室)
	(010)66161011(团购部)　(010)66130345(网络销售)
	(010)66509364(发行部)　(010)66509618(读者服务部)
网　　址	www.cctpbook.com
经　　销	全国新华书店
印　　刷	北京瑞哲印刷厂
开　　本	787 毫米×960 毫米　1/16
字　　数	247 千字
印　　张	17.5
版　　次	2010 年 4 月第 1 版第 1 次印刷
定　　价	39.00 元

本社常年法律顾问:北京大成律师事务所首席顾问律师　鲁哈达
凡有印装质量问题,本社负责调换。电话:(010)66509618

目　录

导　论 ··· 1

第一章　国际环境因素 ·· 13
第一节　战后国际环境的总体特征与历史演进 ············ 14
　　一、一个时代的发展 ·· 14
　　二、两极格局的演变 ·· 20
　　三、三类国家关系的变迁 ····································· 26
　　四、四大趋势的凸显 ·· 29
第二节　国际环境与当代中国外交 ···························· 35
　　一、国际环境与实现民族独立和人民解放 ················ 36
　　二、国际环境与新中国的建设和外交 ······················ 40
　　三、国际环境与改革开放和新时期外交 ··················· 45
第三节　国际环境与中国外交决策的辩证关系 ············· 47
　　一、客观与主观结合、必然与能动统一 ··················· 48
　　二、实现民族伟大复兴与推进和谐世界建设 ············· 51

第二章　宪法与法律因素 ·· 58
第一节　法律在中国外交决策中的基础性地位 ············· 58
　　一、法律在外交中的地位和作用 ···························· 58
　　二、中国法治历程与当代发展 ······························· 64

三、依法外交：当代外交与当代中国外交的基本要求 …… 69
第二节 中国外交决策的法律基础与宪法原则 …………… 70
　一、当代中国的法律体系与外交 ………………………… 70
　二、中国外交政策的宪法原则 …………………………… 75
　三、中国外交政策的其他法律的适用 …………………… 86
第三节 夯实基础、加强建设，开创依法外交的新境界 …… 89
　一、增加创制参与度，树立责任大国好形象 …………… 89
　二、夯实法律基础，切实加强外交的法治建设 ………… 91
　三、增强法律意识，提高依法外交的自觉性 …………… 92

第三章　意识形态因素 …………………………………… 95
第一节 意识形态在中国外交决策中的特殊作用 ………… 95
　一、意识形态在外交、外交决策中的一般意义 ………… 96
　二、党的基本理论是外交决策的理论基础 …………… 102
　三、意识形态如何决定中国外交决策 ………………… 106
第二节 中国特色社会主义与新时期的外交理论 ………… 113
　一、一脉相承和与时俱进的科学理论 ………………… 113
　二、新时期中国外交基本问题的观点体系 …………… 125
　三、指导外交决策的价值目标与行动指南 …………… 146
第三节 坚持外交指导思想，努力实现科学决策 ………… 156
　一、新情况、新问题、新理论、新挑战 ……………… 157
　二、坚持和发展中国特色社会主义外交理论 ………… 159
　三、开拓、创新，不断提高外交决策的水平 ………… 163

第四章　组织结构因素 …………………………………… 165
第一节 外交决策体系的一般组织结构 …………………… 166
　一、西方政治制度与决策体制的产生历史与基本原则 … 166
　二、西方政治制度与决策体制的基本内容与主要特点 … 171
第二节 中国外交决策体系和组织结构的特点与发展 …… 186

一、中国政治制度和决策体制的形成与演进 ········· 187
二、中国的政治体制与外交决策体系的组织结构及其特点 ··· 195
三、中国外交决策组织机构与体系分析 ············ 202
第三节 完善体制、优化结构，提高决策效率 ············ 214

第五章　大众传媒与民意因素　218
第一节　大众传媒的发展对外交的作用和影响 ············ 220
一、信息社会与传媒时代 ····················· 220
二、信息社会和传媒大国 ····················· 225
三、传媒发展与国际政治和外交 ················ 230
第二节　大众传媒发展与中国外交决策 ··············· 234
一、改革开放以来经济社会的全面进步 ············ 234
二、大众传媒发展与公众参与自主性的提高 ········· 236
三、公众外交的凸显与外交决策的新实践 ··········· 242
第三节　发展大众传媒，促进外交决策的科学化、民主化 ··· 249
一、发展大众传媒与公众外交的重要性和必要性 ····· 249
二、大众传媒与公众参与：发展与规范的统一 ······· 252
三、做好中国对外文化外交：增加交往与共识 ······· 255

结语　261
参考文献　266

导　论

一　关于研究的大背景

　　人类社会的发展不仅是社会形态从低级向高级的发展过程，还是社会交往不断增强、实践空间不断拓展和人类共同体不断演进的过程。近代以来，伴随大机器生产的出现，世界各民族处在广泛的政治、经济、文化和社会的联系之中，民族的历史日益成为世界的历史。上世纪70—80年代以来，以经济为基础的全球化在新科技革命和一系列新因素的影响之下又掀起了新的浪潮，使世界与中国发生了新变化。

　　古老的中国是世界文明的一部分，其近现代与世界关系的历史经历了一个曲折的发展过程。首先，在经历过"落日辉煌"之后，中国封建旧制度受到西方主导的全球化第一次浪潮的强烈冲击，继而，深陷半封建、半殖民地灾难的中国在全球化第二次浪潮中英勇奋起，再继之，伴随着第三次全球化的浪潮，中国在改革开放的进程中全面发展。总之，中国人民在中国共产党的领导下，不仅经过新民主主义革命，实现了民族独立和人民的解放，而且经过改革开放，更开辟了中国社会的发展之路。可以说，中华民族面向未来、面向世界、面向现代化，今天已开启了伟大复兴的新时代。

　　中国的发展离不开世界，世界的发展也离不开中国。中国在改革开放与世界的亲密接触中赢得了发展，而中国在改变自己的同时，也必然会改变着世界。尤其值得指出的是，中国与世界的关系今天又在发生着深刻的变化,新世纪、新挑战,我们面临着"世界如何迎接发展起来的中国和中国如何更好地融入世界"的主题。中国融入世界的过程是一个自然的历史过程,不以人的意志为转移,任何阻止这一过程的企图,不管是威胁论者还是分裂分子,都是注定要失败的。但是,这样的过程,又是一个社会实践过程,需要人们的努力、智慧与创造。不如此,不能摆脱历史上大国崛起引起世界动荡的"宿命";不如此,不能打破中国和平发展面临的桎梏。在这当中,相关的文化建构具有特殊重要的价值和意义。

从文化发展上看,社会存在决定社会意识,价值认同与政治、经济和社会基础有着本质、内在、必然的联系。但与此同时,价值的形成还有其自身发展的规律,有某种独立性。价值认同与人们的认知、情感有着广泛的联系,交流、沟通不仅是影响认知和情感的基础,有时对价值认同还起着重要的关键作用。据此,我们认为,中国融入世界,不仅需要中国与世界政治、经济利益的协调、共赢,而且还需要中国与世界的广泛深度接触,达成认同,而认同的实现是需要中国与世界切实的广泛交往、对话、沟通。只有在此基础上才能达到中国与世界的相互了解、认识和理解。

中国成功举办奥运会、世界关注汶川地震和中国与世界面对金融危机一起共度时艰等等,无疑拉近了中国与世界的距离。但奥运圣火传递中的插曲、涉藏问题的误解和对中国人权认知的偏差[1],使人们深切地感到中国与世界又是如此的陌生。这就意味着,世界需要进一步了解、认识和理解中国,中国自身也仍然需要不断地了解、认识世界和学习融入世界!

我们对中国外交政策和决策研究工作意义的看法,就是建立在以上这样一个深广的认识基础之上的,我们这项研究工作的目的,也就在于希望我们的努力能够成为那样一个宏大努力的组成部分。一句话,研究中国外交及其决策是有很强的针对性和现实性的,是让世界了解、认识中国,中国学习融入世界的题中应有之义。我们应当从人类发展规律、

---

[1] 齐建华:《法国学术界对当代中国政治研究评述》,《国外理论动态》2005年第4期。

从人类历史发展和中国近代发展历史，以及从当代中国与世界关系的前沿去深刻把握中国与世界的关系，去认识中国外交及其决策的重要意义和研究它的极大重要性。

二 关于外交决策研究的方法论

外交决策古已有之。英法契约论者认为，国家如果说不是完全因外交的需要，也是部分地因外交的需要而产生。有了国家，就有了外交，伴随着国家外交的出现，人类便开始外交决策相关问题的思考和研究，如西方之希罗多德和东方之诸子百家。

人类社会生生不息，外交决策不断演进，人们的相关研究也不断发展。近代科学意义上的西方外交决策研究是在第二次世界大战之后，在一定社会背景下首先在美国，同时或尔后在英法德等西方发达国家先后出现并获得发展的。具体讲，它是从政治学的国际关系研究中分离出来而形成的。这样的一个学术研究，以不同的发展阶段、不同的理论基础，构建了不同的理论模式，取得了丰富的研究成果，成为人们展开深入研究的认识工具。詹姆斯·多尔蒂与小罗伯特·普法尔茨格拉夫所著《争论中的国际关系理论》[①]第五版的第十一章决策理论"单位层次的行为体及其选择"中，比较全面地反映了相关的研究成果和学术争论的前沿问题；法国大学出版社1985年出版了一部政治学百科全书类的权威著作《政治科学教程》，其中有著名国际政治学者马尔塞尔·迈尔勒撰写的"外交政策"一篇，作者对何为传统外交、何为影响外交决策的新因素、外交决策的制定、决策的实施及国内政策与对外政策之间的关系等问题作了比较系统的说明，代表了法国相关研究的整体水平和学术特点。

改革开放以来，中国学术界翻译出版了一些西方相关研究的专著，一些中国学者也做了系统的学科调研，有很好的学术水平和认识价值。除一系列高水平的系统阐述国际政治理论和国际关系研究的教材、论

---

① 詹姆斯·多尔蒂、小罗伯特·普法尔茨格拉夫：《争论中的国际关系理论》（第五版），世界知识出版社2003年版。

著，如张历历、杨闯、周启朋合著的《现代国际关系学》①，金应忠、倪世雄合著的《国际关系理论比较研究》② 等，对相关问题有系统涉及外，一些研究者的专门研究也有重要的参考价值，例如中国学者张清敏的论文《外交政策分析的三个流派》③ 梳理了外交决策理论的三种基本研究方法：比较研究、社会心理研究和结构功能研究；冯玉军在《俄罗斯外交政策机制》④ 第一章中介绍了对外政策决策理论。他们在大量占有第一手材料的基础上，对西方对外政策分析的理论嬗变，对外政策决策模式，以及对外政策分析的俄罗斯的观点方法，进行了系统的介绍和评价。其中对西方对外政策分析的理论嬗变的两个阶段的划分，对外政策决策模式宏观微观的六种模式（国际体系决定论、社会环境决定论、理性选择模式、组织过程模式、官僚政治模式、心理认知模式）的梳理给人留下深刻的印象，特别是冯玉军书中有关"决策模式的相互关联性及模式的运用"的关联性图解和提出的要"综合运用模式"，在使用理论时要"因议题和制度"而异的观点都很有见地、很有意义。

战后，外交决策研究在西方尤其在美国比较繁荣，但前苏联和东方国家的相关研究也不是一片空白。前苏联东欧学者以马克思列宁主义的历史唯物主义和辩证唯物主义为指导，批判吸收西方国际关系研究学者的研究成果，在俄国哲学传统的影响下，发展起了一套具有俄国东方特色的对外政策研究理论与方法，并将其运用于有关西方国家，特别是美国的对外政策研究，取得了颇有价值的成果。苏联解体后，尽管马克思主义意识形态已失去了国家意识形态地位，但对外政策研究领域的理论与方法仍大量保存下来，⑤ 成为相关研究的重要遗产。

中国的外交政策研究有很好的基础和广阔的发展空间，但在一定意义上它只是随着改革开放起步，而今天也仍处在发展之中，面对诸多的

---

① 张历历、杨闯、周启朋：《现代国际关系学》，重庆出版社1989年版。
② 金应忠、倪世雄：《国际关系理论比较研究》，中国社会科学出版社1992年版。
③ 张清敏：《外交政策分析的三个流派》，《世界经济与政治》2001年第9期。
④ 冯玉军：《俄罗斯外交政策机制》，时事出版社2002年版，第53—74页。
⑤ 江忆恩：《中国外交政策研究：理论趋势及方法辨析》，参见《世界经济与政治》2006年第8期。

发展课题。这里有传统的文化的继承问题，有马克思主义的指导问题，有吸收借鉴西方的理论与成果的问题，也有从中国的实际出发、形成中国的决策理论、展开中国特色外交决策研究的问题。应当说，中国的外交决策研究和理论的发展是离不开世界的，而世界相关研究和理论的发展也离不开中国。因此，中国的外交决策研究既要吸收借鉴别人的研究成果，又要从实际出发进行科学创造，这样才能创造出符合中国实际、反映中国特色的外交决策理论、展开外交决策科学研究，也才能为世界学术相关领域的研究及其理论的发展做出中国的贡献。

三 关于中国外交决策研究的学科调研

中国外交决策研究历来受到人们的重视，随着中国的发展更加受到人们的关注，其中有许多好的研究成果，有重要的认识价值。

首先看国外的相关研究情况和进展。应当看到，近些年来有许多学者对国外中国外交决策研究已做过很好的研究和介绍。郝雨凡等在《中国外交决策——开放与多元的社会因素分析》一书的导论中为阐述自己的研究方法曾对中国对外政策研究中的传统方法进行了简要但系统的说明，指出："早期对中国外交政策的研究，主要建立在国际关系理论中传统现实主义学派以国家为中心的基本假设上。中国外交政策被认为是一个理性的、高度一致的整体，是在外部环境的各种制约条件之下试图追求和实现国家利益最大化的产物。也有少数研究者曾经关注中国对美国和前苏联政策背后的内政因素，认为中国精英阶层的内部争论在一定程度上影响了中国当时的国外政策取向。一些关注中国内政因素的学者注意到中国外交政策与其国际地位之间的关系；也有人关注中国国内政治事件与其外交行为的互动关系。早期对中国外交政策的研究反映出国际关系理论界对国内和国际两组变量互动关系的宏观学术争论，强调的重点在于中国领导层内部争论对外交政策制定的影响。"[①]

---

① 郝雨凡等主编：《中国外交决策：开放与多元的社会因素分析》，社会科学文献出版社2007年版。

根据本人阅历所及，我认为可以把相关的研究成果划分为三个方面进行说明。

（1）传统的宏观分析方法，主要包括外部因素决定论和内部因素决定论两种。外因论者把国际环境看做是政策输入的主要来源，认为中国的地缘政治位置、地区力量对比，特别是与以美国和苏联两个超级大国为标志的两极世界的关系实际上是中国外交政策的决定性因素。按照这一分析方法，中国外交政策和对外行动都是对国际环境变化动态的反映。其代表著作有《中苏冲突：全球性的考察》等。内因论者认为，中国国内系统环境以及决策者必须面对的政治体制结构是国家外交政策的决定因素，是比国际因素更有影响力的决定性因素。他们把更多的关注放在决策过程、政治体制以及政治文化和意识形态等因素上。肯尼斯·利伯特尔断言："每一场中国国内政治运动（如 1957 年的反右运动、1958 年的大跃进、1966—1969 年的"文化大革命"高潮），都对于它对待世界其余部分的态度有明显的和直接的含义。"[1]

（2）非传统的微观分析方法也主要有两种基本类型：一种是认知派，另一种是结构功能论。认知派强调决策的个人因素，认为决策人认知的世界比客观现实更重要，认为无论国际国内因素如何变化，政策的决定和实施都是由人实现的。因此，决策者对整个环境的认知显得格外重要，而决策者个人的认知能力显然与个人经历、学识、个性风格等方面的因素有联系。其代表观点就是所谓毛泽东指挥模式。该观点认为毛泽东在中国外交决策中有决定性地位，毛泽东的决定就是中国的外交政策。中国的对内对外政策相当程度上反映了控制着国家事务的毛泽东的态度。这一派别在上世纪 50—70 年代毛泽东时期尤为盛行。[2] 结构功能论的分析方法不再把国家拟人化，而是更加强调政府机器的作用。这是随着中国改革的深入，政治体制法制化、制度化和专业化程度不断提高

---

[1] 赵全胜：《解读中国外交政策：微观、宏观相结合的研究方法》，月旦出版社股份有限公司 1996 年版，第 40—44 页。

[2] Chih-yu Shih, *The Spirit of Chinese Foreign Policy: A psychocultral View*, Macmillan Press LTD, London, 1990.

后国外学者用新的视角描绘中国决策机制的结果。结构功能分析理论注重决策过程的分析,其中我们可以明显看出组织过程模式和官僚政治模式这两种分析模式对作者的影响。1985年鲍大可的著作《中国外交决策:机构与过程》①标志着结构功能学派在中国外交决策研究方面的新进展。在这本书中,作者在采访了大批中国官员和学者的基础上描绘了中国政治制度、外交决策机构和决策过程的全景。尽管书中的一些结论和推测不乏武断,但这是在改革开放之后国外学者第一次向世界介绍中国外交政策体制的决策过程。90年代中国在加入世界贸易组织问题上各种不同意见的交锋,也被视为不同机构之间的利益之争。90年代后期,国外对中国外交决策的研究达到了更为详尽和全面的程度,从学术上考察,可以说是研究方法更为多样:传统理论与非传统理论相结合,宏观分析模式与微观分析模式相交织。由美国学者戴维·兰普顿主编的《1978—2000:中国改革时期外交与安全政策决策》②,是比较全面反映中国外交决策研究的一部代表作。该书由十几名研究中国外交决策问题的专家合作完成。其中有数名学者曾在20世纪90年代出版过令人瞩目的关于中国外交决策研究的专著。如路宁(音译)的《中国外交政策决策》③、萨缪尔·S. 吉姆的《中国与世界:面对新世纪的中国外交政策》④、伊丽莎白·爱库诺米的《中国融入世界:进程与远景》等。戴维·M. 兰普顿主编的著作显然不限于结构功能分析理论,一方面全面介绍了中国外交决策机制和改革开放以来的发展变化,另一方面从更广阔的视角描述和分析了中国的政治社会心理和国际环境因素对中国外交决策的影响。

(3) 法国虽然鲜有对中国外交决策的专项研究,但却不乏对中国政

---

① 鲍大可:《中国外交决策:结构与过程》,1986年中国社会科学院影印资料。原著出版社 IB. Tauris Co. LTD, sept. 1986
② David Lampton, *The Making of Chinese Foreign and Security Policy in the Era of Reform: 1978—2000*, Stanford University Press, 2001.
③ Luning, *The Dynamics of Chinese Foreign Policy Decision Making*, Westview Press, 1997.
④ Samuel S. Kim, *China and the World: China Foreign Policy in The Post-Mao Era*, Westview Press, 1984.

治决策的分析。作者卡贝斯坦 1995 年发表的《人民中国的政治制度》一书，是法国为数不多的较系统和全面研究新中国政治制度抑或中国决策体制的专著。他指出了中国政治体制中（官僚）行政的重要性，以及用组织结构理论研究中国政治的重要性。按照他的划分，这一理论实际上包含了七种不同的分析方法：①从组织社会学角度进行的分析；②脱离特定的观念框架，对中国政治制度研究、政治体系进行经验的或描述性分析，其中以鲍大可和约翰·威尔逊－路易斯的研究最著名；③对中国政治制度进行结构分析或结构职能分析，其中最新的著作是由安特·瓦尔德①和威威安·舒②完成的；④20 世纪 60—70 年代围绕政治－行政精英的分析；⑤围绕政治决策进行分析，作者试图更多地了解中国的决策中心和行政方式；⑥以调查中国共产党党内斗争为主要目标的分析；⑦关于国家与社会之间关系的分析。不论选择哪种研究中国政治的分析方法，大多数关于中国政治的组织结构理论，都离不开马克斯·韦伯的理论。事实上，关于中国政治"组织结构"的种种分析理论，大部分为美国作者提出。法国作者更多地从制度角度分析和评判中国政治决策。安德列·威尔莫是极少数研究改革开放后中国政治决策的法国作者之一。③ 他在 1998 年出版《中国与世界》一书之后，又于 2001 年 9 月出版了《中华人民共和国的政治管理与各权力中心》一书。他在书中虽然对中国社会存在的某些问题有比较主观的评判，但还是比较客观地反映了中国自从实行改革开放政策后，中央政治决策的民主化进程以及地方分权方面的变化。

我们在肯定西方学者在国际政治理论和中国外交决策方面的研究成果的同时，应该看到，这些理论或相关研究成果往往受美国政治理念的

---

① 安特·瓦尔德（Andrew Walder）：亚太研究中心主任、斯坦福国际研究院社会学教授和重要合伙人，研究共产党国家矛盾原因、稳定与变化的专家。

② 威威安·舒（Vivienne Shue）：斯坦福大学教授，当代中国课题研究负责人，曾著有《转型中的中国农民：社会主义发展的动力，1949—1956.》，加利福尼亚大学出版社 1980 年版。

③ André Wilmots, *La Gestion politique et centres du pouvoir en république populaire de Chine 7doc*, Harmattan sept. 2001.

影响，它们一方面大多基于现实主义的国际关系理论，并且受霸权主义和资本主义意识形态左右。另一方面，这些理论分析框架更多地基于本国的政治、经济、社会与文化分析，而在具体解析中国外交决策时，往往显露出因对中国国情认识的片面性和主观性而导致的结论的扭曲和反映的失实。

以下简要说明国内相关的研究情况和进展。中国从来重视回顾历史、总结经验。在新中国外交的实践基础上，不仅党和国家领导人在报告和讲话中有许多相关的重要论述和总结，而且逐渐地在党的文献和研究机关的相关成果中得到很好的反映，此外还有狭义的学术研究。王绍坊、吴东之、谢益显分别主编和撰写的《中国当代外交史》① 是国内比较早的外交史专著，有开拓意义。韩念龙等主编的《当代中国外交》② 是改革开放后一本很有权威性的鸿篇巨制，反映了上世纪90年代当代中国外交的研究水平。此外，特别值得一提的是，一大批有外交实践经验的老外交家们在离退休之后，出于对中国外交事业的责任心和使命感，撰写了一大批回忆录，记录了他们在新中国成长过程中所经历的丰富外交生涯。如吴冷西撰写的《10年论战（1956—1966）——中苏关系回忆录》1—2卷③、李越然撰写的《外交舞台上的新中国领袖》④、曾涛撰写的《外交生涯十七年》⑤、耿飚撰写的《耿飚回忆录（1949—1992）》⑥、云水撰写的《出使七国纪实——将军大使王幼平》⑦、刘晓、伍修权等撰写的《我的大使生涯》⑧、熊向晖撰写的《我的情报与外交

---

① 王绍坊主编：《中国当代外交史》（鸦片战争至辛亥革命1840—1911），河南人民出版社，1988年版。吴东之：《中国当代外交史》（中华民国时期1911—1949），河南人民出版社，1990年版。谢益显主编：《中国当代外交史》（中华人民共和国时期1949—1994）河南人民出版社1995年版。
② 韩念龙等主编：《当代中国外交》，中国社会科学出版社1988年版。
③ 吴冷西：《10年论战（1956—1966）——中苏关系回忆录》1—2卷，中央文献出版社1999年版。
④ 李越然：《外交舞台上的新中国领袖》，外语教学出版社1994年版。
⑤ 曾涛：《外交生涯十七年》，江苏人民出版社1997年版。
⑥ 耿飚：《耿飚回忆录（1949—1992）》，江苏人民出版社1998年版。
⑦ 云水：《出使七国纪实——将军大使王幼平》，世界知识出版社1996年版。
⑧ 刘晓、伍修权等：《我的大使生涯》，江苏人民出版社1993年版。

生涯》①,等等。这类著述的相继发表,一方面向国人和世人展示了中国外交经历的波澜壮阔的历程和独特的风范,同时也揭开了中国外交的神秘面纱。通过揭示许多鲜为人知的外交决策过程,为学术性分析提供了大量可贵的资料。

中国的改革开放和经济全球化的深入发展无疑促进了中国政治和政治全球化的发展,中外学者借助各种国际交流机会,相互学习借鉴。这些因素促使中国学者以更新的、更容易为世人所接受的视角审视中国外交政策的决策。采用新理论、新视角对中国外交政策及决策进行学术研究呈现出日益繁荣、生机勃勃的趋势,科研成果也日渐丰硕。90年代以后出现的政治现实主义分析,如朱光磊著《当代中国政府过程》②,是对中国政治决策过程较为系统和现实主义的分析;阎学通在《中国国家利益分析》③中,对影响当今中国外交决策的种种利益因素作了独到的分析;又如王逸舟在《市民社会与外交决策》中,分析了改革开放后中国社会的演变与发展对外交决策的影响作用。进入新千年之后,随着中国学者对美国外交决策中文化因素的分析日渐深入,有关中国外交决策中的文化与意识形态因素的分析也逐渐丰富起来。如姜安的《意识形态与外交博弈——兼论中美关系的政治文化逻辑》④,分析了中美之间一系列冲突背后的意识形态动机和影响,并以独到的视角梳理和考量具有较大异质性差异的两国外交关系气象生成的政治文化背景和两国关系的发展模式。此外,还有郝雨凡主编的《中国外交决策:开放与多元社会因素分析》、张历历撰写的《外交决策》、刘建飞主编的《政治文化与21世纪中美日关系》、明安香撰写的《传媒全球化与中国崛起》,等等。

四 关于本项研究:对象、方法和意义

鉴于中国政治的复杂和变化特征,本项研究首先尽量避免将理论分

---

① 熊向晖:《我的情报与外交生涯》,中共党史出版社1999年版。
② 朱光磊:《当代中国政府过程》,天津人民出版社1997年版。
③ 阎学通:《中国国家利益分析》,天津人民出版社1996年版。
④ 姜安:《意识形态与外交博弈 兼论中美关系的政治文化逻辑》,中央党校出版社2007年版。

析工具的作用单一化、绝对化，并综合利用辩证唯物主义和历史唯物主义、社会学及目前国际关系与外交决策理论的分析方法，借鉴国内外学者的成果，运用比较的、分析的和综合的方法对中国外交决策做一总体说明；其次，不停留在某项外交决策的制定过程上，而是根据中国政治的演变过程，选择具有代表意义的方面，分别说明外交决策的制定过程；再次，要客观地反映中国外交政策决策（包括决策对象、决策机制、决策程序及决策实施）就必须界定整个决策过程各个环节中的决定性作用因素，必须把握各种决定性因素之间相互关联的、不断变化的内在作用，注重对外交决策的动态分析。也就是说，简单地描述某项中国外交决策的决策程序及决策的执行情况是不够的，重要的是在于分析影响或决定该项决策的决策机制存在和运行的环境以及政治过程中各种决定性因素的相互作用和演变轨迹。

哪些是影响中国外交决策的决定性因素呢？按照西方现实主义理论，国家利益、政治经济实力与力量平衡关系是最重要的决策参照要素。但是，这种建立在霍布斯思维定式基础上的观念在现实国际生活中经常被强者用来维护丛林法则；按照马克思主义的历史观，国家利益是占统治地位的阶级的利益，具有阶级性，但与此同时，国家利益也在一定程度上现实地反映国家这个特定共同体的利益，因而又具有其社会性。中国外交实践中所追求的国家利益本质上是无产阶级阶级利益与中华人民共和国全体人民利益的统一。与此同时，中华民族的利益又与世界人民的利益有着内在的联系。限于篇幅和研究对象，本书没有过多地把国家利益的定性分析作为自己的研究对象，而是根据中国政治发展的特殊历史传统和发展阶段，以影响中国外交决策的五个最重要因素作为研究对象，希望能够从静态和动态两个方面，从一般与特殊两者关系对中国外交决策做一个较为专门又相对系统的研究。

本书稿《影响中国外交决策的五大因素》为2007年国家人事部留学人员科技活动择优资助项目，是作者以其2004年通过的博士学位论文《中国外交决策研究》为基础，浓缩二十多年本人在外交学院所做的相关研究的成果。全书在系统的专题学科调研的基础上，形成独特的研究对象、视角和方法。全书以马克思主义为指导，吸收借鉴国际关系理论不同学派的研究方法，从中国的立场和中国外交的实际出发，宏观综合与微观分析结合，系统研究了影响中国外交决策的国际环境、法律体系、意识形态、组织结构和传媒与民意等五个方面的决定因素，其中对法律体系、意识形态的分析有一定的独创性。本书的出版将促进世人对中国外交及决策的整体与实际情况的了解和理解，为推进我国外交决策体制的进一步完善和科学发展，有一定的认识价值和学术意义。

第一章 国际环境因素

国际环境是相对于一国领土、人口、政治权力以外而言的外部条件的总和。国际环境由政治、经济、军事、文化、地理、资源甚至包括个人、非政府组织、公司等各个方面的因素构成，可以划分为多个层面，如国际政治环境、经济环境、军事环境、人文环境、资源环境等。国际环境的各种政治、经济、军事、文化环境又具有时代特征并形成整体特点，它们不是固定的、永恒的，而是不断演变、发展和变化的。国际经济、文化、地理、资源等环境因素的变化，都有可能影响国际政治环境的变化，任何环境因素都有可能成为某一国家外交政策决策和变化的原因与背景。

外交政策的决策受制于国际环境及其变化是客观的事实，这一点人们也可以在诸多的国内外学者的研究中找到多种解释。[①] 在人类生产活动中，各国经济和政治发展的不平衡现实使国际社会充满变数，是国际环境最活跃的变量，因此也是一国外交决策最主要的参照因素。相应的，某一时期在经济政治格局主导下形成的大国关系和建立在国际经济政治格局上的国际体系，也是外交决策的重要参照。当然，一国外交决策与国际环境的关系还是一个能动的过程。中国外交在战后特定的国际

---

① 二战前后的国际关系理论，包括上世纪50年代发源于美国的外交决策理论，也把国际环境与一国外交政策的关系作为重要研究对象，其中有相当多的精辟分析，其成果构成了国际关系理论与外交决策理论的重要组成部分。尽管各种国际关系理论纷繁复杂，我们依然可以把目前占主导地位的理论思想主要分为现实主义和自由主义两大体系。

环境下，不断认识国际社会及其变化，积极创造国际条件，进行科学的外交决策，不仅取得了本国经济社会发展的成果，还对国际环境产生了积极的影响。中国提出的推动建立和谐世界的目标不仅反映了国际社会的发展方向，也是实现中国进一步发展的国际条件。

第一节　战后国际环境的总体特征与历史演进

第二次世界大战后的国际环境有许多重要特点并经历了发展与演进过程，中国作为国际社会中重要成员，其外交决策与活动必然在这种发展与演进的国际环境中进行、展开，并受环境的影响和制约。本节拟以马克思主义为指导，学习借鉴西方国际关系理论，系统阐述二战后国际关系的特点和变化，实际分析中国在国际关系中的地位及演进的背景，从而说明国际环境对我外交决策和活动的影响和制约。把二战后国际环境的总体特征可以概括为：一个时代的发展、二极格局的演进、三类国家关系的变化和四大发展趋势的显现。

一、一个时代的发展

"时代"一词是表示世界历史发展过程和阶段的概念，是认识世界历史发展的重要范畴。长期以来，人们广泛使用这一范畴，并因其使用的目的、方法、含义和标准不同而形成了千差万别的结论。中国共产党人以马克思主义为指导，根据过渡时代的新情况，得出了和平与发展是当今时代主题的科学认识。

1. 马克思主义时代观

科学认识我们所处的时代，首先要有科学的时代观。马克思主义时代观作为正确认识世界历史发展阶段的重要理论，是在实践的基础上产生和发展的，是科学的时代观，是与时俱进的理论。

认识世界环境和国际条件首先需要认识世界历史发展的不同阶段，

需要树立科学的时代观。如一切事物的发展一样，世界历史的发展既有其必然的趋势，又要历经不同的发展阶段，无产阶级及其政党要形成对社会发展的正确认识，要反映社会发展要求和人民群众的利益，要取得社会主义实践的成功，就要把握世界历史发展的总过程和趋势，不仅要把握历史发展的具体情况与现实状态（形势），还要把握历史发展的阶段及其特点，要认识和把握好时代的主题。

那么在认识世界历史发展规律的过程中，趋势、时代和形势之间在逻辑上又是一个怎样的关系呢？可以说，三者是同一过程的不同方面，有区别又有联系，其中时代观处在一种承上启下的地位，它在无产阶级政党科学认识世界历史发展，认识世情、国情以及在正确制定战略策略的过程中具有特殊重要的地位。具体来说，人们对历史阶段的看法即旧时代观，第一，是以对人类社会发展总趋势的认识为基础的，对历史阶段的看法又是对社会发展总趋势认识的深化，时代认识是对发展趋势把握的具体化。人们只有认识了社会发展现阶段特点，明确了现阶段的主题，把握了趋势在现实阶段展开情况与实现的程度，才能更好地把握趋势，也才能实现认识趋势的目的，即指导实践。因此可以说，对历史发展趋势的认识有待于用科学的时代观，用对时代的总的看法和基本观点去丰富、发展。第二，把握时代也是认清形势的基础，人们只有在把握时代的基础上才能深刻地关注其新的现实发展，从根本上把握事物发展的基本规律，才能更好地对形势做出正确的判断。

此外，认识时代、把握世情还是人们认识国情的基础，因为国内的社会发展阶段是与世界历史阶段（时代）紧密相连的。世界是一个广泛联系的整体，整体与其部分（各国）是一种对立统一的关系。世界历史的发展阶段影响着各国历史进程。自从第一次工业革命以后，民族的历史日益演变为世界的历史，一国的发展就处于与世界历史发展的广泛联系之中。150年来的历史告诉我们，一方面经济全球化获得了长足的发展，世界更加紧密地联系在一起；另一方面历史进程迂迴曲折，社会主义不能离开世界文明而寻求自身孤立地发展。所以，我们只有把一国的发展与世界发展联系起来，才能认识发展的性质，认识变化的背景；只有联系外部世界的发展来认识自身问题的性质、特点和趋势，才能形成符合实际的科学认识。

时代是世界历史发展的大阶段、大时期。时代本质上是客观的，不以人的意志为转移，但又是认识的对象，存在着主观的形式。就是说，时代是社会历史发展的产物，又是人们认识的结果。人们在不断地认识世界，探索社会历史的发展，并得出不同的结论。

那么应当用什么样的标准来划分时代？什么是划分社会历史时代的科学标准呢？现有最简便最常见的划分时代标准是所谓编年史标准，就是以自然或社会的时间划限。例如以重大事件的发生与重要历史人物的出现为标志，把社会历史划分成不同的时代。此外，还有其他划分标准。如生产力、生产关系、意识形态、文明类型、社会主体等种种标准。我们认为，以上有关划分时代的标准以及由此形成的时代理论对人们把握社会的时代及其变化均有一定的认识价值。马克思主义的时代观，以唯物史观为基础，是历史唯物主义的时代观。历史唯物论从人类社会的生产和再生产出发，认识社会发展的本质及其规律，认为人类社会是生产力、生产关系、经济基础与上层建筑矛盾运动的产物，从而从静态与动态的结合上深刻地说明了社会的本质及其发展的原因和根据。不仅如此，马克思还具体分析人类社会形态发展的历史过程，把社会历史划分为不同的社会形态。马克思主义的时代观从人类社会的本质及其发展规律出发，把时代与人类社会历史的客观过程联系起来，着眼于综合分析社会生产的发展、生产关系的性质及其体现的阶级状况，这就为科学地划分历史时代，为无产阶级政党认识时代提供了指南。马克思生前曾用时代概念说明过许多问题，在其著作中对时代的内容也有多种表述，但其时代观是始终如一的，就是从经济社会形态去说明社会的历史发展和发展阶段，认为在一定生产力基础上的占主导地位的生产关系构成社会的经济基础，是划分社会历史发展阶段的标准；认为只有这样才能说明社会发展不同阶段的社会本质和特征，才能认识人类社会所面对的时代的主题，才能更好承担起阶级的历史使命。

值得指出的是，马克思把经济社会形态作为划分时代的根本标准并不否定其他的标准。实际上，马克思为说明人类早期历史的发展，就曾以主要生产工具的特征作为划分不同发展阶段的标准，如旧新石器时代、机器时代、电气时代，但是他们不同意把那些标准作为反映整体历史发展社会本质的标准。也就是说，可以用不同的标准如技术经济形态认识社会的不同形态，但只有用经济社会形态才能说明时代发展的社会本质及其规律。

此外，马克思生前还曾以一个独立的阶级主体作为划分时代的标准，这又如何解释呢？应当说，主体标准实际上与前面的经济社会形态标准不仅不相冲突，而且是以它为基础的，是它的一个展开和补充。因为，在马克思看来，生产关系是阶级关系的基础。总之，在认识时代问题上，马克思的经济社会形态标准并不排斥其他标准，而是以其他的标准作为补充。时代内容非常广泛，现实比理论更丰富、更具体、更复杂，我们要有更开放的时代观，这样，才能适应实践的需要，适应马克思主义发展的要求。

马克思主义时代观是与时俱进的理论。邓小平是伟大的战略家。20世纪80年代，他在领导中国人民进行改革开放的伟大实践中，时刻关注世界风云变幻和历史起伏发展。他坚持用马克思主义的宽广眼界观察世界，对当今时代特征和总体国际形势进行正确分析，做出了一系列重要的科学判断。邓小平以马克思主义时代观为基础，对当代资本主义的发展及其与社会主义的关系做出新的分析，并且明确指出了当今时代的主题，从而把握了时代的新特点，为中国特色社会主义理论奠定了重要基础。时代在发展，马克思主义时代理论也要不断地发展，我们要研究新问题，形成新观念，坚持和发展马克思主义时代观，以更好地指导实践。

总之，马克思主义时代观具有三个鲜明的特点：一是有很强的实践性，它在实践中产生，是指导实践的理论武器；二是具有科学性，是建立在对人类社会历史及其发展阶段科学分析的基础上的，是对时代发展的正确反映；三是具有与时俱进和不断发展的品格。

2. 我们所处的时代及其特征

自《共产党宣言》发表以来，特别是自上世纪中期第二次世界大战结束以来,世界历史经历了重大发展,时代发生了新的变化。

我们仍处在大的历史过渡时代 马克思恩格斯论证了社会主义代替资本主义的历史必然性。列宁时代观的内涵之一是说明时代的"过渡性"。他认为时代过渡性的经济基础是垄断资本主义的发展,其标志是第一个社会主义国家的建立。"过渡性"的含义:一是指时代过渡的现实性,二是指时代过渡的长期性。

列宁逝世迄今已近一个世纪了,从世界历史的进程上看,我们的时代变化了、发展了,但时代过渡性这一基本方面不仅没有改变,而且越来越清晰,就是说我们时代仍然具有明显的"过渡性"特征,仍处在资本主义向社会主义过渡的大阶段。这表现在:世界范围内资本主义虽然经历了从一般垄断资本主义到国家垄断资本主义的转变,世界资本主义虽然又在经历着从国家垄断资本主义向国际或世界垄断资本主义的新发展,但世界资本主义体系占主导地位,而且该体系内部的基本矛盾非但没有消失而且在不断发展,资本主义社会内部的新社会因素也在不断地增长。不仅如此,世界范围内社会主义也经历着历史性的飞跃,为刚刚过去的一个世纪打上了深深的烙印。具体地讲,世界社会主义经历了从理论变为现实、从一国胜利到多国胜利,今天正经历着从传统模式向现代模式的转变。尤其中国特色社会主义获得了巨大成功并且在世界上和平发展。

总之,世界范围内资本主义与社会主义两种社会的长期共存仍然是21世纪初的国际关系一个基本现实,两种社会的长期共存与激烈竞争构成我们时代矛盾运动的基本内容,这个矛盾仍然是推动当代世界历史发展的动力。因此,资本主义向社会主义过渡仍然是当代世界发展的一个基本态势和总趋势。

和平与发展成为当今时代的主题 俄国十月革命胜利开辟了世界历史的新纪元,从此开始了资本主义向社会主义过渡的伟大时代。然而,向社会主义过渡如同一切事物发展一样,也是波浪式的,也要经历飞跃和渐进不同的阶段。从总体上看,20世纪上半期是以资本主义危机不断发展、社会主义凯歌行进、"战争与革命"为特点而载入史册的。早在上世纪的转折关头，列宁就说明了这一时代阶段特征及其内在根据。他认为，垄断引起战争，战争引起革命。由于资本主义的政治经济发展的不平衡，社会主义可以突破帝国主义链条中的薄弱环节，首先在一国或数国取得胜利。列宁的预见是科学的，并为历史实践所证明。两次世界大战和无数次无产阶级革命和民族解放运动，以及90个民族殖民地国家宣告独立，15个国家先后建立社会主义制度的历史，都说明列宁关于时代理论的意义和价值。然而到了二战以后，尤其是上世纪60—70年代以来，世界历史进程发生了阶段性的变化：资本主义经过调整进入相对稳定发展时期，社会主义建设发生曲折进入改革发展阶段，而资本主义与社会主义之间的矛盾与斗争则形成相持和共处的格局，从而战争与革命已经不是社会主义与资本主义矛盾及其相互关系中的主要内容。在新的情况下，无产阶级及其政党需要以马克思主义为指导，以事实为依据，对当今时代和时代主题做出新的理论概括和说明。

正是在时代主题发生变化的背景下，以邓小平为代表的中国共产党人对当代世界主要矛盾及其变化做出了深刻剖析。20世纪80年代初以邓小平为代表的中国共产党人经过对国际形势的深入和全面的分析，对世界战争问题做出了新的判断，尤其是集中论述了和平与发展的时代主题，并不断从实际出发，说明世界形势的变化，从而坚持和发展了马克思列宁主义的时代观。1985年，邓小平指出，"现在世界上真正大的问题，带全球性的战略问题，一个是和平问题，一个是发展问题"，"中国要做的事情，归根到底是两件大事，一是和平问题，一是发展问题，这是密不可分的。"这就指出了现在以及今后一个较长时期中世界范围内带有全局性、战略性的问题，从而对当今世界主题做出了一个新的科学判断。这个判断不仅说明了当今时代主题的变化，也揭示了我们时代社会主义与资本主义相互关系的阶段性特征。和平共处构成现阶段社会主义与资本主义相互关系的主要形式，寻求发展是两制斗争的主要手段。从1987年中国共产党十三大开始，中国共产党人始终坚持了这一科学判断，并且根据不断变化的实际情况进一步发展了当今时代的理论。

二、两极格局的演变

国际关系体系是各民族之间、各国之间、各个国际体系之间、各国活跃于国际舞台上的各主要社会、经济、政治力量和组织之间的经济、政治、思想、法律、外交、军事的相互关系的总合。第二次世界大战后期，三个反法西斯同盟的大国苏、美、英出于各自的实力和利益，就如何结束战争、处理战后遗留事务和维护世界和平等问题，主要通过德黑兰会议、雅尔塔会议、波茨坦会议确定了战后世界政治的基本蓝图，形成雅尔塔体制。雅尔塔体制的确立，对于加速反法西斯战争的胜利、维护战后和平、协调大国关系发挥了积极作用，一定程度上体现了和平与民主的原则，表明不同社会制度和意识形态的国家只要相互尊重、愿意合作，是可以和平共处的。但雅尔塔体制的实质是美苏两国根据各自的实力和利益划分了各自在欧洲和远东的势力范围，它明显具有大国强权政治的色彩，损害了一些国家的主权和利益。雅尔塔体制奠定了战后世界两极政治格局的基础，也促使随后美苏两个超级大国冷战状态的产生。

新旧格局的演变是多种因素相互作用的结果，其中最根本的原因是战后世界经济发展的不平衡改变了世界政治力量的平衡，世界经济的发展打破了旧的力量之间的对比，推动着新的世界格局的形成。50年代中期至70年代美苏争夺世界霸权越演越烈；国际力量不断分化与改组：战后民族独立运动兴起和第三世界崛起，社会主义阵营分裂，资本主义阵营分化。80年代末90年代初，东欧各国先后发生剧变，1990年两德统一，标志着雅尔塔体制的终结。1991年12月底苏联解体，标志着两极格局的最终瓦解。从此，世界进入格局转换的新时期。目前，美国在经济、科技、军事上处于超强地位，并且日益显现出单边主义的特征，试图建立以美国为霸主的单极世界，但是得不到足够的国际支持。其他主要大国都在争取世界或地区的主导权，期望能建立一个多极世界，但是缺少与美国相抗衡的能力。因此，未来国际社会中的单极和多极之争仍将继续，世界各种力量必须要经过长期的消长、分化和组合的过程，才能重新确立新的稳定的世界格局。

1. 战后初期的世界政治经济形势与两极格局的形成

战后初期的世界政治经济形势既是雅尔塔体系得以确立的背景，又是两极格局形成的背景。 第二次世界大战使国际舞台上几个大国之间的力量对比和地位发生了巨大变化。战前国际舞台上扮演主要角色的英、法、美、德、日、意和苏联七国的地位在战后发生变化。战后初期，德、日、意战败，不再是国际舞台上的主角；由于反法西斯战争的胜利，反法西斯盟国成为左右国际局势的力量，但胜利的盟国由于战争的影响，在国际政治舞台上力量此消彼长。在资本主义世界中，西欧各国的力量普遍削弱。英国虽然获得了战胜国的桂冠，却输尽了财富，在战争中损失兵力120万，消耗大量资金，外贸陷于停顿，黄金储备几乎枯竭，海外投资也大部分变卖。战争结束债台高筑。丘吉尔在1943年的德黑兰会议期间就已意识到"英国是一个多么小的国家"。法国在二战中沦亡，元气大伤。尽管戴高乐将军领导"自由法国"运动，组建军队，建立法国政权，但它的力量不被盟国重视，直到战争结束才依靠盟国的力量恢复了作为大国的政治地位，但经济濒于瓦解，殖民帝国趋于崩溃。实际上，二战后的英法已降到二流国家的地位。二战后的英法不仅不能再依靠自己的力量在欧洲和世界舞台上指手画脚，而且在经济上、政治上、军事上都不得不依附于美国，唯美国马首是瞻。在资本主义各国普遍衰落的同时，美国成为世界上头号强国。军事上，1945年美国军队人数达1200多万，拥有30艘航空母舰。战后初期，美国在全世界50多个国家建立了近500多个军事基地。此外，还垄断了原子弹。美国军事跃居世界第一。在经济上，美国拥有资本主义世界总产量的60%、黄金储备的59%，成为世界上最大的资本输出国和债权国。美国凭借巨大的经济优势，确立了布雷顿森林体系，掌握了国际金融控制权。通过《关税贸易总协定》，形成了以美国为中心的国际贸易体系。在社会主义世界，苏联成为与美国相抗衡的"超级大国"。苏联虽然在战时损失惨重，但是战争的胜利，使苏联的军事力量空前强大，政治威望空前提高，到1945年，苏联拥有军队1140万人，军事工业仅次于美国。战争使苏联扩大了领土面积，建立起"东方战线"，西部邻国的一些地区先后划入苏联版图。在亚洲，苏军进驻中国东北和北朝鲜，占领了日本北方四岛。在苏联的影响和帮助下，东欧和亚洲一系列国家建立起人民民主政权。以上可以看出苏联国际政治力量的强大。

　　战后初期，两极的世界格局是建立在雅尔塔体系之上的。因此，雅尔塔体系的确立过程，也就是两极格局的形成过程。在近现代史上，每次大的国际战争之后，战胜国都要根据自身的利益和实力对比状况召开国际会议，缔结国际协议，重新划分边界与势力范围，安排战后世界秩序，从而确定一种新的国际关系格局。雅尔塔体系的基本原则，是二战后期通过以雅尔塔会议为代表的一系列重要国际会议作出的。其中以雅尔塔会议达成的协议最为重要。此前的开罗会议、德黑兰会议和丘吉尔与斯大林关于巴尔干问题的会谈，都可看做是雅尔塔会议的准备；此后举行的旧金山会议、波茨坦会议等则是对雅尔塔会议所确定原则的补充和具体化，雅尔塔体系指的就是上述所有协定的总和。其主要内容包括：处置战败国，消灭法西斯主义；重新确定战后欧亚的政治地图，重划战败国及其被占领地区的疆界；建立联合国，等等。雅尔塔体系是美、苏、英互相让步、妥协的产物，起到了将二战所造成的力量对比的既成事实固定下来的作用。雅尔塔体系原则上倡导和平、民主，承认维护世界和平的重要作用，主张不同社会制度的国家共处与合作等。它将苏联与美英等国两种不同社会政治制度间的和平共处纳入国际关系体系，这对战后苏联和东欧各国的社会主义革命与建设事业十分重要，这些都是雅尔塔体系的积极作用。但是，雅尔塔体系还有消极的一面，它建立在美苏战时军事实力均势的基础上，事实上划分了美苏的势力范围。美苏两国根据自己的战略需要，安排战后世界，两分天下，使雅尔塔体系深深打上了大国强权政治的烙印。正因为雅尔塔体系对世界格局作出了两分天下的划分，所以实施雅尔塔各项协议的结果首先导致了德国的分裂，欧洲也被分裂为东欧和西欧，进而导致以美苏为首的两大阵营的形成。因此，雅尔塔体系标志着以欧洲为中心的传统国际格局被美苏两极格局所取代，国际关系进入了一个新时代。

美苏战时同盟关系的破裂与美国冷战政策的开始。战后初期，美国凭借其经济、军事方面的优势，在经济上，通过布雷顿森林体系，确立了美元在国际货币体系中的统治地位；在政治上，美国企图把资本主义制度推广到全世界。在美国看来，向全世界扩张，成为美国维持其经济进而维持资本主义制度的根本需要，打开世界市场也是避免从战时经济转向和平经济可能出现的经济危机的需要。但是，正当美国要通过实力实现霸权主义野心时，却遇到了严重的障碍。战后，苏联和世界各国人民革命力量也在世界范围内达到一个新的高度。在美国看来，正是苏联和各国人民的革命力量，妨碍了它实现霸权的计划，美国把这一障碍最终归罪于共产主义和苏联。国家利益和意识形态的冲突，最终导致了美苏同盟的破裂。

美国的霸权计划使美苏战时同盟破裂，但美国又不敢贸然越过战时美苏划定的界限。为此，美国对苏联实行"冷战"政策。美国对苏联的"冷战"政策，是指以武力为后盾，采取除军事进攻以外的一切敌对活动和对抗形式进行遏制，同时对欧洲资本主义国家加以扶植和控制，并力求控制广大的"中间地带"，即亚、非、拉美国家。"冷战"政策是美驻苏代办乔治·凯南向国务院发回的电报提出的对苏政策。然而，"冷战"政策的公开信号却是由英国的丘吉尔发出的。1946年3月5日，英国首相丘吉尔在杜鲁门陪同下，在美国密苏里州的富尔敦发表了题为《和平砥柱》的"铁幕"演说，呼吁英美结成同盟，共同对付来自苏联的共产主义的挑衅和危险。由此揭开了"冷战"的序幕。1947年3月12日，杜鲁门以应付希腊、土耳其危机为由，在国会宣读了一篇咨文，声称希腊遭到"共产党领导的恐怖主义活动的威胁"，一旦它作为独立国家"陨落"，不但将危及土耳其和整个中东地区，而且将给欧洲一些国家带来"灾难性"的影响。他宣称：世界已分为"自由制度"和"极权政制"两个阵营，美国负有领导"自由世界"的使命；"极权政制"和任何国家的民族民主革命"危害着英国的安全"；宣布"美国的政策必须是支持自由国家人民抵抗少数武装分子或外来压力的征服企图"。他要求国会拨4亿美元，向希腊、土耳其提供援助，同时选派文职和军事人员前往增援。杜鲁门的这项政策声明即宣示了"杜鲁门主义"。杜鲁门的咨文远不止是援助希腊、土耳其的这项具体的政策声明，而是以维护美国的安全为幌子，在全世界扩张势力的宣言，也是对苏联发动全面"冷战"的宣战书，又是"冷战"全面开始的标志。

欧洲是美国全球战略的重点，因此在杜鲁门主义的招牌下，美国首先向欧洲扩张。"马歇尔计划"就是杜鲁门主义在欧洲的运用。战后初期的西欧，经济凋敝，社会动乱，英、法、意等国工人运动蓬勃发展。美国惊呼欧洲正处在苏军接管和共产党造反的边缘。基于战后美国拥有的经济实力和"阻止共产党的可能是面包和选票，而不是子弹"的思想，美国统治集团决定以美援为手段，达到稳定和控制西欧、遏制苏联的目的。1947年6月5日，国务卿马歇尔发表演说，提出了"欧洲复兴计划"，即马歇尔计划。马歇尔计划提出后，立刻得到西欧各国特别是英法的响应，并向美国提出了4年内提供224亿美元援助的请求。马歇尔计划在一定程度上帮助西欧和土耳其克服了经济困难，进入了经济恢复阶段，带来了政局的稳定，巩固了西欧资本主义秩序，但马歇尔计划的实施使受援国被纳入美国的势力范围。与此相对立，苏联拒绝参加马歇尔计划，而且对马歇尔计划实施作出强烈反应。它不仅禁止东欧国家参加，而且同东欧国家签订了一系列贸易协定，并成立了苏联与东欧国家"经济互助委员会"，使欧洲的社会主义国家自成一个经济体系。

两极格局的形成及影响。在实施马歇尔计划的同时，美国还策动西方资本主义国家建立起"遏制"苏联的军事政治集团。1949年4月，以美国为首的西方12国外长在华盛顿签订了《北大西洋公约》，成立了北大西洋公约组织，成为战后初期美国遏制苏联、推行冷战政策和争夺世界霸权的工具。北约组织的建立是美国冷战政策在军事上的体现。为了对付美国咄咄逼人的扩张和威胁，苏联也被迫采取了针锋相对的措施，并最终于1955年5月与东欧7国代表在华沙缔结了《华沙条约》，规定了集体防御的原则。随即又根据这一条约，建立了华沙条约组织。这样，战后以美苏为首的两大军事政治集团相对峙的两极格局便形成了。美苏从"冷战"到对峙，产生的直接后果是德国分裂，朝鲜以北纬38°

线为界分裂为南北两个朝鲜。"北约"和"华约"两极格局的形成,对世界产生了深远影响:一方面,这两大集团后来日益演变成为美苏两个超级大国霸权主义的工具,两强相争使世界长期不得安宁;另一方面,两大军事政治集团彼此势均力敌,都不敢轻易动武,在近半个世纪里避免了新的世界大战的爆发。

2. 两极格局的演变与国际关系体系的调整

雅尔塔体制的确立,对于加速反法西斯战争的胜利、维护战后和平、协调大国关系发挥了积极作用,一定程度上体现了和平与民主的原则,表明不同社会制度和意识形态的国家只要相互尊重、愿意合作,是可以和平共处的。但雅尔塔体制的实质是美苏两国根据各自的实力和利益划分了各自在欧洲和远东的势力范围,它明显具有大国强权政治的色彩,损害了一些国家的主权和利益。雅尔塔体制奠定了战后世界两极政治格局的基础,也促使随后美苏两个超级大国的冷战状态的产生。

两极格局的特点是以美苏为中心的两大集团的全面对抗,集中表现在以下几个方面:政治上表现为控制与反控制的斗争;经济上表现为封锁与反封锁的斗争;军事上表现为全面冷战和局部的侵略与反侵略战争;在意识形态上表现为和平演变与反和平演变的斗争,总体而言,两极对峙的基本状态是冷战,即不战不和或非战非和,没有直接诉诸大规模战争。

从20世纪50年代中期至70年代,美苏开始展开争夺世界霸权的斗争。具体讲美苏争霸经历了三个阶段:

第一阶段,20世纪50年代中后期到60年代初。这一阶段苏联的综合国力特别是在军事实力上,与美国还有明显的差距。由于苏联还不足以对美国的霸主地位形成真正的撼动,所以当时苏联领导人赫鲁晓夫寻求缓和冷战开始以来僵硬的美苏关系,希望实现"美苏合作",共同主宰世界,同时又采取了一些有挑战性的举措对外扩张,前者的标志性事件是1959年赫鲁晓夫访问美国,后者的标志则是1961年柏林墙的建立和1962年的古巴导弹危机。这一阶段美国凭借综合国力特别是军事实力的优势占据战略优势,典型例子就是迫使苏联撤走了在古巴的导弹。

第二阶段是从60年代中期到80年代初，这一阶段的特点是苏联强势扩张，美国则处于战略守势。这一时期，苏联缩小了与美国的实力差距，特别是在军事实力上一举超过美国。而美国由于长期身陷越战，加上1973年的石油危机以及资本主义阵营内部的分化，其霸主地位被严重动摇，不得不采取相对保守的战略，响应苏联提出的缓和政策，试图通过外交手段遏制苏联扩张和维护自身地位。在这一阶段，双方关系曾经有一段缓和时期，大体是从60年代末到70年代中期，主要标志是两国领导人的频繁互访和签署关于限制战略武器的条约。而苏联的扩张于1979年入侵阿富汗时达到顶峰，随后就有了衰退的迹象，随着里根的上台，美国也开始扭转战略被动局面，争霸格局再次面临改变。

第三阶段是80年代中期到苏联解体，开始的标志是戈尔巴乔夫上台。这一阶段的特点是美国重新获得优势，而苏联则是全面收缩。里根上台后有效复兴了美国的经济，以此为基础扭转了美苏争霸中被动防守的不利局面。美国以军事实力扩张为手段，以经济和科技实力为根本重新获得战略优势。而苏联国内经济此时出现了严重困难，甚至停滞，特别是入侵阿富汗带的军事行动给美联来了极为沉重的军事、经济和外交负担，以至无法继续支撑争霸战略。戈尔巴乔夫为了集中精力和财力以解决国内问题，不得不采取全面收缩的态势，并最终由于改革失败，导致了苏联的解体。冷战到此结束，世界进入格局转换的新时期。

三、三类国家关系的变迁

三类国家关系主要指西西关系、南北关系与东西关系。战后西方发达国家占主导的新的世界体系形成，在各种关系调整的基础上，资本主义发展不平衡的规律在当代获得了新的形式。与此同时，资本主义国家与第三世界发展中国家关系发生变化，旧殖民体系瓦解，新殖民主义产生，发达国家以新的手段和新的方式对发展中国家进行控制、掠夺和剥削。此外，资本主义在世界范围内经历了新发展，以东风压倒西风开始的战后世界，经过两种制度的竞争，到80年代末90年代初，形势发生了重要的变化，出现了西强东弱的局面。

1. 战后资本主义进行了新的世界扩张，形成了新的世界体系，资本主义发展不平衡的规律在当代获得了新的形式。

第二次世界大战后，在科技革命、生产国际化和国家垄断资本主义发展的基础上，西方国家资本的国际化获得了很大的发展。这一发展具体体现在各国外贸依存度的空前提高、国际直接投资的急剧增长、国际信贷的大幅度发展、资本国际流动具有全方位的特点等方面。而到80年代末90年代初，又开始了以最新信息通讯技术为技术基础、以跨国公司为微观经济基础、以金融放宽管治和自由化为特征的资本全球化的进程。

与此同时，第二次世界大战后，资本主义世界还逐渐建立起一个相对开放的世界体系。世界体系是在世界范围内各国关系的总和。历史上，随着产业革命的完成，欧洲主要资本主义国家逐渐在世界上确立了优势，形成了一个以少数先进资本主义国家竞争制约、对落后国家进行殖民掠夺和统治的世界体系。后来，这个以殖民统治为标志、相对封闭的资本主义世界体系，逐渐发生严重危机并随着第二次世界大战的结束而消失，代之而起的是战后美国凭借其强大的实力建立起来的以关税与贸易总协定（今世贸组织）、布雷顿森林体系、国际货币基金组织，以及80年代初建立的"七加一国首脑高峰会议"等机制为标志的、由美国领导和控制、相对开放但又极端不平等的世界经济体系。

正是在这个相对开放的世界体系中，缓和在一定程度上消解了战后资本主义各国因政治经济发展的不平衡规律所产生的矛盾。政治经济发展不平衡是资本主义发展的绝对规律。战后之初，美国一跃成为资本主义世界唯一强大的的国家，但时至70年代上半期，情况便发生了变化，形成了以美国为主导的包括欧共体（现欧洲联盟）和日本在内的三足鼎立的局面。资本主义是按实力来分享利益和瓜分势力范围的。战后各国力量对比发生了变化，那么，重新分割世界的斗争，就成为不可避免的了。但是，第二次世界大战后，社会主义与资本主义两种制度的斗争构成对资本主义生存的现实威胁，制约着资本主义体系内部矛盾的发展；战后建立起来的是一个相对开放的资本主义世界经济体系；战后国家的经济作用大大增强，国家间的协调成为一种重要形式；战后资本国际化发展，使它们之间"你中有我，我中有你"，存在着广泛共同利益。所以，战后主要资本主义国家之间主要是以经济竞争与和平协调手段在体系内实现了"重新分割"世界和"分享利益"。当然，资本主义列强重新瓜分世界就意味着有得有失，就有矛盾和斗争。随着苏东剧变，东西关系发生深刻变化，西西国家之间的矛盾也在上升。

2. 发达资本主义国家与第三世界发展中国家关系发生变化，旧殖民体系瓦解，发达国家以新的手段和方式对发展中国家进行控制、掠夺和剥削。

垄断资本主义时期帝国主义国家与殖民地附属国矛盾的尖锐化，引起帝国主义旧殖民体系的危机。第二次世界大战后，旧殖民体系瓦解，许多原殖民地、半殖民地和附属国获得政治独立，成为独立国家。战后获得独立的发展中国家共90多个，其中20世纪五六十年代获得独立的在一半以上。发展中国家独立后，在新的历史条件下，开始了发展民族经济，实现工业化、现代化的进程，但是却没能摆脱西方的控制。在独立之初，多数国家选择了资本主义的道路，这些国家生产力落后，多种生产关系并存，经济联系薄弱，结构单一，私人资本幼稚，因此在发展经济过程中，在内只好依靠国家资本主义，在外不得不依赖发达国家的国际资本。发达资本主义国家则依靠国家和垄断资本联合的力量，采取一系列新的手段，如资本输出、经济援助、提供贷款、技术转让等，进行扩张，使发展中国家继续成为其商品、原料、能源、资本市场和资本积累的重要来源。这样，发展中国家经济在发展之初便被纳入了西方资本国际化的轨道，成为其国际资本大循环的有机组成部分。

资本流向世界，利润流向西方。这一循环的最大受益者是西方发达国家。由于两类国家在资本有机构成、产业结构、经济和科技发展水平等方面的差别，就形成了发达国家的经济对发展中国家经济的控制，以及前者凭借其优势对后者的剥削（联合国调查：80年代以来跨国公司控制发展中国家矿产和金属75%—90%，农业原料30%—40%，食品40%；贸发组织：由于不平等贸易条件，发展中国家在1980—1982损失约400亿美元；拉美负债率最高，达到国内总产值的64%，是收入的4倍，利率提高1%则使发展中国家多付几十亿利息）。

3. 资本主义在世界范围内经历了新发展，以东风压倒西风开始的战后世界，经过两种制度的竞争，到80年代末90年代初，形势发生了重要的变化，出现了西强东弱的局面。

第二次世界大战后，社会主义在欧、亚大陆凯歌行进，出现了一批社会主义国家，到1949年，在地球上出现了十几个社会主义国家与人民民主国家，而整个西方，除美国以外，是一派衰败，处境十分困难。当时世界形势的特点是"东风压倒西风"。然而，经过一个时期的调整，西方逐渐稳住了阵脚，恢复了生机，转而迅速发展。西方的稳定遏制了社会主义进军的步伐，1949年以后，除了50年代末古巴革命、70年代老挝革命胜利之外，在世界范围内社会主义革命步伐停顿了下来，又经过几十年的冷战，在80年代末90年代初，以苏联为首的一批社会主义国家发生了剧变。虽然以中国为代表的当代世界社会主义运动在改革和开放的事业中曲折发展，另一些国家的共产党人也还在继续探索，但这无疑表明，世界社会主义发展出现暂时曲折，处于低潮，从十月革命开始的资本主义向社会主义过渡的历史时代出现阶段性的变化，即从战争与革命阶段进入到和平与发展的阶段。

四、四大趋势的凸显

新世纪之交，世界发展进入新阶段，出现了一系列新的趋势和特点，这主要是新的科学技术革命发展、经济全球化、政治多极化以及世界范围内综合国力竞争增强等。世界发展中一系列新的趋势和特点为社会主义的发展提供了机遇与挑战，也是中国坚持独立自主的和平外交政策，提出维护世界和平，促进共同发展，构建和谐世界外交战略的重要背景。

1. 科技革命的新特点

在近代史上，以西方主要资本主义国家为先导，在世界范围发生了多次科学技术革命。科学技术是第一生产力。在人类历史上,每一次科技革命和科技进步,在推动人类社会生产力发展的同时也提出了一系列新问题,既为社会的发展提供了机遇,也提出挑战。如果人们能正确抓住机遇,迎接挑战得当,就能极大地推动生产力的发展和人类社会的进步。

人类社会进入20世纪中期后,迎来了第三次科技革命,即新科技革命。新科技革命以量子论、相对论为理论基础,以微电子技术、信息技术、新材料技术、能源技术、空间技术和海洋工程技术等高新技术的广泛应用为主要标志,形成了光电子信息产业、软件产业、智能机械产业、生物工程产业、生物医学产业、超导体产业、太阳能产业、空间产业、海洋产业等高技术产业。特别是20世纪90年代,由于微电子技术的发展和软件技术的突破,电子计算机迅速进入社会生产和生活的各个领域;由于互联网的开发和应用,出现了信息化、网络化的强劲势头,并有力地推进了经济全球化的发展。面对新科技革命,资本主义国家和社会主义国家都进行了新的调整。1978年以来,中国共产党认识到这次科学技术革命的新特点及其带来的机遇和挑战,制定了抓住机遇、应对挑战的对策,从而使改革开放和中国特色社会主义的内政外交取得了新发展。

21世纪初期,新科技革命又出现了一些新的重大发展动力。物质科学的研究重点转向,为创造新材料、新能源和新工艺提供了新的知识基础;分子生物学及生物科学工程技术的发展酝酿着新的重大突破,有希望大大推进农业、医药和人类健康事业的进步;信息技术向最广泛的应用领域进军,同科技、经济和文化相结合形成了新的产业。此外,人类在认知科学、心理学、行为科学、宇宙科学、地球科学等方面都有新的突破。而科学技术发展呈现出交叉性、前沿性、多样性的特点,科技空前快速转化为生产力,推动了经济社会的巨大进步。

2. 经济全球化新发展

经济全球化是指由商品和生产要素跨国界流动所导致的世界各国经济的依赖程度日益提高,国内规则趋于一致和全球经济整体性发展不断强化的过程。从根本上看，经济全球化首先是一个客观历史进程，即在以信息技术为代表的新科技革命浪潮的推动下，生产力在世界范围内的进一步扩展，是生产力超越国界向世界扩张，从而形成了世界性生产力的一种客观的进程和必然的趋势。与此同时，经济全球化又是一个社会过程，它既是上个世纪80年代以来，资本主义国家经济关系进行重大调整的结果，也是社会主义国家改革开放进程的反映。因此也可以说，经济全球化是一种资本主义的全球扩张和社会主义对资本扩张的应对。总的说来，当今的经济全球化是资本的全球化，因为在今天的条件下，西方国家在经济全球化中仍占据主导地位，当然，社会主义和各种力量都卷入其中并对其进程产生着现实与潜在的影响。

经济全球化趋势是当今世界发展的突出特征，它深刻地影响着世界各国的发展和国际政治经济关系的变化。正如江泽民同志指出的，经济全球化给世界各国带来发展的机遇，同时也带来严峻的挑战和风险，向各国特别是发展中国家提出了如何维护自己经济安全的新课题。经济全球化是一把双刃剑。因为，机遇与挑战并存。我们认为，经济全球化给世界各国带来空前的机遇。经济全球化带来的最大好处是可以实现资源在全球范围内的最优配置，带来国际分工的大发展、产业的大转移和资本、技术等生产要素的大流动，也为发展中国家的经济发展提供了发展的机遇。但也应看到，经济全球化也给包括发展中国家在内的世界各国的经济发展带来了严峻的挑战。因为，经济全球化趋势是在不公正不合理的国际经济秩序没有根本改变的情况下发生和发展的，是由西方发达国家主导的。西方发达国家经济科技实力雄厚，掌握着国际经贸组织以及制定国际经济规则的主导权，在经济全球化中获益最大，而广大发展中国家总体上处于不利的地位。西方发达国家通过跨国公司和受它们控制的世界经济组织，对发展中国家进行经济渗透和扩张，在全世界争夺资源和市场，同时极力推行它们的发展模式、政治制度和价值观念，试图通过经济全球化实现资本主义一统天下。这使广大发展中国家的经济主权、国家安全面临着严峻的挑战和威胁。目前的经济全球化进程正在导致南北差距的进一步拉大，一些落后的发展中国家面临着进一步被边缘化的危险。经济全球化加剧了发达国家之间、发展中国家之间、发达国家与发展中国家之间在资金、技术、市场和资源方面的争夺，也加剧了一些国家内部的贫富差距，甚至引发了社会动荡。

在经济全球化趋势下，世界各国能否抓住机遇，分享经济全球化中的好处并规避其消极影响，关键在于应对政策是否得当。如果积极参加国际经济合作，同时采取正确的战略和政策，根据本国国情和条件扩大开放，循序渐进，注重提高防范和抵御风险的能力，就可以趋利避害，取得经济发展的成功。反之，如果自我封闭或应对失当，就可能被经济全球化的浪潮所抛弃。

3. 政治多极化新演进

世界经济全球化的同时，我们生活其中的世界正在面临如何构建一个更加平等交往的世界。由一个国家主宰他国命运和左右世界形式的局面已经不符合社会发展的潮流，所以政治多极化成为当代世界发展的趋势。

政治多极化是指一种趋势、一个动态发展过程。到目前为止，多极化并没有定型为某一基本的世界新格局。就当今世界实际情况来看，国际政治关系中存在美国、日本、西欧、中国、俄罗斯五个力量中心。五个力量中心的存在，在很大程度上影响着世界各个地区和许多国家。五个力量中心之间存在的相互竞争、相互制约的关系，使军事霸权主义受到更多的制约和限制，有利于世界的安全与稳定。但是多极化趋势与美国单极霸权企图之间的斗争远未结束。世界多极化中的任何一"极"或者具有强大的经济实力，或者具有巨大的国际政治影响力，这两者通常是相辅相成的，构成了综合国力的两大方面。所以对多极化可以主要从经济上实力的增强和政治上国际影响力的提高两个侧面去理解。多极化趋势的出现主要包括美、苏两个超级大国实力的相对衰落趋势，欧洲、日本的迅速崛起态势和中国、第三世界国家兴起的上升趋势。具体表现为西欧、日本随着经济实力与美国的差距逐步缩小，在政治上对美国的离心倾向也在不断加强；中国的国际地位不断提高和发展中国家的发展壮大并走向联合。总之，世界政治多极化是指一定时期内对国际关系有重要影响的国家和国家集团等基本政治力量相互作用而朝着形成多极格局发展的一种趋势。

多极化趋势无论在全球或地区范围内,还是在政治、经济等领域都有新发展。这是因为:第一,经济全球化进程使单极世界构筑的可能性大大降低,科技和经济实力成为越来越重要的因素,在科技与经济的迅速发展中,已经没有哪一种力量能够全方位占据绝对优势,随心所欲地控制世界。经济多极化是政治多极化的基础,政治多极化是世界经济多中心和区域化趋势在世界政治发展中的体现。第二,世界政治多极化是世界经济发展不平衡规律作用的结果。世界各国综合国力的较量,必然导致世界政治的多极化格局。第三,各国文明的多样性成为世界多极化重要的社会基础。第四,多极化趋势必然发展的根本原因在于各大力量都要维护自己的国家利益,决不会牺牲或放弃自己的国家利益,屈服于别国利益。世界朝着多极化方向发展既是一个不以人们意志为转移的客观趋势,也是除美国以外的国家和国家集团所追求的目标。美国想建立单极世界,但力不从心。欧盟一体化使欧盟的力量壮大;日本加速了由经济大国向政治大国迈进的步伐;俄罗斯虽丧失了苏联超级大国的地位,但仍不失为世界强国;中国改革开放的发展,在国际舞台上的作用大大增强。这些国家与地区集团不约而同地主张世界向多极化方向发展。世界各种力量的分化组合以及大国关系的深刻调整有利于多极化的发展,但世界多极化是在曲折中发展的。多极化格局的形成将是一个长期的过程。这是因为:第一,美国的霸权主义和构建单极世界的图谋是多极化趋势发展的最大障碍。第二,世界上冷战思维的继续、南北贫富差距的扩大,以及民族分裂和宗教纠纷等,也会对多极化趋势产生各种干扰和冲击。第三,多极化格局的形成是世界各种力量重新组合和利益重新分配的过程,由此将产生多种不确定因素,世界多极化进程将充满矛盾和斗争。

世界格局走向多极化有重要的意义。第一,符合世界发展的客观规律;第二,有利于体现各国和各国人民的共同意愿和利益;第三,有利于避免新的世界大战的爆发;第四,有利于遏制霸权主义和强权政治;

第五，有利于推动建立公正合理的国际政治经济新秩序；第六，有利于促进世界政治经济文化的协调平衡发展。

4. 综合国力竞争的新形势

冷战结束后，以美苏争霸、东西方两大阵营对立为主要特征的两极格局瓦解，多极化趋势开始出现，从而使各国之间综合国力的竞争凸显出来。科技革命的日新月异和经济全球化的兴起，国际竞争从单纯的军事力量的较量，转变为包括经济、科技、军事、政治、文化等因素在内的综合国力的竞争。在冷战结束、新科技革命和经济全球化的背景下，国家发展和国家安全除了军事领域之外，还包括经济、科技、社会和生态等领域。为确保新形势下的国家安全，一场综合国力的竞争正在世界各国之间展开，并呈现日趋激烈的态势。

综合国力是指一个主权国家在一定时期所拥有的决定其国际地位、实现其国家利益的各种力量的有机综合。综合国力的内涵非常丰富，包括自然、社会、物质、精神等方面。既包含显实力，也包含潜实力。是一个国家的经济、科技、政治、文化、教育、国防、外交、资源、民族意志、凝聚力等方面的综合。综合国力反映一个国家行为能力、发展水平以及在国际社会中的地位。在国际竞争日趋激烈的时代，世界各国特别是西方发达国家，都把发展综合国力当作新时代的国家战略目标，以便取得战略上的优势，实现国家的政治、经济、军事、外交利益。

在当前综合国力的竞争中，经济能力是综合国力的基础。各国为使本国的综合国力具备越来越坚实的基础，纷纷进行各种战略、体制和政策的变革和调整。同时，相继把经济外交作为外交工作的重心，即把确保本国经济安全和谋取本国经济利益的最大化作为各国外交工作的核心目标。与经济竞争相比，科技的国际竞争同样激烈并且已越来越成为国际综合国力竞争的决定性因素。科学技术作为综合国力的先导，其实力和水准，是综合国力的重要体现，因此它极大地影响和促进一个国家的经济、政治、文化、军事其他方面。除了经济和科技之外，政治、军事、社会、环境等因素当然也是综合国力的重要构成。其中，军事实力的竞争仍然是综合国力竞争的重要内容。在世界并不安宁的今天，军事实力仍然是体现国家综合国力的基本形式。冷战结束后，国际军事形势出现重大而复杂的变化。一方面，世界裁军取得了进展；另一方面，霸权主义、单边主义、恐怖主义、民族分裂主义和宗教极端主义有新的发展，一些大国加紧开发新式武器，一些非核国家试图发展核武器，国际上新一轮军备竞赛趋势出现，核不扩散体制遭到破坏，对世界和平与稳定造成深刻影响。这一切都说明，冷战结束后大国仍然把大力发展军事力量，特别是发展高科技武器作为增强综合国力的重要手段。面对严峻的形势，我们必须在以经济建设为中心的前提下，加强国防现代化建设，实行新军事变革，坚持科技强军，确保国家独立、主权和安全，在综合国力的竞争中立于不败之地。

第二节 国际环境与当代中国外交

第一次工业革命造就了持续数个世纪的近代国际关系基本格局。世界历史时代的发展和演进，战后两极格局的形成与变化，西西、南北、东西三类国家关系的变迁，科技革命、经济全球化、政治多极化和综合国力竞争四大趋势的凸显，无疑是影响中国国内政治，进而影响中国外交的主要国际环境因素。

1840年鸦片战争以来，中华民族面临着两大历史性课题：一是求得民族独立、人民解放，二是实现国家繁荣富强、人民共同富裕。前一个任务是为后一个任务扫清障碍，创造必要的前提。中国共产党正是肩负着这两大历史任务走上历史舞台的。党领导人民进行革命，是为了求得民族独立和人民解放，扫清发展的障碍；党领导人民进行改革开放，也是一场革命，为的是真正实现国家繁荣富强、人民共同富裕和民族复兴。实现当代中国主题的伟大事业是与世界发展分不开的。在历史进程中，中国人民积极利用国际环境经过革命实现了民族独立和人民解放，建立了新中国。新中国建立后，前28年曲曲折折，但中国人民利用国际条件，取得了全面建设社会主义的很大成绩，奠定了发展的基础。而

30年的改革开放当然是一点也离不开世界的环境及其变化，但关键的是中国人民抓住国际国内难得的发展机遇，取得了经济社会发展的极大成功。

一、国际环境与实现民族独立和人民解放

整个中国近代史是在西方列强的侵略掠夺的过程中，中国沦为半殖民地和半封建社会的历史，也是中国人民不断奋斗，联合国际上的进步力量，经过新民主主义革命取得反对帝国主义、封建主义和官僚资本主义胜利，建立新中国的历史。国际环境不仅决定性地影响了中国社会的性质和革命的进程，也规定了这一时期中国外交的主题和战略选择。

1. 西方列强的侵略使中国沦为半殖民地和半封建的社会

中国幅员辽阔，历来是个大国。但自近代以来直至新中国成立，中国是一个久经内忧外患、贫穷落后、四分五裂的弱国。19世纪中期，英、法等西方列强接连发动了侵略中国的战争，中国的主权独立和领土完整不断遭到破坏，西方列强与中华民族的矛盾激化。19世纪70年代以后，列强对华侵略加剧，中华民族危机日益深重。鸦片战争前，中国仍是一个独立自主的封建制国家。但由于清王朝这个封建地主政权腐朽没落、妄自尊大，封建制度已危在旦夕。由于林则徐的虎门销烟，英国借机侵略中国，但其实质是为了打开中国市场，销售鸦片。1842年，英国强迫清政府签订《中英南京条约》，中国从此沦为半殖民地半封建社会。鸦片战争后，西方资本主义列强通过不平等条约向中国大量输出商品和资本，逐渐冲击着中国封建经济。1851年，洪秀全号召并领导农民在金田宣布起义，建号"太平天国"。1853年春，太平军占领南京，把南京改名为天京，定为都城，正式建立农民政权，同清朝对峙。1856年，太平军摧毁江南大营，解除了天京之围。太平天国在军事上达到了全盛时期。1864年夏，洪秀全病逝。不久，天京沦陷，太平天国运动失败。1856年，英国提出修改《中英南京条约》，但遭到清政府的拒绝，英国借此挑起了第二次鸦片战争，这次英法联军出兵侵略中国，美俄是

帮凶。虽然第二次鸦片战争与鸦片无关，但其实质与鸦片战争一样，因此叫第二次鸦片战争。1860年，英法联军再度攻占天津，一路烧杀抢劫，咸丰帝逃往承德避暑山庄，让他的弟弟恭亲王奕䜣担任议和大臣，留守北京。接着英法联军洗劫并焚毁了北京西郊举世闻名的皇家园林圆明园，占领了北京，并强迫清政府签订不平等的《北京条约》。19世纪60—90年代，随着资本义国家对中国政治、经济侵略的加剧，发生了洋务运动，以奕䜣为首的洋务派主张应发展中国军事、民用、教育等以挽救岌岌可危的清政府，中国资产阶级由此而产生并且有所发展。1883—1885年，发生中国不败而败，法国不胜而胜的中法战争，签订了《中法新约》，标志着中国西南的门户被打开了。1894年，甲午中日战争爆发，战争中中国北洋军队覆灭，洋务运动破产，中国失败。1895年《马关条约》的签订，大大加深了中国社会的半殖民地化。1900年，帝国主义国家为了镇压义和团起义，维护在中国的利益，发动了八国联军侵华战争。1901年，《辛丑条约》的签订，标志着中国半殖民地半封建社会的形成。

2. 时代的发展使中国革命成为世界无产阶级革命的一部分

近代中国社会的性质，是殖民地、半殖民地、半封建的性质。自从1914年爆发第一次帝国主义世界大战和1917年俄国十月革命在地球六分之一的土地上建立了社会主义国家以来，中国资产阶级民主主义革命发生了一个变化。在这以前，中国资产阶级民主主义革命，是属于旧的世界资产阶级民主主义革命的范畴之内的，是属于旧的世界资产阶级民主主义革命的一部分。在这以后，中国资产阶级民主主义革命改变为属于新的资产阶级民主主义革命的范畴，在革命的阵线上说来，则属于世界无产阶级社会主义革命的一部分了。

毛泽东在论述新民主主义革命性质时曾强调国际环境对中国革命的决定性影响，他指出："中国资产阶级民主主义革命，自从1914年爆发第一次世界大战和1917年俄国十月革命在地球六分之一的土地上建立了社会主义国家以来，起了一个变化"。"因为第一次世界大战和第一次胜利的社会主义十月革命，改变了整个世界历史的方向，划分了整个世界历史的时代。"① 斯大林在十月革命后有关十月革命伟大世界意义的论述，能够说明中国革命转变的根据，他指出，十月革命"扩大了民族问题的范围，把它从欧洲反对民族压迫的斗争的局部问题，变为各被压迫民族、各殖民地及半殖民地从帝国主义之下解放出来的总问题"；"它给这一解放开辟了广大的可能性和现实的道路，这就大大地促进了西方和东方的被压迫民族的解放事业，把他们吸引到胜利的反对帝国主义斗争的巨流中去"，"它从而在社会主义的西方和被奴役的东方之间架起了一道桥梁，建立了一条从西方无产者经过俄国革命到东方被压迫民族的新的反对世界帝国主义的革命战线。"②

历史表明：一方面，在世界资本主义战线已在其薄弱环节崩溃而其余地方又已显露其颓势的时候，在这些尚存的资本主义部分必须更依赖殖民地半殖民地才能过活的时候，在社会主义国家已经建立并宣布它愿意为了帮助一切殖民地半殖民地的解放运动而斗争的时候，在各个资本主义国家的无产阶级一天一天从机会主义的影响下面解放出来并宣布他们赞助殖民地半殖民地解放运动的时候，任何殖民地半殖民地国家，如果发生了反对帝国主义，即反对国际资产阶级、反对国际资本主义的革命，它就不再是属于旧的世界资产阶级民主主义革命的范畴，而是属于新的范畴了；它就不再是旧的资产阶级和资本主义的世界革命的一部分，而是新的世界革命的一部分，即无产阶级社会主义世界革命的一部分了。这种革命的殖民地半殖民地，已经不能当作世界资本主义反革命战线的同盟军，而改变为世界社会主义革命战线的同盟军了。另一方面，这种殖民地半殖民地革命的第一阶段，虽然按其社会性质，基本上依然还是资产阶级民主主义的，它的客观要求是为资本主义的发展扫清道路；然而这种革命，已经不是旧的、被资产阶级领导的、以建立资本主义的社会和资产阶级专政的国家为目的的革命，而是新的、被无产阶级领导的、以在第一阶段上建立新民主主义的社会和建立各个革命阶级联合专政的国家为目的的革命。因此，这种革命又恰恰为社会主义的发

---

① 《毛泽东选集》第 2 卷，人民出版社 1991 年版，第 667 页。
② 《斯大林选集》上卷，人民出版社 1979 年版，第 124 页。

展扫清更广大的道路。这种革命是彻底打击帝国主义的，因此它不为帝国主义所容许，而为帝国主义所反对。但是它却为社会主义所容许，而为社会主义的国家和社会主义的国际无产阶级所援助。

由此可见，有两种世界革命第一种是属于资产阶级和资本主义范畴的世界革命。这种世界革命的时期早已过去了，还在1914年第一次帝国主义世界大战爆发之时，尤其是在1917年俄国十月革命之时，就告终结了。从此以后，开始了第二种世界革命，即无产阶级的社会主义世界革命。中国革命是世界革命的伟大的一部分。这个中国革命的第一阶段，其社会性质是新式的资产阶级民主主义的革命，还不是无产阶级社会主义革命，但早已成了无产阶级社会主义世界革命的一部分，成了这种世界革命的伟大的同盟军。因此，中国革命的外交战略必然是如孙中山先生讲的"联俄、联共"，或是中国共产党确立和实践的革命外交战略，即与世界无产阶级和被压迫人民团结起来，形成反帝、反封的广大联盟。

3. 新民主主义革命胜利及其世界意义

中国人民为反抗列强侵略，争取民族独立，联合世界进步力量，进行着英勇的斗争，开始了救亡图存的探索。以"自强""求富"为目的的洋务运动客观上刺激了中国资本主义的产生和发展。资产阶级维新派为了挽救民族危亡，发展资本主义，进行了维新变法运动。辛亥革命推翻了清王朝的统治，结束了中国两千多年的君主专制制度，开创了完全意义上的近代民族民主革命。新文化运动冲击了封建主义的思想、道德和文化，开启了思想解放的闸门。中国在饱受列强欺凌、被迫开放的环境中不断进行着经济、政治和思想文化的变革，中国的近代化艰难起步，社会结构开始逐步从传统社会向近代社会转型。1919年5月爆发了五四学生爱国运动，6月初发展成为以工人阶级为主力的全国规模的群众爱国运动。五四运动是中国新民主主义的开端。在这个运动中，中国无产阶级开始登上政治舞台。五四爱国运动标志着资产阶级领导的旧民主主义革命的结束和无产阶级领导的新民主主义革命的开始。1921年，毛泽东、董必武、陈潭秋、何叔衡、王尽美、邓恩铭、李达等代表各地共产主义小组在列宁党和共产国际的帮助下,在上海举行第一次全国代表大会,中国共产党诞生了。中国共产党的成立,使中国革命的面貌从此焕然一新。第一次国共合作推动了国民革命运动的高涨。国共合作破裂后,中国共产党为反抗国民党统治,进行工农武装革命,开始了中国革命道路的艰难探索。1931年日本帝国主义发动九一八事变,中华民族面临严重的民族危机,全国抗日救亡运动不断高涨。1937年日本帝国主义发动七七事变,中华民族全面抗战从此开始。中国人民联合世界反法西斯进步民主力量,经过八年浴血奋战,终于第一次取得了近代以来反侵略战争的彻底胜利。抗日战争胜利后,中国面临着两种命运、两个前途的决战。中国共产党为争取和平民主做出了很大努力,但是国民党政府在美帝国主义支持下悍然发动内战。中国共产党领导人民进行了三年多的解放战争,推翻了国民党在中国大陆的统治,取得了新民主主义革命的伟大胜利。中国共产党领导中国人民经过北伐战争、土地革命战争、抗日战争和全国解放战争四个阶段,终于在1949年推翻了以蒋介石为首的国民党政府的统治,取得了新民主主义革命的胜利。1949年,第一届中国人民政治协商会议召开,标志着中国人民民主革命的伟大胜利。

二战结束时,中国贫弱的本质并未因此改变,但中国作为四大战胜国之一,跻身于联合国安理会常任理事国行列中。新中国的成立具有重要的世界意义:新中国的成立是20世纪世界的重大事件之一。它使世界力量的对比发生了有利于和平民主和社会主义的巨大变化,促进了殖民地半殖民地的民族解放斗争,促进了战后国际关系民主化的发展,为世界和平做出了杰出贡献。

二、国际环境与新中国的建设和外交

新中国建立后,前28年曲曲折折,但是,中国的政治与外交决策者利用国际条件,带领中国人民取得了全面建设社会主义的伟大成绩,奠定了发展的基础。中国在特定的国际条件下取得了发展,中国的发展又极大地影响了国际环境。

1. 战后国际形势发展与中国对外战略的选择

战后的国际形势首先是社会主义从一国胜利到数国胜利的发展，人民民主力量的空前加强；是国际社会两极格局的形成、两大阵营的出现、冷战伴随着局部的热战。世界在经历战后政治、经济、社会、文化新的发展变化后，中国的国际环境发生多层复杂变化。与之相适应，新中国前28年，受国际形势及其变化的影响，其外交战略在不同的历史时期经历了不同的阶段。以时间为线索，大体可以分为三种不同的外交战略。一是建国初期的"一边倒"战略。二是20世纪60年代的"两条线"战略；三是20世纪70年代的"一条线"战略。可以说，新中国的前28年，就是中国外交的决策者不断根据形势的变化而调整自己外交战略的历史。

新中国成立前夕，美苏在二战中建立起来的同盟已经宣告破裂，冷战对峙的局面已经形成。美国和西方国家于1949年4月成立了北大西洋公约组织，以对苏联实行战略遏制。在中国共产党领导的中国革命胜利大局已定的情况下，中国采取什么样的外交战略成为一个重大问题。当时有人提出要走中间道路，在美苏之间搞平衡。美国对腐败的蒋介石政权感到失望，准备抛弃蒋政权，同时也对中国共产党进行试探，提出美国可以给中国提供美元贷款。毛泽东和中央领导人权衡利弊，毅然选择了一边倒战略，决定与苏结盟。这一战略选择主要是与中国革命的历史进程、与新中国的新民主主义制度的性质、与中国共产党建设社会主义的目标分不开的，但其基本决定因素之一则是当时客观的国际环境。而新中国建立不久发生的朝鲜战争、美国出兵我国台湾地区和对新中国实行经济封锁，更说明这一战略选择是逻辑的必然。

十年后，国际形势和中苏关系发生了新的重大变化。两极格局没有改变，但苏联在上世纪50年代末开始与美国改善关系，在1959年有美苏两国首脑的戴维营会晤；从1958年起，苏联开始对中国的国内事务进行干涉，发生了长波电台和联合舰队事件。1956—1965年期间中苏两国在意识形态和对内对外政策以及国家利益等重大问题上的矛盾和冲突开始暴露出来，并进行了公开的大论战，两国关系迅速从结盟转为对立。这时的中国与苏联关系变坏,与美国关系也不好,与两个超级大国同时处在对抗状态。在这种情况下,新中国进行了建国以后的外交战略的第一次大调整,形成了既反苏也反美的两条线战略。在1958—1963年,中国还把美国作为最主要的敌人,但在后半期,从1964—1969年间,苏联与中国的关系进一步恶化,中国更直接感受到的威胁来自于苏联,尤其是在中苏边界发生了一连串冲突,更加剧了中国党和政府对苏联威胁中国的迫切的感觉。虽然苏联和美国同时处在与中国对抗的状态中,而在有的时候,毛泽东已经把苏联列为比美国更危险的敌人。

1969年3月,中苏两国在珍宝岛发生边境武装冲突,后来苏联又在中苏中蒙边境陈兵百万,对中国的国家安全直接构成了军事威胁。而在越南战争中被拖得焦头烂额的美国也急于从这一泥潭中脱身以集中精力对付苏联这一主要威胁。尼克松上台伊始就发出了改善中美关系的信号。在这种国际形势下,新中国的外交战略进行了第二次大的调整。这一战略把苏联作为最主要的敌人,虽然中国也仍然反对美国,但实际上两国的关系在向着改善的方向发展。1973年2月17日,毛泽东在会见基辛格博士时提出一条线的思想,1974年1月5日,毛泽东会见日本外务大臣大平正芳时又提出一大片的思想,实际形成了联美欧国家反对苏联霸权主义的一条线一大片战略。这也是新中国外交战略调整中最重要最关键并对整个二战后的格局产生重大影响的一次,对中国外交的影响也是极为重大和深远的。

2. 新中国 28 年社会主义建设进程与外交实践发展

新中国 28 年社会主义建设进程是在国际的大背景下展开的,它的内政外交受国际环境的制约,也在国际环境中展开,而正是在当时的国际战略实践的背景下,中国展开了国内的建设与发展。

中国在新民主主义革命取得胜利以后,利用"一边倒"战略取得了有利的国际环境,用不到三年的时间就恢复了原本就很脆弱又被战争破坏了的国民经济;在实施第一个五年计划、开始大规模社会主义建设以后,国民经济和社会生活迅速改变面貌。其中,重要的经验,就是毛泽东在党的七届二中全会上强调的,在党的工作重心由农村转移到城市以后，一方面要继续完成尚未完成的革命任务，另一方面要围绕生产建设这一中心开展各方面工作；在建设中要善于统筹兼顾各方面的利益关系，认真地团结全体工人阶级、全体农民阶级和广大革命知识分子，还要尽可能多地团结同我们合作的城市小资产阶级和民族资产阶级。

在1956年社会主义改造取得决定性胜利、社会主义建设取得历史性成就之际，毛泽东在调查研究的基础上发表了著名的《论十大关系》，其基本思想就是在发展中调动一切积极因素，化消极因素为积极因素。这篇著作和后来发表的《关于正确处理人民内部矛盾的问题》都触及中国经济建设中的一些基本问题和后来长期困扰我们的一些重大关系问题，提出了要协调好重工业和轻工业、农业，沿海工业和内地工业，经济建设和国防建设，国家生产单位和生产者个人，中央和地方等关系，提出了"统筹兼顾、适当安排"的方针。毛泽东还特别强调："这里所说的统筹兼顾，是指对于六亿人口的统筹兼顾。我们作计划、办事、想问题，都要从我国有六亿人口这一点出发，千万不要忘记这一点。"① 这些重要的论述及其所包含的深刻思想，来自于中国社会主义现代化建设最初的实践，也是中国共产党人今天提出科学发展观的源头。

新中国成立到改革开放的1978年计28年。在此期间，经过党和人民的奋斗，我们确立了社会主义基本制度，并从中国实际出发探索社会主义建设的道路。这一时期的探索既有成果，也有问题、失误和教训。小平同志就说过："'文化大革命'十年浩劫，中国吃了苦头。中国吃苦头不止这十年，这以前，从1957年下半年开始，我们就犯了'左'的错误。总的来说，就是对外封闭，对内以阶级斗争为纲，忽视发展生产力，制定的政策超越了社会主义的初级阶段。"②

新中国前28年国际环境对中国的建设与中国的外交有重要的影响，它不管是制约因素还是促进因素都是中国建设发展的外部环境。在这样

---

① 《毛泽东选集》第5卷，人民出版社1977年版，第387页。
② 《邓小平文选》第3卷，人民出版社1993年版，第269页。

的总的背景下,中国党和人民根据形势的发展不断地做出了积极的反应,包括外交战略选择。在总体上,战略选择是符合实际的,但也要具体分析。比如在战后初期美苏对峙的国际背景下,中国要在苏联和美国之间搞平衡是根本行不通的。如果当时不与苏联实行结盟战略,那么新中国可能得不到来自苏联的建设社会主义的宝贵支持和援助,刚刚建立的新中国也可能受到美国的更大的威胁。虽然后来中苏之间发生了许多事件,但总的来说,中国从一边倒战略中得到很多好处。中苏结盟的一边倒战略持续了差不多十年。到50年代末和60年代初中期,中国经过这些年的社会主义建设,已经初步建立起了社会主义的国民经济体系,社会主义建设也取得了较大的成绩,实力较建国初期有了很大的提高。而第二个时期的战略实行的结果是有好有坏。好处是加快了中国独立自主地进行建设的步伐,先后独立完成了原子弹和氢弹的试验,人造卫星的研制也取得较大成功;两条线战略的实行又引发出毛泽东的两个中间地带的战略,第三世界的战略也在这一时期逐渐形成,其核心在于团结广大国家进行反对两个超级大国的斗争。但不好的方面是把中国引进了一个较为封闭的环境,对外关系中意识形态的大争论使国内政治经济在反帝反修的口号下迅速左倾化,成为"文革"发生的一个重要原因,也使中国外交面临严重压力。

3. 新中国建设的成就与国际地位的提高

新中国成立后,中国近代以来积贫积弱的形势得到扭转,国际地位逐步提升。但受国内政治运动的影响与国际环境的制约,直至改革开放前,中国的复兴之路十分曲折,国际地位的改善亦只能是有限的、局部的:其一,虽然初步建立起近代工业体系,并研制出了"两弹一星",但受"大跃进"和"文革"等因素冲击,中国错过了六七十年代世界经济与科技发展的宝贵时机,未能从根本上改变大而弱、大而穷的国家面貌与国际形象;其二,由于长期处在国际经济封锁大背景下,同时受计划经济体制和极"左"思潮影响,中国六七十年代处在一个自我封闭的体系中,与外界有限的交往主要局限在政治领域,对世界经济、科技、文化与社会的参与微不足道,总体上处在世界舞台的边缘地带;其三,除意识形态领域外,中国国际影响的辐射范围主要限于周边地缘政治,只能算一个地区性大国。70年代中国恢复在联合国及安理会的合法席位、中美联合对苏等事件,虽然加大了中国的国际影响,但中国作为地区性大国的特征并未因此改变。

三、国际环境与改革开放和新时期外交

世纪转折时期,以新科技革命浪潮、经济全球化为基础,以苏东剧变为标志,世界形势发生重大变化,国际环境有机遇更有挑战,改革开放的中国适应历史潮流,提出新时期外交战略,开创了新时期外交的新局面,取得了经济社会的新发展,并对世界做出了自己的贡献。

1. 世界的变化和时代主题的转换

社会主义发展的难得机遇和严峻挑战是有利于达到加快发展的主观目标的,但它是转瞬即逝的。它要求社会主体充分发挥主观能动作用,抓住机遇,把可能变为现实。

战争与革命时代提供了革命的机遇和挑战,世界无产阶级及其政党抓住了机遇,取得了历史的飞跃,使落后国家实现了历史性跳跃,使社会主义从理想变为现实,使社会主义经历了一国到多国的胜利。经过战后一个时期的变化发展,时代的主题又发生了历史性变化,而和平与发展的时代则又为世界社会主义提供了新的机遇和挑战,这就为社会主义发展提供了相对和平的环境,为社会主义国家的经济与社会发展提供了难得的机遇。一方面在相当长的时间里大的战争不会出现;另一方面西方敌对势力主要是以非军事手段与社会主义国家对抗,从而使社会主义国家可以争取相对好的外部环境进行国内建设。实行对外开放,加强同外部世界的联系是社会主义发展的基本条件和规律。

社会主义不能离开世界文明的发展。尤其是现实中的社会主义国家都是经济文化比较落后的国家,要使它们跟上时代发展的潮流,壮大自己的国力,就必须实行对外开放。挑战主要是指我们必须去面对新的情况。当和平与发展成为时代主题后,如何适应时代变化,采取正确对

策，进而推进国内事业发展的问题已提上日程。例如怎样维护世界和平，怎样在和平环境中解决本国发展这个主题。但是，这对于社会主义国家是极其重要而又复杂的问题。因为新科技革命优势在西方国家，经济全球化的主角是西方国家，政治多极化是一个复杂的过程。但是，社会主义国家只有抓住机遇敢于迎接挑战，才能开创新局面，才能适应时代的变化而获得新的发展。

2. 改革开放与外交战略的调整

抓住机遇迎接挑战就要认清时代，抓住主题，紧跟世界发展的潮流，建设和平与发展的社会主义；抓住机遇迎接挑战就要认识时代，抓住时代的阶段性特点，正确处理与资本主义的关系，发挥目前制度优势，利用和平环境，把社会主义自己的事情做好，从而超越资本主义；抓住机遇迎接挑战就要认识时代，抓住世界变化的新趋势，坚持独立自主的和平外交政策，反对霸权主义，争取世界和平，推动世界的发展，建立新的国际政治经济新秩序，争取营造好的社会主义建设的外部条件。

正是适应国际环境的变化，1978 年走出"文革"后的中国开始了改革开放的进程，也在外交战略与政策上做出了重大的调整。

3. 改革开放的成就与世界体系中中国因素的发展

在过去的 30 年中，中国的经济规模获得了超越其他大部分国家的切实提升，这一变化改变了中国在世界经济中的地位：按现行汇率计算，2009 年世界名义 GDP：560281 亿美元，中国 44785 亿美元，美国 135803 亿美元，日本 52264 亿美元。中国名义 GDP 占世界 GDP 比重 7.99%，占美国 GDP 比重 32.97%，占日本 GDP 比重 85.69%。按照购买力平价的方法对中国 GDP 的估计更高一些，不过，与按汇率计算相比，这种方法能更接近于体现中国的实际生产能力。2009 年，世界 GDP（PPP）697432.6 亿美元，中国 87347.1 亿美元，美国 142662 亿美元，日本 41867 亿美元，中国占世界比重 12.5%，占美国比重 61.2%，占日本比重208.6%。①

中国国际地位与对外交往在三个方面发生了质的变化。一是中国从一个地区性大国逐渐变成一个新兴的世界大国，二是中国的国际角色已从主流国际体系的外部走向内部，三是中国正从世界舞台的边缘走向中心。"中国责任论"的兴起在一定意义上反映着这种关注。近年来，世界上涉及中国的话题越来越多、越来越热，涵盖的领域越来越广泛。世界在讨论世界格局、国际和地区安全形势、国际热点问题、国际军控与不扩散机制、价值观与文明冲突问题、气候变化、能源安全、金融形势、国际贸易等问题时，中国都是人们重点谈论的一个对象。不论评论者是褒是贬，这种现象客观上反映出中国已经成为世界事务中一个举足轻重的因素，抛开中国因素，世界上的许多问题都无从理解，更无从解决。另一方面，中国的声音在世界上正吸引越来越多的听众，中国的态度令世界更加重视。

第三节　国际环境与中国外交决策的辩证关系

国际关系与各国外交关系不仅是一个自然的历史过程，还是一个人们的主观实践过程；不仅是环境影响和决定一国外交的过程，还是各国外交影响和决定作为国际环境的国际社会的过程。现代中国外交，特别是新中国60年外交就是不断地能动地认识世界环境、利用世界环境与改造世界环境的过程，中国外交实践一方面受国际环境的制约，另一方面也对国际环境发挥了重要的作用和影响。

国际关系因素对中国外交决策的影响具有客观性，但过程却具有双向性。在新中国外交的60年的实践中，我们有认识与处理国际关系的

---

① 原始数据来源：世界银行官方网站 www.worldbank.org 下的 Regional Forecast Detail 栏目，注释：中国所占比重根据原始数据计算获得。

具体网址如下所示

http：//web.worldbank.org/external/default/main? theSitePK = 61250&pagePK = 2904583&contentMDK = 20665990&menuPK = 612532&piPK = 2904598

正反两方面的经验,形成了一系列正确的原则,今天,中国外交的任务是为完成当代中国的主题创造好的外部环境,与此同时,我们也提出了推进建立和谐世界的崇高理想。

一、客观与主观结合、必然与能动统一

虽然外交决策研究的对象主要是国内政治,但是我们不能忽视国际环境这样一个影响外交决策的关键性要素。实践证明,国际环境(变化)对一国的外交决策有最为直接的影响。自古以来,中国与世界就有比较频繁的、和平的贸易和文化往来。但是,从鸦片战争开始,中国就成为资本主义列强用枪炮打开的一个重要国际市场,从此,中国始终没有摆脱西方资本主义国家直接或间接、消极或积极的影响。毛泽东早在30年代就看到了中国与世界的关系,有很多系统阐述。国际环境对中国的影响反映在经济、政治、军事、文化等各个方面。其影响形式有直接的武力干涉,也有间接的政治经济文化方面积极或消极的渗透,不论国际环境的影响是积极的还是消极的,直接、公开的还是间接、隐蔽的,都对决定中国外交的决策者们的种种重要观念的产生和演变,对具体决策时的选择产生了直接或间接影响。研究中国外交决策必须首先把国际环境因素作用重要参照,必须从分析影响国际政治经济文化环境的主要变量入手,分析国际环境因素对中国外交决策的影响。

国际国内各种因素的互动关系复杂多变,这就需要把握世界经济政治总体发展趋势。既要认识国际政治的本质和某一时代的特征,又要了解具体国别的特殊因素。把握国际环境对中国外交决策的影响,主要应该用马克思主义唯物辩证的方法,抓住客观世界的发展变化动因以及由这些动因引起的变化对中国外交的影响,从辩证唯物主义的宏观观点看问题。

1. 国际总体生产力的发展状态是导致国际环境变迁的主要动因。

国际环境对一个国家的外交决策之所以会产生影响,首先是由于国家之间由社会化大生产带来的越来越密切的关系。工业革命推动了资本

主义国家间的国际化和对外扩张趋势，20世纪以来的科技进步特别是以信息技术为推动力的全球化，几乎把世界上所有国家和民族都联系在一起，国与国之间各个领域的交往空前的频繁、深入和直接，以至出现了相当程度的相互依赖关系，这种发展趋势对外交目标本身的内涵和外交决策机制产生了深刻影响。在分析国际环境对中国外交决策的决定性作用时，必须要看到国际社会生产力发展水平以及由此带来的社会生产关系的变化这一主要变量对中国外交决策的影响。历史经验也证明，从新中国成立之初到中国30年来的改革开放，中国的外部政治经济生态环境发生了非常大的变化：世界经济发展水平、科技进步状况、各种思想意识的演变等各种因素深刻改变了国际政治力量对比关系这一主要政治因素，这种变化是中国政治经济发展的必要外在条件。正如1982年中国宪法所阐述的："中国革命和建设的成就是同世界人民的支持分不开的。中国的前途是同世界的前途紧密地联系在一起的。"正因为此，国际社会生产力与生产关系的变化曾经影响而且今后依然会影响中国的政治经济发展进程，是决定中国外交决策最重要的参考要素。

2. 国际环境与一国政治决策之间存在着一种辩证统一的关系。

国际环境与国内环境既是外在客观决定内在主观选择的必然关系，又是主观选择对客观存在产生作用的辩证关系。国际环境的客观存与国内政治、决策者的主观认知与外交决策之间是相互作用和互为条件的互动关系。例如随着全球化进程和信息化技术的发展，国与国之间各个层面的交流与合作达到了有史以来空前的程度，国际社会经济政治文化（包括舆论、观念和信息）等因素对一国外交政策的影响也达到了前所未有的程度。外部国际环境对一国决策者所作出的任何外交决策（包括战略决策、策略决策、常规决策与危机决策）都有直接或间接的重要作用。与此同时，国际环境对国内的影响往往因国内各种具体因素，如政治制度、意识形态或宗教信仰、文化认同、国家的实力与大小、其地缘政治经济地位或稳定状况、经济政治军事实力及其开放程度、领袖人物的影响力和判断能力、民众的人心向背等各种具体因素而受到不同程度的制约。因此，国内因素构成外部环境影响与外交政策决策之间的中间因素。就中国而言，国际环境及其演变虽然是影响中国外交决策的决定性因素之一，但它并不是唯一的因素，不能将其作用过于夸大或绝对化，因为二者之间不是简单的、一时一事必然的因果关系，对于这种关系既要有宏观的、历史的规律性把握，又要有具体的、实事求是的观察和判断。在具体分析时我们也会发现，处于特定国际环境之中的中国并不是抽象或被动的行为主体，国家会在国内各种因素作用下，对外界做出多种可能的反映。国际环境对国内外交决策的影响程度显然也是受多种因素制约的，影响内部外交决策的中间因素有时也会起主要作用。总之，国际环境的决定性作用最终是要通过国内各种因素的互动来影响外交决策者的决策。

3. 外交决策的主观选择既有被动地受客观环境限制的一面，也有决策者创造性地积极改变客观环境的一面。

外交决策是指一国在对外交往方面所决定的战略、策略或对策。决策指决定策略、方法或决定的策略和方法。策有策应、筹谋的含义。在现代意义上的国际关系中，外交决策的主要内容，就是一个主权国家针对外部国际环境变化状态，选择趋利避害措施，以防范环境的消极因素损害国家和民族利益，维护本国的主权和荣誉。在决策过程中，一方面，鉴于国际环境客观存在对各国外交政策的主观选择与政策的执行外在的限制作用，一个国家的外交决策者不可能脱离对国际环境的认识和判断进行决策，外交决策必须建立在实事求是地对国际环境的总体把握、敏感观察、细致分析的基础上。另一方面，一国的外交决策者的政策选择，不可能不引起国际社会其他成员国对本国决策的注意和反映，决策者的任何战略与策略选择也在有意或无意之间参与了国际环境的构建，尤其是那些在经济、政治、文化及人口等方面占有重要地位的大国、强国的决策者，他们对国际环境各种变量的发展态势，对引领世界的发展方向，有着更加重大的作用。所以，外交决策者责任重大，素质要求极高。高超的外交决策者，应该是集哲学、历史、政治、经济、文化认知能力与价值追求于一身的人。

4. 由于国际社会各国的生产力总是在不断的发展，国际环境的变量总处于变动之中，各国国内的种种因素也在变化之中，因此国内与国际之间的互动永远存在。

这就要求中国的外交实践必需贴近不断变化的外部世界，必须时时刻刻关注和了解的国家的生存环境。事实上，中国外交决策，包括外交决策机制也是与国际政治经济动态变化息息相关的。过去不利的、恶劣的外部环境也好，现在比较有利的、宽松的外部环境也罢，不论是战略决策，还是一般外交事务的决策，都离不开决策者对国际环境因素的客观认识和判断，在趋利避害、保护本国国家利益的同时，维护世界各国人民的根本利益。今天，中国的外交舞台空前的大，在中国全面融入世界的同时，我们必须在更明确地知己的基础上，更加全面客观地、细致深入地做好知彼的工作，使外交决策更有科学依据、更为合理和更有利于国家利益。知彼应该是对国际社会和组成国际社会的成员国家的政治、经济、科学技术、文化、历史、地理、人文等因素及其变化等全面和深刻的认识。决策者既要把握世界经济政治总体发展趋势，认识国际政治的本质和某一时代的特征，又要了解具体国别的特殊因素。随着全球化和信息化的发展，国际社会的舆论、观念和信息等因素对一国外交政策的影响与日俱增。

研究国际环境与中国外交决策之间的关系有现实意义，它不仅可以让不了解中国的外国人客观地了解和理解中国，充分认识决定中国外交决策的这一重要因素，还可以为中国的决策者制定正确的政策提供依据。本书力图运用马克思主义的理论分析方法，结合国际关系理论，阐述国际环境为什么能够和怎样影响中国外交决策，不仅说明国际环境对中国外交决策作用的重要意义，同时提醒人们主观认识国际环境对外交决策的重要作用，进而说明中国这样一个正在崛起的大国，倡导建立一个和平与发展的和谐世界的重大意义

二、实现民族伟大复兴与推进和谐世界建设

中国既是最大的社会主义国家，又是最大的发展中国家，还是唯一

代表第三世界的安理会常任理事国。这种独特的国际地位就决定了中国能在国际事务中发挥独特的作用。中国的发展离不开世界,而世界的发展也需要中国。一个更加开放和高速发展的中国对世界产生的影响是正面的、积极的,在总体上是有利于世界各国的共同繁荣和稳定的,而一个繁荣富强的中国将为人类做出更大的贡献。

首先,中国的开放和发展会使世界局势更加稳定,使世界和平更有保障。

在改革开放的新时期,作为中国特色社会主义探索的组成部分,中国共产党人先后提出了"反对霸权主义维护世界和平"、"维护世界和平,促进共同发展"和"始终不渝走和平发展道路"的国际战略,形成了一脉相承又与时俱进的中国特色社会主义的国际战略和理论体系。

"始终不渝走和平发展道路"是体现中国特色社会主义国际战略理论的核心概念。它体现了社会主义国际战略的本质,体现了中国30年改革开放新时期国际战略理论实践的一脉相承和与时俱进,是一个反映中国特色社会主义国际条件和战略选择规律的观点体系,是马克思主义与当今外交实际相结合的新成果。

从实际出发确定战略目标和道路(手段)是战略制定的要领。中国共产党人高瞻远瞩,科学分析时代发展与世界的变化,根据我国的国情和中国人民与世界人民的利益和要求,不仅逐步地明确我国实际建设的任务、宗旨,还形成了全世界人民共同奋斗的战略目标,这就是推动建设持久和平、共同繁荣的和谐世界,这里有继承,又有创新,对中国、对世界都有着十分重要的理论价值与实践意义。

当代中国与世界关系已发生了历史性变化,命运相互联系,不管国际发生什么情况,中国政府和中国人民都将高举和平发展合作的旗帜,而我国外交宗旨、任务和战略主张的实现又要经过国家的政策和活动去实现。我们要坚持和平的发展道路,既涉及国内问题,也涉及国际方面;我们要坚持互利共赢的开放战略,要在坚持和平共处五项原则的基础上同所有的国家发展友好合作。面对新世纪新阶段世界发展的新情况,中国作为一个发展中的社会主义国家应当抓住机遇,迎接挑战,正确认识和处理对外关系，为实现全面建设小康社会，推进中国特色社会主义的事业，实现中华民族的伟大复兴营造好的外部环境。为此，我们要继续坚持十一届三中全会以来我国确立的独立自主的和平的对外政策。

可见，当今的中国在国际社会中是负责任的大国，在国际秩序的建设与经济合作中是积极的参与者和建设者，是维护世界和平与稳定的坚定力量。

第二，中国经济持续快速、协调、健康地发展必将继续给国际社会带来更多的机遇。

中国的30年经济社会发展、中国13亿人口形成的大市场为世界提供了更大的合作空间，形成更多的利益共同体和利害共同体，从而有利于世界经济的繁荣，有利于促进各国的共同发展。据世界银行公布的数据，2000年至2004年，中国经济增长对世界经济增长的平均贡献率为13%，成为世界经济增长的重要推动力量。2001年至2005年，中国累计进口额超过2万亿美元，相当于为其他国家创造了4000万个就业岗位。2006年中国贸易进出口总额达17600亿美元，其中进口近8000亿美元。这表明，中国在不断扩大出口的过程中，也逐渐成为世界主要的进口市场。到2010年中国对外贸易总额将达到2.5万亿—2.8万亿美元。随着中国经济贸易规模的不断扩大，中国将给世界带来更大的市场机会和就业规模效应。

此外，中国的和平发展将为国际社会提供一个全新的发展模式。中国主张的是和平的发展，即不是通过传统的军事扩张、争霸或称霸，而是通过和平的方式、渐进的方式、共赢的方式，在与经济全球化紧密相连的进程中因势利导，趋利避害，既向整个国际社会实行全方位的开放，又坚持独立自主，主要依靠自己的力量，扩大内需，挖掘潜力，走有中国特色的富民强国的现代化之路。这对国际社会将具有巨大的启迪意义。

总而言之，和平、开放、合作、和谐、共赢是中国特色社会主义的题中应有之义。始终不渝走和平发展道路，将是中国的长期主张、中国的文明理念、中国的基本原则、中国的不懈追求。随着中国的和平发展、和谐发展，人类五分之一人口将彻底摆脱贫困，走上富裕和文明之路，从而极大地改变世界的面貌，并对推动建设一个持久和平、共同繁荣的和谐世界作出更大的贡献。

第三，新机遇、新挑战，正确认识与处理与国际环境的关系，推进构建和谐世界新努力。

国际环境对中国外交历史与现实的制约是客观存在。一方面国际环境发展是一个自然的历史过程，有不以人的意志为转移的客观规律。这就是说，作为中国外交的国际环境的存在是客观的，不依我们的主观愿望所转移。另一方面，与之相适应，中国外交尽管是一个能动的过程，但是由于环境具有客观性既定性，我们外交政策和决策的主观条件所发挥的作用和范围也具有相应的客观性既定性，所以同世界上包括美国人在内的外交一样，我们的外交决策、外交政策，也是受一系列客观与主观条件的制约。科学认识我国外交的环境，认识规律，是使我们得以能动"自由"（自由是对必然的认识）地改造世界的重要基础。

国际环境对中国外交历史与现实的制约，从本质上讲，就是现实环境条件和主观条件的制约。关于客观条件与主观条件，概括起来就是：中国的外交决策和政策总体上"不能超越时代，不能脱离世界，不能逆潮流而动，不能凭主观愿望行事"。讲国际环境的制约，一方面，要深入分析苏东实践失败的原因和教训，另一方面要认真总结中国改革开放成功的有关条件和经验。

在新世纪新条件下，中国要把握机遇迎接挑战，正确认识与处理与国际环境的关系，推进构建和谐世界新努力。

全球化条件下，必须坚持对外开放的基本国策。正确地认识和把握世界问题从来都是我们党制定重大方针政策的基础。我们党的新民主主义革命理论全部立论的前提就是中国革命是世界革命的一部分。建国初期，外交上我们搞了向苏联社会主义阵营的一边倒，也是基于当时世界上存在着"两个阵营"的现实。在和平与发展时代，以邓小平为代表的中国共产党人，在总结国内外社会主义建设正反两方面经验的基础上，在正确把握世界历史发展的趋势中逐步形成和发展了中国特色社会主义。

1978年,党的十一届三中全会确定全党全国工作中心转向社会主义现代化建设,这既是国内形势发展的需要,又是对国内经验教训的总结,是中国人民愿望的集中体现,同时也是对世界状况、时代主题和国际形势发展变化作新的观察和判断的结果。邓小平自己说过:"我们制定一心一意搞建设的方针,就是建立在这样一个判断上的。"① 从内容上讲,和平与发展成为时代的主题,改革成为世界潮流,对外开放成为历史的必然,而改革、开放、发展贯穿建设中国特色社会主义的全过程。在"文化大革命"结束后,我们党适时地实现了历史性转变:一是从以阶级斗争为纲转到以经济建设为中心。发展成为硬道理,成为当代中国的主题,成为党执政兴国的第一要务;二是适应发展要求,对僵化的体制开始进行彻底改革,变以往过分集中的政治、经济体制为充满活力的新体制;三是从闭关自守转变到对外开放,这些转变和改革都是具有时代色彩和符合时代潮流的。因此,中国特色社会主义是改革开放不断发展生产力的社会主义,是和平发展的社会主义,因而是符合时代潮流的社会主义。

一球两制的环境中,必须正确处理不同制度国家关系。社会主义与资本主义相互关系是当今世界的一个基本关系,正确认识和处理社会主义与资本主义相互关系是社会主义国家对外关系的一个基本理论与实践课题。历史经验证明,能否从实际出发正确处理两者关系事关社会主义发展大局。因此,我们要以马克思主义为指导,总结世界社会主义运动历史经验,对两者关系进行深入的研究,得出规律性的结论,形成相关的原则。既然社会主义要与资本主义长期共存,社会主义与资本主义关系是对立统一的关系,那么我们应当如何处理与资本主义的关系呢?我们认为,坚持马克思主义立场、观点和方法,总结世界社会主义运动的历史经验,在处理"两者关系"上我们要坚持以下几条重要原则:第

---

① 《邓小平文选》,第3卷,人民出版社1993年版,第133页。

一，要正确把握时代，科学判断形势，独立自主维护国家利益，反对霸权主义，实行与不同制度国家和平共处的方针，实行对外开放，大力发展对外经济关系，吸收与借鉴资本主义文明成果，办好自己的事情。第二，要坚持改革开放以来尤其是十七大制定的国际战略和基本外交政策；第三，警惕西方敌对势力对我国和其他社会主义国家西化和分化的图谋。既要正视现实地制定抵制西化和分化的对策，又要看到这一斗争的长期性，而且要制定相应的战略。第四，扎扎实实地搞好国内经济建设；即加强我国的综合国力，始终坚持"一个中心、两个基本点"的党的基本路线。第五，加强社会主义精神文明建设，尤其是意识形态方面的工作。发展社会主义民族关系，加强各民族的大团结。第六，高度重视党的建设，尤其是党的执政能力的建设，把党建设好，使之成为带领我国人民建设中国特色社会主义的核心与保证。

在新的形势下要努力促进和谐世界的建设。建设和谐世界就是建设民主的世界、和睦的世界、公正的世界和包容的世界。更加注重国家间的对话、协调与合作，强调的是国家间的平等、相互依存和遵守国际规则的重要性，体现了和平共处的意愿。它高度概括地回答了在新的历史条件下，如何在坚持走和平发展道路的基础上，建立和平稳定、公正合理的国际政治经济新秩序。建立和谐世界是对我国以往外交思想和方针的延续，是一脉相承的。和谐世界思想有丰富内容和深刻内涵：坚持多边主义，实现共同安全与和平；坚持互利合作和发展，实现共同繁荣；坚持包容精神，共建和谐世界；坚持积极稳妥方针，推进联合国改革，建立合理的国际政治经济新秩序。推动和谐世界的建设，中国认为应主要从四个方面着力：一是积极推动建立公正合理的国际政治经济新秩序；二是支持和促进广大发展中国家加快发展，努力减少和消除贫困；三是树立新安全观，建立集体安全机制；四是以一种包容精神尊重各国不同的社会制度和发展模式，推动各种文明和平共处。

当前中国的国际地位，国际影响及外交努力。中国既是最大的社会主义国家，又是最大的发展中国家，还是唯一代表第三世界的安理会常任理事国，这种独特的国际地位就决定了中国能在国际事务中发挥独特的作用。中国的发展离不开世界,而世界发展也需要中国。一个更加开放和高速发展的中国对世界产生的影响是正面的、积极的,在总体上是有利于世界各国的共同繁荣和稳定的,而一个繁荣富强的中国将为人类做出更大的贡献。

第二章 宪法与法律因素

宪法是国家的根本大法。作为法律体系的基础,它规定了中国外交的基本原则,与此同时,其他的法律法规,既规范着外交活动的方方面面,又成为实现外交政策的手段。因此,宪法与法律一起构成影响外交决策的一个重要因素。在新的历史条件下,这一因素的地位和作用将不断提高,进一步认识法律与外交决策的关系,加强中国外交法治化建设,对我外交决策的科学化、民主化有着重要的价值和意义。

第一节 法律在中国外交决策中的基础性地位

一、法律在外交中的地位和作用

自人类文明发展以来,尤其是近代以来,法律在各国政治与国际政治中均占有极为重要的地位。当代世界文明发展的趋势之一是法治文明的进一步发展,这一发展不仅反映在各主权国家治理方式的转型,而且体现为国际法地位和作用加强。

1. 国内法在各国外交决策中的地位

法律是人类在社会层次的规则、社会上人与人之间关系的规范,它以正义为基础,以国家强制力为手段。古时法律指律令或刑法,即由国家制定，国家政权保证执行的行为规则；现代法律是指由立法机关制定，国家政权保证执行的行为规则。广义的法律是指法的整体，包括法律、有法律效力的解释及其行政机关为执行法律而制定的规范性文件（如条例规章等）。狭义的法律专指拥有立法权的国家机关依照立法程序制定的规范性文件。在三权分立的国家，由行政机关为执行法律而制定的行政命令仅对该行政机关之公务员有拘束力，除法规命令外，原则上行政机关所制定的行政规则对于人民均不发生拘束力。而限制人民自由权利之法律必须由人民所选举之立法机关制定之。

法律属于上层建筑，由经济基础决定并服务于经济基础。法作为国家制定和颁布的公民必须遵守的行为规则，体现统治阶级的意志，目的在于维护有利于统治阶级的社会关系和社会秩序，是统治阶级实现其统治的重要工具。所以，法是阶级社会特有的社会现象，它随着阶级、阶级斗争的出现、演进而产生和发展，也将随阶级、阶级斗争的消亡而自行消亡。

法律具有特殊的阶级性，与此同时，又具有一般的社会性，即法律是一种社会规范，法治是一种社会管理、治理的方式，其出现和发展又是人类社会管理与治理方面的重要文明成果和历史性进步。法律具有规范性、透明性、严肃性、强制性，法治与人治相比有不容置疑的优点和优势，尤其是西方现代的法治，尽管有其历史与阶级的局限，但一些原则和原理却有一定的普世性和进步性，成为一般的社会治理形式和发展趋势。

从历史上讲，西方的现代民主法治是针对封建专制制度、是为了限制国家权力的过度滥用而产生和发展的。第二次世界大战后，为了不使二战前国家权力的变质、异化（如德、日、意的法西斯化）再度出现，为了适应国家经济与社会等新职能的发展以及由此引起的国家行政权力扩张发展的要求，西方发达国家的国家政权，尤其是行政权的法治化水平得到了长足的提升。与此同时，广大的发展中国家在战后民族独立摆脱了殖民统治之后，大大加快了现代化的步伐，与其政治发展的现代化，即权力世俗化、职能的分解和公众的参与加强等相适应，也普遍以建立法治国家为其发展目标,其管理方式也逐渐在从人治向法治的方向发展,并取得了长足的进步。

而外交权从国家产生之后就是其最重要的基本权力和职能之一。传统社会中的国家权力和职能高度集中,外交历来是最高统治者的权力和职能。这一权力,既有历史基础,也有其法的基础。随着地理大发现,人类跨入近代历史门槛之后,伴随西方宪政的出现和发展,国家的权力及其行使都被要求在宪法和法律的范围内进行。因此,外交权一开始作为与立法、行政权相并列的国家权力,尔后作为三权分立的行政权的一部分,便被纳入了法制和法治的范围。尽管长期以来外交领域的外交决策是一个比较特殊的、更多地具有独立性而少有其他机构参与和严格规范的行政活动,但无可否认的是,宪法和法律体系仍然始终是其行使权能、展开活动的基础。法律给予的权能、自由使其有效率,而法律对其进行的规范,则保证了外交决策的民主与科学,从而使外交更好地服务于国家利益和人民利益。

2. 国际法在国际关系中的意义

国际法是指"调整国际法主体之间、主要是国家之间关系的,有法律拘束力的原则、规则和制度"[1]。国际法又称国际公法,有别于国际私法(后者处理的是不同国家的国内法之间的差异,即冲突规范),也与国内法截然不同(国内法是一个国家内部的法律,它调整在其管辖范围内的个人及其他法律实体的行为)。

国际法的发展历史大致分为三个时期:古代和中世纪国际法时期(16世纪以前);近代国际法时期(16世纪—20世纪初);现代国际法时期(20世纪初至今)。[2] 近代国际法的重大发展是西方世界的三重发展过程的产物,即中世纪的欧洲社会瓦解,进入近代欧洲社会的过程,近代欧洲社会向外扩张的过程,以及处在发展中的国际社会里,权力逐渐集中到数量迅速减少的主要世界强国手中的过程。而现代国际法保留

---

[1] 邵津:《国际法》,北京大学出版社2005年版,第1页。
[2] 同上,第3页。

了近代国际法中的许多规则和制度，并在此基础上增加了新的成分，体现出新的特征，如国际法适用范围扩大，新的分支和部门接连出现，国际组织的作用不断加大，和平解决国际争端成为国际法的基本原则，等等。国际法的主体主要包括国家和国际组织，还包括正在争取解放的民族和民族解放运动组织。

一般来讲，国际法的渊源主要为国际条约、国际惯例和一般法律原则。条约是具有法律拘束力的规范。国际法主体可以通过它们（如果是国际习惯法则不要求任何形式）宣布、修改或发展现行的国际法，也可以通过条约将尚未组织起来的国际社会转变为联合的或凌驾于国家之上的全球性或区域性的国际社会。国际习惯法实质上就是适用于尚未组织起来的国际社会的国际法。国际习惯法的构成有两个要素：普遍的或区域性的国家实践；这种实践为有关国家承认为法律。国际习惯法常常是以早期条约的某些条款为其渊源，这些条款后来就被承认为法规，但是也有个别的国际法规则是由世界列强的大致相同的实践发展而成的。一般法律原则只有在国际习惯法或条约法没有相应的规则与之平衡的情况下才起作用，所以它的作用是辅助性的。这里的"原则"必须是一般的法律原则，而不是作用范围有限的法律规则。它还必须得到足够多的国家（至少包括世界上所有主要的法律体系）的承认。除了以上这三种主要的国际法渊源之外，司法判例、权威国际法学家学说、公允及善良原则、国际组织和国际会议的决议、准条约或软法也在某些条件下可以成为国际法的渊源。

《国际法原则宣言》中规定的国际法的基本原则是：禁止非法使用威胁或武力原则、和平解决国际争端原则、不干涉内政原则、国际合作原则、民族平等与自决原则、各国主权平等原则和履行依宪章所承担义务原则。此外，中国在20世纪50年代所倡导的适用于处理国际关系的和平共处五项原则（即互相尊重主权和领土完整、互不侵犯、互不干涉内政、平等互利、和平共处）也日益成为一个被各国所普遍认可的、系统的国际法原则体系。

在自然形态的一般国际社会里，国际法与国际习惯法的主要规则可以概括为一些基本原则，包括主权、承认、同意、信实、公海自由、国际责任和自卫。主权原则是指依照国际法，共处的各主权国家一律平等。主权原则只能对在其领域内的人和事行使管辖权，只有在特殊情况下（如从领海到公海的紧追权或者报复权）才被允许对在其领域外的人和事行使管辖权。各个国际法主体除受普遍适用的国际习惯法的规则约束外，不经其同意，不得令其承担任何外加的国际义务。承认原则的主要作用是，承认一个实体作为国际法主体而存在，或者承认它的首脑为该国的代表并希望与之维持外交关系。承认的主要形式是承认一个国家或政府在一块领土上行使事实上的或法律上的管辖权，简称为事实上的承认和法律上的承认。承认可以是无条件的，也可以是有条件的；可以是明示的，也可以是默示的。承认也可能并不是全面的，而只限于承认一群人为交战团体或叛乱团体，如果这些叛乱者事实上已经控制了该国部分领土。承认在原则上是可以自行斟酌决定的，但过早地承认别国的交战团体或叛乱团体是和该国专有的国内管辖权不相容的，因而也是非法的。同意原则是指国际法主体在订立协定时，在不损害第三者权利的情况下，可以修改和补充国际习惯法的某项规则或者为各文明国家所承认的一般法律原则。遵循国际法的要求所作出的同意，为缔约双方确定了相互之间的权利与义务。经缔约双方同意所订立的协定，其中止、修改和终止也应经缔约各方的同意或默认。信实原则也很重要。在国际法发展的早期阶段，所谓信实主要是指不背信弃义。以后，信实的含意逐渐与公平合理、符合常识的要求一致起来。缔约双方或者应对自己的单方面行为负责的一方，必须恪守信义地解释和执行协定。所谓公海自由，即公海航行自由的规则该规则规定不准许任何国际法主体占用公海的任何部分。在和平时期，一个国家只能对有权悬挂该国国旗的船舶行使管辖权；而在战争时期，则可根据海战规则和捕获法规干扰敌国及中立国的航运。对于公海、公海上空和海床的利用，必须合理照顾其他国家的利益。海盗行为和贩运奴隶都是对公海的非法利用。关于国际责任的规则有两个前提，一是国际法主体的下属机构违反国际义务，构成了不法行为或国际侵权行为；二是这种国际侵权行为引起赔偿的责任。这些规则所规定的义务是独立于任何个别的国际法主体的意志之外的,但是它们是可以经过同意和默认加以修改,它们也可以用双方同意的规则规定类似国内刑法的那种处罚来加以强化,或者通过默认和不行使权利而予以放弃(也称消灭时效)。最后是自卫的原则。国际习惯法允许国际法主体对其他国际法主体的不法行为采取自卫措施,也可以对不受任何其他国际法主体保护的个人、船舶或飞机的行为采取自卫措施。自卫必须是迫不得已、刻不容缓的。只有为了击退即时的、紧迫的入侵才有权采取自卫行动。支配国际法基本原则的各项规则相互作用的结果,又规定了一些次要规则和法定地位,其中最重要的有:领土、外交法及豁免、保护国外的侨民、贸易和航行自由、引渡和政治避难、国际权利与义务的继承。

在有一定组织形态的国际社会里,像国际联盟和联合国这样的机构是在各国一致同意和联合的基础上形成的全球性的综合性组织。它们对国际法的影响表现在三方面:一是经各成员国明示同意,对以国际法的基本原则为基础的那些规则进行修改。例如联合国宪章限制了国际法主体按照国际习惯法可以以武力相威胁或者诉诸武装报复和战争的权利。二是通过联合国大会的决议对国际法的规则进行间接的修改,联合国大会虽然不是行使造法职能的机构。但是它的许多决议具有间接的修改意义,因为这些决议确定了国际法的新规则,如果联合国的大多数成员国和联合国的绝大多数主要机构都接受这些国际法规则,认为它们具有法律上的约束力,那么,这些国际法规则迟早终究会过渡成为新的法律。三是对国际法作进一步的编纂和发展。国际法委员会作为联合国大会的下属机构,担负着编纂国际法的任务,但它同时也在开拓许多新的国际法领域。事实上,国际法委员会并未将下述两项任务即编纂国际法(重申现行的国际法)和发展国际法(通过起草新的国际法规则——包括变更现行的国际习惯法),加以严格区分。除此之外,政府间海事协商组织、国际劳工组织和海牙私法会议也曾分别就海洋法、国际劳工法、国际私法等专题完成了准立法性的起草工作。国际法在一些区域性集团的相互关系中,仍然是必不可少的。

从国际条约的制定的角度上看，国际法的特征还有：国际法是国家以协议的方式来制定的，而非由国家立法机关依一定程序来制定的；国际法采取与国内法不同的强制方式，即主要不是依靠有组织的国际强制机关加以维护，保证实施，而主要是依靠国家的本身的行动；但国际法仍然属于法律范畴，因为国际法为国家规定了一整套处理其对外关系的行为规则，为国家规定了国际法上的权利和义务，且国际法虽与国内法的强制方式不同，但仍然具有其特殊、有效的强制方式。国际实践证明，国际法作为国家之间的法律，不仅为世界各国所公认，而且也为各国遵守。国际法是由一系列调整国际关系的原则、规则、规章制度组成的，国家在制定国内法时，应考虑国际法的原则和规则，不应违背所承担的国际义务，国家在参与制定国际法时应考虑到国内法的立场，不能干预国内法，国际法的原则和规则可以从各国的国内法得到补充和具体化，国内法可以从国际法的原则和规则得到充实和发展。

应该看到，国际法与国际关系存在天然的联系。比如战后国际关系新发展表现为新独立国家的兴起，国际组织的增加，国际经济关系的变化，现代科学技术的突飞猛进，等等。而现代国际关系的这些新变化，也确认并更新了一系列指导现代国际关系的新的国际法的基本原则；使国际法调整的对象和范围得以扩大，国际法内容得到更新，国际法系统化、法典化，国际法产生了许多新的分支。

总之，不管从国内法还是从国际法的理论与实践上看，法律作为一个基本因素在当今各国外交决策、外交活动中，在国际关系与国际政治中都有着基础作用，并在当代社会有着更加重要的地位和意义。依法外交成为世界各国外交必然的趋势和要求。

二、中国法治历程与当代发展

一个半世纪以来，中国传统社会发生了曲折和巨大的变化。与之相适应，中国的现代法治也经历了从无到有，中国近30年的改革开放则决定性地加速了中国法治化的进程。在这样的大背景下，依法外交成为中国外交当然的趋势和要求。

1. 中国近代法治的发展

中国是一个有 5000 年文明史的文明古国，中国的法律渊源非常久远。据考证，早在公元前 21 世纪，中国就已经产生了奴隶制社会的某种习惯法。春秋战国时期，成文法在中国首开定制，遂出现了自成系统的法典。唐朝是中国法制发展的里程碑，中国形成了较为完备的封建法典，并为以后历代封建王朝所传承和发展。中华法系是世界法园中独树一帜的法系，而古代中国文明是人类法制文明的重要组成部分。

1840 年鸦片战争后，中国逐渐沦为半殖民地半封建的社会。为了改变国家和民族的苦难命运，封建统治者中的改良派和资产阶级革命者以及其他先进的中国人曾试图将近代西方国家的法治模式连同现代工业和近代文化一起移植到中国，以实现变法图强的梦想。但由于种种历史原因，他们的努力均最终归于失败。在中国共产党的领导下，中国人民经过革命、建设、改革和发展，逐步走上了建设社会主义法治国家的道路。1949 年中华人民共和国的建立，开启了中国法治建设的新纪元。从 1949 年到 20 世纪 50 年代中期，是中国社会主义法制的初创时期。这一时期中国制定了具有临时宪法性质的《中国人民政治协商会议共同纲领》和其他一系列法律、法令，对巩固新生的共和国政权，维护社会秩序和恢复国民经济，起到了重要作用。1954 年，第一届全国人民代表大会第一次会议制定的《中华人民共和国宪法》，以及随后制定的有关法律，规定了国家的政治制度、经济制度和公民的权利与自由，规范了国家机关的组织和职权，确立了国家法制的基本原则，初步奠定了中国法治建设的基础。然而，中国的法治发展的道路并不平坦，20 世纪 50 年代后期以后，特别是"文化大革命"十年动乱，使中国社会主义法制遭到严重破坏。

20 世纪 70 年代末，以十一届三中全会为标志，中国共产党总结历史经验，特别是吸取"文化大革命"的沉痛教训，作出了重大决策，实现了"三大转变"，即从以阶级斗争为纲到把国家工作中心转移到社会主义现代化建设上来，从封闭僵化到全面改革，从闭关自守到对外开放，并开始形成一定要加强民主、要靠法制治理国家的原则。邓小平同志当时反复强调:"为了保障人民民主,必须加强社会主义法制,使民主制度化、法律化,使这种制度和法律具有稳定性、连续性和权威性,使之不因领导人的改变而改变,不因领导人的看法和注意力的改变而改变,做到有法可依,有法必依,执法必严,违法必究。"① 上述思想还逐渐成为全党和全国人民的共识,成为改革开放新时期法治建设的基本理念。在发展社会主义民主、健全社会主义法制的基本方针指引下,全国人大先后完成现行的 82 宪法以及《刑法》、《刑事诉讼法》、《民事诉讼法》、《民法通则》、《行政诉讼法》等一批基本法律的立法,中国的法治建设大踏步地向前发展,进入了新阶段。世纪转折时期,中国开始全面推进社会主义市场经济建设,由此进一步奠定了法治建设的经济基础,也对法治建设提出了更高的要求。1997 年召开的中国共产党第十五次全国代表大会,将依法治国确立为治国基本方略,将建设社会主义法治国家确定为社会主义现代化的重要目标,并提出了建设中国特色社会主义法律体系的重大任务。1999 年,将"中华人民共和国实行依法治国,建设社会主义法治国家"写进宪法。中国的法治建设进入新阶段。

新世纪,中国的法治建设继续向前推进。中国共产党第十六次全国代表大会(2002 年)将社会主义民主更加完善、社会主义法制更加完备、依法治国基本方略得到全面落实作为全面建设小康社会的重要目标。2004 年,将国家尊重和保障人权载入宪法。2007 年召开的中国共产党第十七次全国代表大会,明确提出全面落实依法治国基本方略,加快建设社会主义法治国家,并对加强社会主义法治建设作出了全面部署。

新中国 60 年历史,特别是改革开放 30 年的历史,中国在建设中国特色社会主义的伟大探索中,取得了中国法治建设的巨大成就,概括起来就是逐渐确立了依法治国基本方略、依法执政能力显著增强、以宪法为核心的中国特色社会主义法律体系基本形成、人权得到可靠的法制保障、促进经济发展与社会和谐的法治环境不断改善以及对权力的制约和

---

① 参见邓小平:《党和国家领导制度的改革》,《邓小平文选》第 2 卷,人民出版社 1994 年版,第 320—343 页。

监督得到加强，等等。

首先是确立了依法治国基本方略。实行依法治国，建设社会主义法治国家，成为国家基本方略和全社会共识。以依法治国为核心内容、以执法为民为本质要求、以公平正义为价值追求、以服务大局为重要使命、以中国共产党的领导为根本保证的社会主义法治理念逐步确立。全社会法律意识和法治观念普遍增强，自觉学法守法用法的社会氛围正在形成。

第二是中国共产党依法执政能力显著增强。中国共产党领导人民制定宪法和法律，同时以宪法为根本的活动准则，在宪法和法律的范围内活动，坚持宪法和法律至上，带头维护宪法和法律的权威，最广泛地动员和组织人民依法管理国家事务和社会事务、管理经济和文化事业。通过领导立法、带头守法、保证执法，中国共产党执政地位不断巩固。

第三是以宪法为核心的法律体系基本形成。在现行宪法基础上，制定并完善了一大批法律、行政法规、地方性法规、自治条例和单行条例，法律体系日趋完备，国家经济、政治、文化和社会生活的各个方面基本实现了有法可依。立法的科学化、民主化水平和立法质量不断提高，法律在促进经济社会发展、维护社会公平正义、保障人民各项权利、确保国家权力正确行使等方面的作用不断增强。

此外是人权得到可靠的法制保障，促进经济发展与社会和谐的法治环境不断改善。按照建立社会主义市场经济的要求，加强经济立法，完善宏观调控，依法禁止任何组织或个人扰乱社会经济秩序。中国建立健全了一系列促进经济发展、维护市场秩序、实现社会公平正义的法律和制度，初步建立了社会主义市场经济的法律制度，以社会保险、社会救助、社会福利为基础，以基本养老、基本医疗、最低生活保障制度为重点，以慈善事业、商业保险为补充的社会保障体系不断完善。依法行政和公正司法水平不断提高。通过建立健全行政执法和司法的组织法制和工作机制，保证了行政和司法机关按照法定权限和程序行使权力、履行职责。行政立法和制度建设进一步加强，各类公开办事制度不断完善，法治政府建设不断推进。公安机关依法履行职责，维护国家安全和社会治安秩序，保障人民安居乐业。审判机关和检察机关依法独立行使审判权、检察权，坚持以事实为依据、以法律为准绳，坚持公民在法律面前一律平等，维护和实现司法公正和权威。

2. 中国与国际法关系的发展

近代国际法作为西方资本主义国家的产物，是在19世纪中叶以后才被介绍到中国来。西方资本主义国家为了压迫和侵略的需要，对中国人研究了解国际法持消极态度，甚至有人提出，如果中国学会运用国际法，会给欧洲强国制造无穷麻烦。事实上，西方资本主义、帝国主义国家从来没有按照国际法来处理它们与中国的关系，而是依靠赤裸裸的武力。特别自1840年鸦片战争一直到1949年中华人民共和国成立的100多年里，中国历遭帝国主义侵略、压迫，沦为半殖民地。帝国主义强迫中国与其签订丧权辱国的不平等条约，攫取特权。在国际法上，这实际上是完全非法的。100多年来，中国人民一直为坚持要求废除不平等条约和取消帝国主义特权，进行了不懈的斗争。

1949年新中国的成立使中国对外关系进入了一个新的时期。中国人民反对帝国主义的斗争取得了伟大的胜利，废除了一切不平等条约。中国以主权、独立、平等国家的地位登上了国际舞台，成为国际社会的一个平等成员。曾起到临时宪法作用的《中国人民政治协商会议共同纲领》明确指出："中华人民共和国外交政策的原则，为保障本国独立、自由和领土主权的完整，拥护国际的持久和平和各国人民间的友好合作，反对帝国主义的侵略政策和战争政策。"[①] 这也就标志着中国与国际法的关系发生了根本的变化。新中国一贯主张同任何国家在平等、互利及互相尊重领土主权的基础上进行正常的往来，这就为国际法的适用创造了良好的条件。

60多年的实际情况证明，中国对于国际法采取的是完全正确的态度。中国承认和接受为各国所公认的符合现代国际法基本原则的国际法原则、规则，采用各国所一致采用的国际法规章、制度。例如《联合国

---

① www.lau.base.com.cn

宪章》的宗旨与原则是新中国所一贯支持的；条约制度、使领馆制度等是新中国从一开始就采用的。而对于国际法中为帝国主义、殖民主义利益服务的原则、规则和制度，中国一向坚决反对。例如反对一切以干涉原则为依据的侵略，废除那种在合法外衣掩饰下的领土兼并制度，等等。同时，新中国还不断地为国际法的发展作出自己的贡献。例如新中国和其他国家所共同倡导的和平共处五项原则已经成为国际法的基本原则；在国家和政府的承认、国籍、条约、使节权、和平解决争端等方面，新中国也都有新的创造，为国际法补充了新的内容。

当前，中国政府正积极倡导和推动建立国际经济新秩序和国际政治新秩序，推动南南合作等，必将为国际法的不断发展作出新的更大的贡献。

三、依法外交：当代外交与当代中国外交的基本要求

面对国际关系发展的新特征，以及处理国际关系的国际法不断完善，依法外交成为当代外交的基本要求。

有法可依、有法必依、执法必严、违法必究是当代中国的要求。理论上，依法行政是现代行政法学的一个重要原则，是民主与法制原则和宪政原则的历史性发展，是依法治国的内在要求，因此也是中国外交的基本的内在要求。实践中，依法行政是指国家行政机关及其工作人员在实施行政行为时，必须以宪法、法律、法规和规章为依据，在法定的职权范围内制定行政规范，实施行政行为。通俗的说，依法行政就是要求行政机关依照法定的权限和程序行使权力。依法行政主要是对行政机关提出的要求。

行政机关的权力来自于人民，其权力是由人民赋予的，对行政机关提出依法行政的要求的根本宗旨和运行目标是实现人民的根本利益。在我国，人民通过人民代表大会行使自己的权利，表达自己的意志，确定自己意志的执行者——行政机关，而人民代表大会表述人民意志的最基本途径和形式就是制定法律。所以，执行法律、依法行政是人民当家做主的题中应有之意，也就是通过执政为民、维护和实现最广大人民群众

根本利益来体现。

依法行政,首先要求行政职权法定。行政机关必须在法律规定的职权范围内活动。非经法律授权,行政机关不能具有并行使某项职权。职权法定,越权无效,是依法行政最基本的要求。其次,依法行政还要求法律优先和权力保留。凡属宪法、法律规定只能由法律规定的事项,或者只能由法律规定,或者必须在法律明确授权的情况下,行政机关才有权在其所制定的行政规范内做出规定。法律的效力高于行政规范,行政规范不得与法律规定相抵触。在法律尚无明确规定,行政规范做出了规定时,一旦法律就此事项做出规定,则行政规范的规定都必须服从法律。再次,依法行政要求行政机关的行为必须有法律依据,尤其是影响公民基本权利和基本义务的具体行政行为,必须依据法律规定做出,这是依法行政的主要内容。最后,依法行政必须坚持权责统一。职权是宪法、法律授予行政机关管理经济和社会事务的权力。这种职权,实际上也就是赋予行政机关以义务和责任,要求它必须尽全力保证完成,这就是职责。职权和职责实际上是一个事物的两个方面。

总之,依法外交是当代外交与当代中国外交的基本要求。

第二节 中国外交决策的法律基础与宪法原则

一、当代中国的法律体系与外交

中华人民共和国是统一的、多民族的、单一制的社会主义国家。为维护国家法制统一,体现全体人民的共同意志和整体利益,中国实行统一而又分层次的立法体制。

中国《宪法》规定,国家立法权由全国人民代表大会及其常务委员会行使。全国人民代表大会制定和修改刑事法律、民事法律、国家机构组织法和其他基本法律。全国人民代表大会常务委员会制定和修改除应当由全国人民代表大会制定的法律以外的其他法律,并可以对全国人民代表大会制定的法律进行部分补充和修改，但是补充和修改不得同该法律的基本原则相抵触。中国《立法法》规定，涉及国家主权的事项，国家机构的产生、组织和职权，民族区域自治制度、特别行政区制度、基层群众自治制度，犯罪和刑罚，对公民政治权利的剥夺、限制人身自由的强制措施和处罚，对非国有财产的征收，民事基本制度，基本经济制度，财政、税收、海关、金融和外贸的基本制度，以及诉讼和仲裁制度等事项，属于全国人民代表大会及其常务委员会的专属立法权。

中国幅员辽阔，情况复杂，各地发展不平衡。为维护国家法制统一，同时又适应各地不同情况，《宪法》和《立法法》规定，除全国人民代表大会及其常务委员会制定法律外，国务院根据宪法和法律，可以制定行政法规；省、自治区、直辖市的人民代表大会及其常务委员会在不同宪法和法律、行政法规相抵触的前提下，可以制定地方性法规，批准较大的市的人民代表大会及其常务委员会制定的地方性法规；民族自治地方的人民代表大会有权依照当地民族的政治、经济和文化的特点，制定自治条例和单行条例。此外，国务院各部门和具有行政管理职能的直属机构根据法律和行政法规，可以在其职权范围内制定部门规章；省、自治区、直辖市和较大的市的人民政府，根据法律、行政法规和本省、自治区、直辖市的地方性法规，可以依法制定规章。

为使法律符合公众的根本利益和国家的整体利益，同时又兼顾各方面的具体利益，保证立法的科学性和民主性，中国法律规定了全国人民代表大会及其常务委员会的立法程序，以及国务院制定行政法规、地方人民代表大会及其常务委员会制定地方性法规的程序。全国人民代表大会常务委员会审议法律案一般实行"三审制"，即法律案一般应当经过三次常务委员会会议审议后再交付表决，对重大的、意见分歧较大的法律草案，审议的次数可以超过三次，如物权法草案经过全国人民代表大会常务委员会七次审议后，才提请第十届全国人民代表大会第五次会议审议通过。提请全国人民代表大会审议的法律草案，要经过代表大会会议、代表团全体会议、代表小组会议的反复审议；提请全国人民代表大会常务委员会审议的法律草案，要经过常务委员会全体会议、分组会议的反复审议。每部法律的出台，都要经过反复审议，充分讨论，基本达成一致意见后，再提请全国人民代表大会或者全国人民代表大会常务委员会的全体会议表决。这种多次审议的过程，就是通过协商以求充分表达各种利益诉求，并力求把各种利益关系调整好、平衡好的过程。经过充分协商再提请表决的程序民主，体现了中国人民代表大会制度的鲜明特点。

在立法过程中，坚持发扬民主，集中民智，反映民意。在提出法律草案和行政法规草案、地方性法规草案时，通过召开座谈会、论证会、听证会等多种形式，广泛听取各方面意见，增强立法的透明度和公众参与度。关系公众切身利益或者涉及需要设立普遍的公民义务的法律、法规草案，还要在新闻媒体上全文公布，征求全体人民的意见。法律、法规通过后，及时在各级人大及政府公报、政府网站、公众媒体上公开刊登。近年来，全国人民代表大会常务委员会和国务院分别将物权法、劳动合同法、就业促进法、物业管理条例等多部法律草案和行政法规草案向社会公布，广泛征求各方面意见。全国人民代表大会常务委员会还就修改文物保护法、个人所得税法等，召开论证会和听证会。

为保证国家法制统一和法律规范之间的协调，中国法律规定了不同层级法律规范的效力：宪法具有最高的法律效力，一切法律、行政法规、地方性法规、自治条例和单行条例、规章都不得与宪法相抵触；法律的效力高于行政法规、地方性法规、规章；行政法规的效力高于地方性法规、规章；地方性法规的效力高于本级和下级地方政府规章。法律规定了法规和规章的备案审查制度：行政法规报全国人民代表大会常务委员会备案；地方性法规报全国人民代表大会常务委员会和国务院备案；部门规章和地方政府规章报国务院备案。全国人民代表大会有权改变或者撤销全国人民代表大会常务委员会制定的不适当的法律；全国人民代表大会常务委员会有权撤销同宪法和法律相抵触的行政法规，有权撤销同宪法、法律和行政法规相抵触的地方性法规等；国务院有权改变或者撤销不适当的部门规章和地方政府规章。全国人民代表大会授权香港、澳门特别行政区依照特别行政区基本法的规定享有立法权；特别行政区的任何法律，均不得同特别行政区基本法相抵触。

中国法律还规定了对行政法规、地方性法规、自治条例和单行条例的合宪性和合法性审查的程序：国务院、中央军事委员会、最高人民法院、最高人民检察院和各省、自治区、直辖市的人民代表大会常务委员会认为行政法规、地方性法规、自治条例和单行条例同宪法或者法律相抵触的，可以向全国人民代表大会常务委员会书面提出进行审查的要求；其他国家机关和社会团体、企业事业组织以及公民也可以向全国人民代表大会常务委员会书面提出进行审查的建议。

有法可依是建设社会主义法治国家的前提。经过多年不懈的努力，以宪法为核心的中国特色社会主义法律体系基本形成。当代中国的法律体系，部门齐全、层次分明、结构协调、体例科学，主要由七个法律部门和三个不同层级的法律规范构成。七个法律部门是：宪法及宪法相关法、民法商法、行政法、经济法、社会法、刑法、诉讼与非诉讼程序法。三个不同层级的法律规范是：法律、行政法规、地方性法规及自治条例和单行条例。目前，全国人民代表大会及其常务委员会已经制定了229件现行有效的法律，涵盖了全部七个法律部门；各法律部门中，对形成中国特色社会主义法律体系起支架作用的基本的法律，以及改革、发展、稳定急需的法律，大多已经制定出来。与法律相配套，国务院制定了近600部现行有效的行政法规，地方人民代表大会及其常务委员会制定了7000多部现行有效的地方性法规，民族自治地方的人民代表大会制定了600多部现行有效的自治条例和单行条例。国务院有关部门以及省、自治区、直辖市和较大的市的人民政府还制定了大量规章。

在中国特色社会主义法律体系中，宪法居于核心和统帅地位。中国现行宪法是在1954年宪法的基础上，经过全民讨论，于1982年由第五届全国人民代表大会第五次会议通过的。宪法是国家的根本大法，具有最高的法律效力。在中国，各族人民、一切国家机关和武装力量、各政党和各社会团体、各企业事业组织，都必须以宪法为根本的活动准则，并负有维护宪法尊严、保证宪法实施的职责。实行依法治国基本方略，首先要全面贯彻实施宪法。

中国现行宪法总结历史经验并吸取"文化大革命"教训，不仅对公民的各项基本权利作出规定，而且对公民的人格尊严不受侵犯、公民的人身自由和宗教信仰自由等，都有具体规定。现行宪法根据国家机构实行民主集中制的原则和中华人民共和国成立以后政权建设的经验，对国家机构作了全面规定，包括：加强作为中国根本政治制度的人民代表大会制度，将全国人民代表大会的一部分职权交由它的常务委员会行使；设立国家主席和副主席；国家设立中央军事委员会，领导全国的武装力量；在中央的统一领导下，加强地方政权建设，县级以上的地方各级人民代表大会设立常务委员会；规定国家主席、副主席，全国人民代表大会常务委员会委员长、副委员长，国务院总理、副总理、国务委员，最高人民法院院长，最高人民检察院检察长等国家领导人连续任职不得超过两届等。现行宪法还规定，各少数民族聚居的地方实行区域自治，设立自治机关，行使自治权；在城市和农村实行基层自治；国家在必要时得设立特别行政区，在特别行政区内实行的制度按照具体情况由全国人民代表大会以法律规定。

现行宪法通过后，为与中国社会发生的变革相适应，全国人民代表大会又先后四次对宪法的部分内容和条款作了修改。1988年的宪法修正案规定，国家允许私营经济在法律规定的范围内存在和发展；土地的使用权可以依照法律的规定转让。1993年的宪法修正案规定，国家实行社会主义市场经济；中国共产党领导的多党合作和政治协商制度将长期存在和发展。1999年的宪法修正案规定，国家实行依法治国，建设社会主义法治国家；国家在社会主义初级阶段，坚持公有制为主体、多种所有制经济共同发展的基本经济制度，坚持按劳分配为主体、多种分配方式并存的分配制度。2004年的宪法修正案规定，国家鼓励、支持和引导非公有制经济的发展，并对非公有制经济依法实行监督和管理；公民的合法私有财产不受侵犯，国家依照法律规定保护公民的私有财产权和继承权；国家尊重和保障人权等。

中国的法律体系既与人类政治文明发展的普遍性原则相一致，又与中国社会主义初级阶段的基本国情相适应，与社会主义的根本任务相协调,具有鲜明的中国特色。这一法律体系的本质是以人为本,反映人民的共同意志,保障人民的根本利益。这一法律体系与国家经济发展和社会进步相适应,为国家的科学发展、和谐发展、和平发展提供了法律保障。

中国特色社会主义法律体系是开放的和发展的。中国正处在社会转型期,法律体系具有阶段性和前瞻性特点,今后仍将继续制定新的法律和修改原有的法律,使法律体系不断发展和完善。

二、中国外交政策的宪法原则

宪法是国家的根本大法,规定了包括外交活动在内的国家一切活动的根本原则和基本方面。从宪法学的角度研究外交,历来是各国外交研究的重要的和基本的方法。我国是一个发展中的社会主义国家,1999年宪法修正案明确提出了"依法治国,建立社会主义法治国家"的要求,标志着我国法制建设进入了一个新的发展时期。依法治国的核心是依宪治国。依宪治国是一个复杂的系统工程,系统地整理有关外交等国家活动的宪法原则,进行必要的"学理性解释"无疑是这一工程的一项专门工作,具有特殊重要的价值。

从1949年新中国成立前夕中国政治协商会议制定的《共同纲领》(临时宪法),1954年颁布第一部中国宪法,1975年第二部宪法,1978年第三部宪法直至1982年颁布第四部宪法,中国宪法经历了较曲折的发展和演变过程。

我国现行宪法是1982年通过、经四次修改并适用至今的《中华人民共和国宪法》,简称82宪法。它与此前的1954年、1975年和1978年三个宪法相类似,其有关中国外交问题的专门条款相对有限,但是内容却十分丰富,涉及中国外交方方面面的内容可以说贯穿于宪法的各个部分。82宪法由宪法序言和第一章总纲、第二章公民的基本权利与义务、第三章国家机构和第四章国旗、国徽、首都五部分组成,本书拟以宪法结构本身为线索就宪法有关中国外交方面的内容做一比较系统和详细的整理,并就涉及外交的基本内容做一综合分析,最后就依宪外交的有关问题提出几点思考。本书的中心是回答中国外交的宪法原则及其决策的基本组织结构。

1. 宪法规定了中国外交基本原则（宪法《序言》）

宪法《序言》共13段1800字，主要阐述中国革命斗争的历史，当代中国社会主义建设的成就，国家的基本路线和总任务，国家的对内对外根本方针、原则和政策。

《序言》在阐述中国革命斗争的历史和当代中国社会主义建设的成就时，首先充分肯定了中国人民的外交斗争及其伟大成果。指出：1848年以后，半殖民地、半封建国家的"中国人民为国家的独立、民族解放和民主自由进行了前赴后继的英勇斗争"（《序言》第二段），① 终于推翻了帝国主义，"取得了新民主主义革命的伟大胜利"（《序言》第五段）；新中国建立之后，"中国人民和中国人民解放军战胜了帝国主义、霸权主义的侵略、破坏和武装挑衅，维护了国家的独立和安全，增强了国防"（《序言》第六段）。

《序言》在分析我国基本国情的基础上，明确规定了国家"一个中心，两个基本点"的基本路线和沿着中国特色社会主义道路，"集中力量进行社会主义现代化建设"的根本任务（《序言》第七段）。基本路线和根本任务是就国家整体而言的，因此它同时也从总体上规定了中国外交的总任务和总要求，其中心工作就是为实现国家以经济建设为中心、坚持四项基本原则、坚持改革开放和集中力量进行社会主义现代化建设的基本路线和根本任务服务。

最后，《序言》在阐述国家根本方针和政策时，不仅就国内方面内容规定了"中华人民共和国是全国各族人民共同缔造的统一的多民族国家"（序言第十一段），要巩固和发展"拥护祖国统一的爱国者的爱国统一战线"（序言第10段）②，"台湾是中华人民共和国的神圣领土的一部

---

① 《宪法及其相关法规》，中国法制出版社2002年版，第2页。本书以下宪法引文均出自该汇编。

② 中国人民政治协商会议是有广泛代表性的统一战线组织，过去发挥了重要的历史作用，今后在国家政治生活、社会生活和对外友好活动中，在进行社会主义现代化建设、维护国家的统一和团结的斗争中，将进一步发挥它的重要作用（序言第十段）。

分"、"完成统一祖国的大业是包括台湾同胞在内的全中国人民的神圣职责"（第九段）等涉及国家统一的重大政策，更用专门部分阐述了中国对外（外交）政策："中国革命和建设的成就是同世界人民的支持分不开的。中国的前途是同世界的前途紧密地联系在一起的。中国坚持独立自主的对外政策，坚持互相尊重主权和领土完整、互不侵犯、互不干涉内政、平等互利、和平共处的五项原则，发展同各国的外交关系和经济、文化的交流；坚持反对帝国主义、霸权主义、殖民主义，加强同世界各国人民的团结，支持被压迫民族和发展中国家争取和维护民族独立、发展民族经济的正义斗争，为维护世界和平和促进人类进步事业而努力"（序言第十二段）。宪法序言对我国总体外交原则的高度概括叙述，虽然文字不很长，但内容却很丰富，也很清楚。有关国家外交政策的原则规定具有如下几点鲜明特征：（1）首先表明了中国外交积极的开放姿态，即把中国的过去与未来同世界紧密地联系在一起，这样的宪法叙述不仅是新中国成立以来为首次，各国宪法中也属罕见；（2）将在国际事务中"坚持独立自主的对外政策"作为我国外交政策的首要原则，这既是维护国家主权的必然要求，也体现了我国的外交战略；（3）在坚持"和平共处五项原则"的基础上，"发展同各国的外交关系和经济、文化交流"，这是新时期中国外交政策的重大调整，即外交不以国家大小、意识形态和文化差异为标准，不仅要发展与世界各国的政治关系，同时开展经济和文化交流；（4）反帝、反霸、反殖，以此达到加强同世界各国人民的团结，维护世界和平；（5）支持被压迫民族和发展中国家争取和维护民族独立、发展民族经济的斗争，进而实现"维护世界和平和促进人类进步事业"，这就把维护和发展包括中国在内的发展中国家的民族独立与民族经济，作为维护世界和平和推动人类进步的重要途径。上述原则是指导我国外交工作的基本方针，也是一切外交战略、策略决策的根本依据。

值得指出的是，除上述内容外，82宪法序言还就我国总的政治机制做了原则规定。宪法在序言第七段中，肯定和坚持中国共产党在我国政治生活中的领导地位，肯定和坚持四项基本原则①，但与 1954 年、1975 年、1978 年宪法不同的是，1982 宪法在序言的最后一段特别强调了宪法的最高法律效力，并指出："全国各族人民、一切国家机关和武装力量、各政党和各社会团体、各企业事业组织，都必须以宪法为根本的活动准则，并且负有维护宪法尊严、保证宪法实施的职责。"（序言第十三段）其中一个重要含义是，即使作为执政党的中国共产党也要依宪法执政，一旦党的意志上升为国家意志，党就必须以宪法为根本活动准则。认识这一点有助于我们明确中国共产党的领导与宪法所规范的国家机构权限划分的关系。

2. 宪法决定外交政策的根本性质和方向（第二章总纲）

总纲是宪法全部内容的核心部分，具有高度的概括性和原则性。我国现行宪法总纲共 32 条，对我国政治、经济制度和精神文明建设做了原则的规定。宪法总纲第一条至第五条、第二十七条、第三十二条分别对我国的国体、政体、治国的基本方略，以及国家机构的民主集中制、民族平等等组织和活动原则作出了规定。

明确国家性质具有重要意义，因为国家的性质决定外交政策的根本性质和方向。宪法总纲对我国国体即国家的性质是这样定义的："中华人民共和国是工人阶级领导的、以工农联盟为基础的人民民主专政的社会主义国家"（总纲第一条）。这一定义也就规定了我国外交政策的社会主义性质和方向以及人民在国家政治中的决定性地位：中华人民共和国的一切权力属于人民（总纲第二条）；我国人民民主专政是民主与专政的统一②。宪法指出，其民主权利亦惠及"遵守中华人民共和国法律"的"中国境内的外国人"，即保护其"合法的权利和利益"（总纲第十八条第二款），甚至"对于因为政治原因要求避难的外国人，可以给予庇护的权利"（总纲第三十二条）；而专政则包括"镇压叛国和其他危害

---

① 即坚持马克思列宁主义、毛泽东思想，坚持人民民主专政，坚持社会主义，坚持改革开放。
② 详细内容请参见第三章，公民的基本权利与义务。

国家安全的犯罪活动"（总纲第二十八条），指出国家将行使"巩固国防，抵抗侵略，保卫祖国的领土完整和主权"（总纲第二十九条）的对外职能。

宪法总纲也对我国的政体形式做出了明确规定。政体是指统治阶级为实现自己的统治所采取的组织形式。宪法规定，我国实行人民代表大会制度，实行民主集中制原则（总纲第二、第三条），实施民族区域自治与特别行政区制度。总纲在规定了我国的政体、规定了国家的结构形式（单一制）的同时，规定了国家外交职能及其行使、组织的集中制原则。这一部分与《序言》及第四章有关国家机构的部分一起规定了我国各国家机关在外交方面的职权划分。

宪法总纲第六至第十八条以及第二十五、第二十六条对我国基本经济制度作出了规定。经济是基础，经济基础不仅决定上层建筑及意识形态，而且决定国际经济交往和政治关系。因此，我国公有制为基础的经济制度决定了外交的根本方向和特殊性质，我国社会主义市场经济体制也决定了我国的经济是开放的而不是封闭的经济，是国家调节的而不是自由放任的特点。与此相适应，宪法还规定，"中华人民共和国允许外国企业和其他经济组织或者个人依照中华人民共和国法律的规定在中国投资，同中国的企业或者其他经济组织进行各种形式的经济合作"，"它们的合法权利和利益受中华人民共和国法律的保护"，而"在中国境内的外国企业和其他外国经济组织以及中外合资经营的企业，都必须遵守中华人民共和国的法律"（总纲第18条）。

最后，宪法总纲第十九至第二十四条，对我国社会主义精神文明建设基本方针以及发展教育科学文化卫生等各项事业进行思想教育等作出了规定。其中在讲到社会主义的思想道德建设时指出要在人民中进行"爱国主义"和"国际主义教育"。

3. 宪法规定公民涉外的基本权利与义务（第三章公民的基本权利与义务）

我国现行宪法第三章对公民的基本权利与义务进行了规定。公民是基本权利与义务的主体。公民是指具有一国国籍并根据该国宪法和法律享有权利和承担义务的人。国籍是确定公民资格的唯一条件。我国宪法第三十三条明确规定:"凡是有中华人民共和国国籍的人都是中华人民共和国公民。"根据我国国籍法,我国国籍的取得主要有出身取得与加入取得两种形式,其中出身取得涉及我国公民定居国外者,加入取得则涉及的是外国人或无国籍者。

基本权利是通过宪法规范和确定的一种综合性权利体系。宪法第三十三至五十条对公民的基本权利作出了具体规定。这些基本权利内容广泛,包括如法律平等、选举与被选举、言论、出版集会合法性、游行示威等八项权利。我国公民的某些基本权利并不直接涉外,但是由于涉及重大政治权利,它们实际上也涉及与中国政治紧密相关的中国外交。事实上,保障公民政治权利是实现政治民主和政治参与的前提。随着中国改革开放的深入、政治发展特别是法治化进程的加强,公民的言论、出版、集会、游行示威等政治权利得到空前的重视和保护,这也使越来越多普通公民可以通过各种途径(外交部热线电话、互联网站、出版书籍或发表刊物、甚至组织游行)公开地表达他们对中国外交的意见和看法,进而使中国的公共外交得到了空前的发展。

就公民的涉外权利而言,宪法第五十条规定,保护华侨、归侨和侨眷的权利和利益。华侨是指定居在国外的中国公民,按照国际法和国际惯例,我国宪法保护华侨在旅居国所应享有的一切权利与利益。归侨是指回国定居的华侨,侨眷是指华侨、归侨在国内的亲属。

宪法第五十一至第五十六及第三十三至第四十六条对公民涉外的基本义务作出了规定,其中第五十二条指出:"公民有维护国家统一和全国各民族团结的义务。"维护国家统一,应当包括维护国家的主权独立、领土完整和唯一合法政府对国家的统辖权。第五十三条、第五十四条、第五十五条规定了公民有"保守国家秘密"。"维护祖国安全、荣誉和利益,任何人不得以任何方式危害祖国的安全、荣誉和利益","保卫祖国、依法服兵役"等义务。上述规定的主要内容是,公民有义务维护和捍卫国家主权独立、领土完整、政权统一,捍卫国家尊严,抵御外来势力非法入侵。对于损害祖国安全和利益、败坏祖国荣誉的行为视情节给予道义谴责、行政或刑事制裁。

4. 宪法规定的国家机构的外交职能（第三章国家机构）

宪法最主要的功能就是规范国家权力，使国家权力由特定的机关、在一定的范围和限度内行使并遵循一定的方式和程序。82宪法为适应新时期现代化建设与民主法治建设需要，对国家机构做了比新中国成立以来历部宪法都更为详尽的规定。全章共分7节，占79条（第五十七—第一百三十五条），分别对全国人民代表大会、中华人民共和国主席、国务院、中央军委、地方各级人民政府、民族自治地方的自治机关、人民法院和人民检察院的性质、地位、组织、职权等做了规定。根据现行宪法，我国政权组织形式是人民代表大会制度，而国家结构形式为单一制国家，同时在少数民族聚居的地方实行民族区域自治制度，在港、澳、台建立特别行政区。全国性事务如外交由中央政府统一领导，其他各类国家事务则按民主集中制原则分级管理。

结合绪论和总纲有关部分，国家机构一章实际上就国家外交职能的行使、国家机构在外交政策的决策与实施、外交职能的划分等方面做了严格的规定，从而回答了外交各种活动由谁决定、实施监督等问题。

（1）全国人民代表大会的外交职能。外交事务一般是政府机关的传统特权，但是我国的人民代表大会制度决定了全国人大的特殊重要作用。宪法第三章第一节第五十七条规定："中华人民共和国全国人民代表大会是最高国家权力机关。"其最高权力表现在宪法在赋予全国人大立法、最高领导人事任命、财政和行政监督权的同时，还直接规定全国人大"决定战争和和平问题"（第六十二条第十四款）。这是宪法赋予全国人民代表大会最高的外交职能。防止和制止战争、争取和维护和平，既是战争期间国家外交的重要内容，更是和平时期国家外交追求的根本目标。因此，决定战争与和平问题所涉及的不仅是国家权力机关最高的危机决策权力，更是和平时期国家外交战略与策略的最高常规决策权力。

外交政策要在宪法的框架内推行。作为最高国家权力机关，全国人大对中国整体外交政策与政策决策程序及政策的执行活动享有最高的立法和监督宪法实施的权力（第五十八条和第六十二条第一——第二款），并可以通过立法、司法等渠道对外交政策产生决定性作用。第六十二条第十一款还规定全国人大可以"改变或者撤销人大常委会不适当决定"，说明全国人大拥有高于其常设机构的相关权力。

宪法通过赋予全国人大国家最高权力机构最高领导人职位的人事任免权（第六十二条第四、五、六款规定全国人大选举国家主席、决定国务院总理、根据国务院总理提名，决定国务院副总理、国务委员、各部部长、各委员会主任、审计长、秘书长的人选、选举中央军委主席、根据中央军委主席提名，决定中央军委其他组成人员的人选），使全国人大享有决定外交政策最高决策者人选的权力。此外宪法第六十二条第九、十款规定全国人大审查和批准国民经济和社会发展计划及计划执行情况报告、国家预算及预算执行情况报告，从而使全国人大在批准国务院预算和审查拨款时可以监督和影响外交政策，并对政策执行过程中总财政状况有最终的决定权。

（2）全国人民代表大会常务委员会的外交职能。第五十七条第二款规定：全国人大的"常设机关是全国人民代表大会常务委员会"，拥有在全国人大闭会期间对国家的一系列包括外交在内的重大问题作出决定的权力。相对全国人大来说，人大常委会处于从属地位，但作为其常设机关又是最高国家权力机关的组成部分，这表现为人大常委会与全国人大共同"行使国家立法权"（第五十八条），根据宪法第六十七条第一——第四、第七—第八款规定，人大常委会解释宪法和法律、监督宪法实施、制定和修改除应当由全国人大制定的法律以外的其他法律、在全国人大闭会期间对全国人大制定的法律进行部分补充和修改；另外，人大常委会有权撤销国务院制定的同宪法、法律相抵触的行政法规、决定和命令；人大常委会有权撤销省、自治区、直辖市国家权力机关制定的同宪法、法律和行政法规相抵触的地方性法规和决议。宪法赋予人大常委会的上述权力使该机构具有仅次于全国人大的国家立法权和具体监督从中央到地方国家权力机关执行宪法和法律的权力。它实际上也对中国外交政策、政策决策及其实施过程的合宪性具有最高的解释权和监督权。

人大常委会的外交职能是全国人大外交职能的延伸，因此宪法也赋予了人大常委会广泛而具体的外交职能。宪法第六十七条第十三—第十五、第十八—第二十款特别就涉及外交方面的重大事宜作出专门规定：人大常委会"决定驻外全权代表的任免"；"决定同外国缔结的条约和重要协定的批准和废除"；"规定军人和外交人员的衔级制度和其他专门衔级制度"；"在全国人民代表大会闭会期间，如果遇到国家遭受武装侵犯或者必须履行国家间共同防止侵略的条约的情况，决定战争状态的宣布；决定全国总动员或者局部动员；决定全国或者个别省、自治区、直辖市的戒严"。

根据第六十七条第五款：人大常委会"监督国务院的工作"，其中自然包括监督国务院"管理外交事务"等涉外工作。

宪法第六十七条第五款所规定的人大常委会"在全国人大闭会期间，审查和批准国民经济和社会发展计划、国家预算在执行过程中所必须作的部分调整方案"的权力，使它对涉及外交政策财政方面的问题具有重要的监督和决策权。此外，根据宪法第六十七条第九至第十款，人大常委会"在全国人民代表大会闭会期间，根据国务院总理的提名，决定部长、委员会主任、审计长、秘书长的人选"；"根据中央军事委员会主席的提名，决定中央军事委员会其他组成人员的人选"。人大常委会对国家最高机关组成人员的任免权自然赋予了她决定主要参与外交政策决策和执行的重大人事任用权力。

在中国的实际政治经济生活中，全国人大常委会及下设的外交事务委员会还担负着作为我国整个外交工作一个重要组成部分的议会外交工作。全国人大、人大常委会及其外事委员会通过与外国议会及议会国际组织的多层次、多渠道、多形式的交往和合作，增进各国人民之间的了解和友谊，促进国家间关系的发展，扩大我国改革开放、现代化建设以及人民代表大会制度在国外的影响，努力为我国各项事业的发展创造良好的国际环境。

（3）**中华人民共和国主席的外交职能**。我国实行的是人民代表大会制度，国家主席并不是完整意义上的国家元首，而是根据全国人大及其常委会的决定行使部分职权。根据宪法第八十至第八十一条，国家主席主要有对内对外两方面的职权。国家主席对外方面的职能有"对外代表中华人民共和国，接受外国使节"；根据人大常委会的决定，"派遣和召回驻外全权代表，批准和废除同外国缔结的条约和重要协定"，"宣布战争状态，发布动员令"。由于当今世界元首外交成为国际交往中的一个重要形式，国家主席对外方面的职能还有"进行国事活动"。这使国家主席在外交事务中，对外代表国家的职能不仅表现在接访、回访和出访活动中，而且在首脑外交中发挥着十分活跃和积极的重要作用，如国家元首或政府首脑之间通过电话热线进行直接对话的机制。

（4）**国务院的外交职能**。国务院即中央人民政府，是最高国家权力机关的执行机关，是最高国家行政机关（第八十五条）。国务院执行最高权力机关——全国人大和人大常委会的决定，是以对国家事务进行组织管理为特点的。国务院又处于全国各级行政机关体系中的最高地位，一切下级行政机关都要接受和服从国务院的领导[①]。国务院的性质和地位决定了它在我国外交活动中的重要作用。

宪法第八十五条第九款规定国务院"管理对外事务"。这应当包括中国外交和涉外事务两方面的内容。中国外交指国家与其他国际法主体即主权国家政府之间的重大政治经济交往活动，外事一般则指涉外的个人或民间团体事务，从这个意义上讲，国务院在执行宪法八十五第六、七、八、十一款规定的领导国家经济工作、城乡建设、科教文卫体育计划生育等工作中所涉及的外事问题，亦应由国务院管理。根据宪法规定，"管理对外事务"，是国务院专有职权，国务院以中国政府名义对外进行活动，而地方国家行政机关没有被赋予这项职权。宪法第八十五条第九款还规定，由国务院"同外国缔结条约和协定"，即国务院具体负责同外国谈判和签订活动，条约和重要协定缔结后要经全国人大常委会

---

① 第八十九条第三款：规定各部和各委员会的任务和职责，统一领导各部和各委员会的工作，并且领导不属于各部和各委员会的全国性的行政工作；第四款：统一领导全国地方各级国家行政机关的工作，规定中央和省、自治区、直辖市的国家行政机关的职权的具体划分；第十三款：改变或者撤销各部、各委员会发布的不适当的命令、指示和规章；第十四款：改变或者撤销地方各级国家行政机关的不适当的决定和命令。

批准。国务院的对外职能还包括第十、十二款规定的"领导和管理国防建设事业";"保护华侨的正当的权利和利益,保护归侨和侨眷的合法的权利和利益"。此外,根据第五款规定国务院"编制和执行国民经济和社会发展计划和国家预算",国务院在编制和执行年度计划、五年计划和十年规划(由人大批准)方面的职能,使它在管理对外事务中有举足轻重的财政权力。最后,第二款规定国务院"向全国人民代表大会或者全国人民代表大会常务委员会提出议案",这一职能可以理解为,国家重大外交决策必须由国务院向全国人大提上议事日程,如提请人大批准同外国缔结条约和重要协定。

国务院总理的外交权能:总理是国家最高行政首脑。宪法第八十八条规定"总理领导国务院工作"。国务院领导体制是总理负责制(第八十七条),即在国务院各项决策程序中,总理对重大问题有最终决定权。一方面,国务院根据宪法和法律规定的行政措施、法规,发布的决定和命令(第一款),向人大和人大常委会提出的议案,人员任免等都由总理签署;另一方面,总理负责召集和主持国务院全体会议和国务院常务会议,讨论决定重大问题。上述两方面的最终决定权都在总理。因此,国务院的外交职能主要由总理负责实施。"副总理、国务委员协助总理工作。"国务委员可以受总理委托,代表国务院进行外事活动。

作为国家最高执行机关,国务院对全国人大负责并报告工作,在全国人大闭会期间对人大常委会负责并报告工作(第九十二条)。

(5)**国旗、国徽和首都**。(第五章)是代表和象征一个国家的国家标志,我国现行宪法第四章共三条,对国旗、国徽和首都作出了规定。国旗、国徽作为主权国家的象征和标志,在很大程度上是相对于国际社会的,体现国家和民族的尊严。而首都是中央政府所在地,外国使馆一般设在首都,因此首都也是外交活动的主要场所。

经过以上的梳理和分析,我们可以看到我国宪法对我国外交政策的基本原则与外交决策的基本方面做出了系统、全面的规定。自1982年宪法颁布以来,我国外交就是在宪法上述基本原则指导之下,从我国的国情出发,从我国所处的国际环境出发,开创了外交的新局面,为我国经济发展创造了良好的条件，为世界和平和发展做出了积极的贡献。

三、中国外交政策的其他法律的适用

中国宪法是影响中国外交政策决策的一个重要决定性因素。宪法既是法律体系的重要组成部分，又是拥有最高效力的、规范包括任何组织和个人在内所有法律主体的国家根本规则。在中国，宪法不仅以条文形式确定了中华人民共和国的国体性质和政体组成形式，明确规定了中国政治决策体系和机制，还在序言和总纲中提出了中国对国际环境的总体状况及趋势的判断以及中国外交政策的总体战略与基本原则。因此通过研究中国宪法及其历史演变来研究中国外交政策决策机制和决策原则依据，具有非常重要的意义。虽然这里的研究对象不是某一具体外交政策的具体决策程序，但却是对中国外交政策的任何具体决策程序有着决定性规定性作用的总原则和总体机制。

在上面研究的基础上，这一部分我们要下到基本法律、一般法律以及行政法令法规的层次具体研究中国外交政策与其他法律的关系问题。公法涉及狭义的外交，私法涉及广义的大外交；法律规范外交活动的权限与职能、内容与形式，法律又是实现外交政策的手段和方法；国际法有一系列涉及国家利益与国内关系的内容，而国内的法律又有许多涉外的，关系中外关系的内容。

1. 公法涉及狭义的外交，规范外交的权限和职能，又是实现外交政策的手段和方法。

我们不妨对若干公法类法律做一个具体的考察。

1982年五届人大五次会议通过的《全国人大组织法》规定了人大会议、常委会和各专门委员会的组织规则、运行程序。其中第一章人大会议中指出，总理及包括外长在内的其他国务院组成人员依宪法有关规定提名通过，此外，第三章则规定了外事、华侨委员会的组成、职能和工作程序。同年通过的《国务院组织法》在规定国务院各部委组成规则程序后，还在第九条规定了包括外交部在内的各部委的领导制度即部长

责任制，以及相关的汇报、会议（部务、部委会议）和发布命令、批示和规章的制度。

1990年七届三次会议通过的《香港特别行政区基本法》与1993年八届人大一次会议通过的《澳门特别行政区基本法》不仅明确了恢复主权后，作为中华人民共和国不可分割的一部分，港澳实行"一国两制"的基本制度，还规定了港澳之外交方面的权限与职能等问题。基本法第二章规定，中央人民政府负责管理与港澳有关的外交事务，管理防备，外交部在港澳设立机构处理有关事务，国家在港澳驻军担负防务任务，人大常委会有权决定宣布战争状态或紧急状态，中央政府可发布命令将有关全国性法律在港澳实施。中央政府授权特区（行政长官、行政机关及司法、经济、文化等相关部门）依法处理有关的对外事务（包括涉外司法互助、作为单独的关税区、从事涉外工贸、航运航空、文教体育活动），尤其是第七章是对外事务的专门的一章，基本法规定了对涉及港澳的国际谈判、参加国际组织、出席国际会议，代签护照和证件、实行出入境管制，设立驻外官方、半官方经贸机构或在港澳设立外国相关机构的权利和义务。

2004年，九届人大三次会议通过的《立法法》在第二章立法权限规定中指出涉及国家主权的事项，国家机构的产生、组织和职权，民族区域自治制度、特别行政区制度、基层群众自治制度，犯罪和刑罚，对公民政治权利的剥夺、限制人身自由的强制措施和处罚，对非国有财产的征收，民事基本制度，基本经济制度，财政、税收、海关、金融和外贸的基本制度，以及诉讼和仲裁制度等事项，属于全国人民代表大会及其常务委员会的专属立法权。也就是把有关国家主权的事项，把海关、外贸等制度分别置于只能立法的十大事项之首和第八条基本经济制度的项下，并规范了正常的立法程序和授权暂代程序（即如有未立法者，可授权国务院，依需要对部分事项制定行政法规）；第三章规定了授权后行政法规的立法程序；第三章第七十一条规定外交部作为国务院部委可根据法律和国务院的行政法规、决定或命令，在本部门的权限范围内制定规章，内容主要涉及执行法律、法规、决定、命令的事项。

2005年，十届人大一次会议上通过的《反分裂国家法》不仅明确了反对分裂国家，维护国家主权和领土完整的义务，还提出了外交上要反对任何外国势力的干涉的义务和责任。

此外《中华人民共和国公务员法》、《中华人民共和国缔结条约程序法》、《外国人入境出境管理法》、《中华人民共和国引渡法》等都对外交权限和职能有相应规定。

2. 国际法有涉内法律关系的广泛内容，而国内法又有许多涉外的方面，都与外交有紧密的关系

一方面国内法有许多涉外的方面。比如尊重和保障人权的法律制度：中国把消灭贫穷落后，让每个人享有充分的人权，建设富强民主文明和谐的社会主义现代化国家，作为不懈的奋斗目标。中国发展人权事业的基本立场是：坚持生存权、发展权的首要地位，把发展作为第一要务，同时不断发展公民的政治、经济、社会、文化权利，努力实现人的全面发展。以宪法为根本依据，中国制定和完善了一系列保障人权的法律制度，人权保障事业不断法律化、制度化。包括生命权的法律保障。人身自由、人格尊严的法律保障，平等权的法律保障，政治权利的法律保障，宗教信仰自由的法律保障，劳动者权益的法律保障，经济、社会、文化和其他权利的法律保障。中国参加了22项国际人权公约，其中包括《消除一切形式种族歧视国际公约》、《消除对妇女一切形式歧视公约》、《禁止酷刑和其他残忍、不人道或有辱人格的待遇或处罚公约》、《儿童权利公约》、《经济、社会及文化权利国际公约》等核心国际人权公约。中国政府认真履行所承担的相关义务，积极提交履约报告，充分发挥国际人权公约在促进和保护本国人权方面的积极作用。

比如规范市场经济秩序的法律制度。改革开放以来，在从计划经济体制向市场经济体制转变过程中，中国不断加强经济立法和相关立法，符合社会主义市场经济要求的法律制度已基本形成包括民事法律制度、市场主体的法律制度、市场管理的法律制度、宏观调控的法律制度、知识产权保护的法律制度、资源节约和环境保护的法律制度、对外经贸合作的法律制度。出台了《中外合资经营企业法》、《中外合作经营企业

法》、《外资企业法》和《对外贸易法》等一系列法律，为外国投资者在中国投资提供了多种模式或组织形式，充分保障了外国投资者在中国投资、开展经贸活动的合法权益。2001年加入世界贸易组织后，中国通过修订《对外贸易法》，进一步规范对外贸易经营者的权利和义务，健全货物进出口、技术进出口和国际服务贸易管理制度，建立起符合中国特色的对外贸易调查制度和对外贸易促进体制，并根据世界贸易组织规则完善贸易救济制度，完善海关监管和进出口商品检验检疫制度，确立统一、透明的对外贸易制度。按照发展社会主义市场经济的要求和入世承诺，中国对利用外资的有关法律法规进行了全面清理。入世六年来，共对887件对外经贸领域内的部门规章和其他规范性文件进行了清理。

另一方面，国际法又有许多涉内法律关系的广泛内容。如《联合国人权宣言》、《联合国国际贸物销售合同公约》、《关于解决国家和他国国民之间投资争端公约》、《承认及执行外国仲裁公约》，等等。

第三节 夯实基础、加强建设，开创依法外交的新境界

一、增加创制参与度，树立责任大国好形象

地大、人多、有实力的国家做大国是现成的事，但要做一个"负责任的大国"恐怕就不那么容易了。所谓负责任，就是做好自己分内应做的事情。大国往往是客观存在的现实；但"负责任的大国"却需要主观努力才能做到。所以，大国不一定都是"负责任的"，"负责任的"也不一定都是大国。一个国家，特别是一个大国，它自己应做的分内的事情有哪些呢？它又应当如何来做这些分内之事呢？

中国人所说的"修身养性"、"齐家治国平天下"虽然指的是个人，但同样的道理也适用于国家。一个国家欲想在国际舞台上大有作为，其前提条件就是要将自己的事情搞好，先对自己负责，然后才能对世界负责。所谓对自己负责，就是要保护本国的主权和领土不受任何外来侵

犯，保卫本国的安全和利益不受任何威胁，保持本国的经济不断繁荣，人民安居乐业，保证本国的社会持续稳定发展。如果一个国家承担不起让本国国泰民安这些责任，自己都管不了自己，或者是内乱不已，或者是外患不断，或者积贫积弱，那么他在国际舞台上还会担负起什么责任呢？又能够担负起什么责任呢？所以，近代积贫积弱、内忧外患的中国只有任人宰割的份，在国际舞台上根本没有发言权。反过来说，中国自上个世纪末以来声明自己要做一个负责任的大国，其基础就是综合国力增强，自身发生了翻天覆地的变化。当然，中国还是一个发展中国家，依然要恪守韬光养晦的外交原则，即使真正成为强国，也应该体现出自己的修养。

当然，发展的中国也必须有所作为，一个负责任的大国只把自己的事情搞好是远远不够的。在全球化背景下，中国也不可能"只扫门前雪"，还必须积极地参与国际事务。作为国际法主体的国家，中国在国际社会中的权利与义务关系也应该是对等的。也就是说，中国一方面要承担自己的国际义务，比如积极地维护世界的和平与稳定，向落后的国家和地区提供人道主义援助；在国际事务中发挥大国作用，如在联合国等国际组织中恰当地行使自己的权利，带头治理环境污染，打击跨国犯罪和国际恐怖主义，防范流行疾病等；围绕和平与发展这个时代的主题，加强同其他国家在各个领域的国际合作，在全球的和地区的多边或双边合作机制中承担起自己应尽的责任；利用自己的地位和影响，积极对国际冲突热点问题进行斡旋（如促成朝核问题六方会谈），努力促进当事各方实现和解，等等。另一方面，作为发展中的国家，中国也应享有相应的权利，防止负责任之说成为一种变相的威胁论。而且，为了真正对世界负责，中国还有责任参与对现有国际规则的修正和新的国际规则的创建。

中国承担国际责任还仅仅是开始。要想成为真正对世界负责的大国，中国还需要发展更加强大的综合国力，在外交上还应更主动地走出去。一个大国，只有在上述两个方面做得都比较出色，才能说是负责任的。然而，责任又不是孤立的，它首先是与风险联系在一起的。就第一个方面而言，作为国家代言人的政府及其领导者，保证民主法治和国泰民安是其应尽的责任；如果做不到这一点或者在这个过程中出现失误，那就要承担责任，而这时的责任就是一种风险。就第二个方面而言，大国（任何国家也都应当如此）在国际舞台上的活动必须在国际法和联合国宪章的框架内进行，有义务接受其约束。否则的话，就像美国打伊拉克，这场战争让美国消耗了大量人力、物力、财力，但却受到世界上绝大多数国家和人民的指责，认为美国是搞单边主义、霸权主义。究其原因，就是名不正言不顺，美国置国际法、联合国宪章于不顾，自行"负责"其事。

当然，责任还与利益联系在一起，否则的话，有谁还愿意出来负责呢？负责任的大国会在世界上赢得广泛的称赞，在国际舞台上的地位会不断提高，影响将不断扩大。

二、夯实法律基础，切实加强外交的法治建设

中国是一个由半封建、半殖民地的社会经过新民主主义革命和一个时间不长的新民主主义社会而直接过渡到社会主义社会的，经济基础十分薄弱。在1957年以后的近20年的时间内，我们在理论上认为可以跨越商品经济充分发展的阶段，而直接实行产品经济，在实践上则建立了一套权力过分集中的计划管理体制，从而窒息了人们为追求自身利益而焕发出来的积极性和创造性，严重阻碍了生产力的发展，尤其是遏制了现代社会建立的基础——现代商品经济的发展。而此时的西方国家，则在以计算机技术为核心的新技术革命的推动下，稳步发展。与我国相邻的周边国家或地区也进入了经济腾飞的阶段，从而对我国形成了巨大的压力。实现四个现代化，改变经济落后状况，不仅是当时人民的迫切期望，而且是中华民族自立于民族之林的刻不容缓的任务。

经济的落后和非市场化，必然影响中国法制现代化的进程。现代法治的内核是民主政治，而现代民主政治必然是现代商品经济的产物。因为经济上的商品等价交换原则派生平等观念，反映在政治上就是要求实行民主政治，平等地参与国家事务的管理；反映在法律上就是要求法律

面前人人平等，任何人不得享有超越法律的特权。正如马克思所说："平等和自由不仅在以交换价值为基础的交换中受到尊重，而且交换价值的交换是一切平等和自由产生的现实基础。"① 以行政命令为特征的计划经济压抑了个体对自身利益的追求，遏制了民主、平等、自由等现代法治观念的形成。同时，以行政指令连接起来的社会生产活动也缺乏对现代法治的社会需求。

为此，夯实法律基础，需要切实加强外交的法治建设。首先要完善宪法的规范，这是基础和依据；第二要完善相关的制度，提供制度和法律的保障；第三是要建立宪法文化和树立宪法精神（在认识理解宪法基础上的重视宪法，维护宪法，保障宪法实施的习惯与自觉）。例如关于完善宪法的规范问题：宪法也是历史的产物，宪法的内容本身也要随着形势的发展而发展，而宪法的发展则表现为宪法的修改和对宪法内容所做的必要的法定解释和学理解释。例如 82 宪法迄今已经经历了四次重要修改，而对宪法的法定解释和学理解释则在宪法的执行过程中发挥了经常性的、积极的作用。经过研究，我们认为，宪法的修改和解释问题不是一蹴而就的，而要不断地完善和发展：如鉴于祖国反分裂斗争的严峻形势，我们认为，国家在出台反分裂法之后，还应该在宪法中增加有关"中华人民共和国是不可分割的统一国家"的条款；鉴于序言中涉及党对国家和外交的领导有关规定仅做了一般的原则性表述，我们认为，为了使人们更加了解党在国家政治和外交活动中的作用，有必要就此问题做进一步的法定和学理性解释。此外，对于宪法中的某些内容，如"国际主义"，也需要做必要的修改或新的具体解释。只有这样，我们才能不断完善宪法，才能真正做到有宪可依，也只有这样，才能在全体人民中真正树立起宪法精神，以实现党和国家依法治国，建立社会主义法治国家的基本方略。

三、增强法律意识，提高依法外交的自觉性

中国法制现代化建设不仅要做到有法可依，也要求有法必依。这就

---

① 《马克思恩格斯全集》，第 46 卷册，人民出版社 1979 年版，第 197 页。

需要提高人民的法律意识。法律意识是人们对于法（特别是现行法）和有关法律现象的观点、知识和心理态度的总称。法律意识是一种观念的法律文化，对法的制定实施是非常重要的。它表现为探索法律现象的各种法律学说，对现行法律的评价和解释，人们的法律动机（法律要求），对自己权利、义务的认识（法律感），对法、法律制度了解、掌握、运用的程度（法律知识），以及对行为是否合法的评价等。

法律意识是社会意识的一种。法律意识同人们的世界观、伦理道德观等有密切联系，具有强烈的阶级性。不同阶级的法律意识各不相同。在阶级社会中，没有全社会统一的法律意识。统治阶级的法律意识在社会上居于统治地位，起着支配作用。各阶级法律意识的内容，归根结底由该阶级的物质生活条件所决定。在统治阶级内部，由于各阶层、各集团乃至个人所处的具体地位不同及其他原因，其法律意识也不完全相同，但在基本点上都服从于统治阶级的利益。统治阶级的法律意识直接指导法的制定、执行和遵守。为统治阶级利益服务的法律制度，保护统治阶级利益的法律、法规等，都是在统治阶级的法律意识指导下确立和制定的；司法人员在应用法律规范时，他们的法律意识对实施法律规范和维护统治阶级利益具有重要作用。法律主体（包括自然人和法人）法律意识的增强，有助于他们依凭法律捍卫自己的权利，更好地履行法律义务，并对法制的健全、巩固和发展具有重要意义。

依法外交的一个重要内容是外交机构依据宪法规定的有关外交的总体战略、方针、原则，从事外交活动。外交决策与外交活动关乎国家根本利益，关乎人民的根本利益。根据法律所规定的权利与义务关系履行外事职责。外事机构要做到依法外交、执法为国为民，就必须努力提高工作人员尤其是领导干部的认识水平，正确处理以下两个关系：首先，外交机关的权力来源于人民，来源于人民通过人民代表大会制订的法律。行政机关是执行人民意志的机关，包括各级领导干部在内的行政机关工作人员都是人民的公仆，决不能凌驾于人民之上，以权谋私。按照执政为民的要求，行政机关领导人民通过权力机关制定法律，表达意志，行政机关依法行政，自觉做到权为民所用，情为民所系，利为民所谋，保护人民的基本权利；做到公正文明执法，使最广大人民的根本利益在法律范围内得到充分体现；做到未经授权，不能设定和实施任何剥夺或限制公民权利的行为；做到服务于人民，密切联系群众，倾听群众意见和呼声，接受群众监督，为人民群众排忧解难。第二，权力与法律的关系。行政权的行使，必须有法律授权，并有法定依据，一切违法行为都必须承担法律责任。法体现的是人民群众的整体意志，作为执行法律的机关，依法行政，坚持法律至上，使权力服从于法律，实际上也就是坚持人民意志至上，体现最广大人民的根本利益。行政机关行使权力时实行的是首长负责制，是权力的相对集中和命令与服从，而行政事务的繁杂性和紧迫性，又要求行政机关必须强调行政效率和较大的自由裁量权，这就容易使人们习惯于按个人意志办事，忽视依照法律规定进行行政行为。所以，要实践执政为民，坚持依法行政，就要努力提高行政机关工作人员尤其是领导干部在法律意识方面的水平和修养，使他们树立起在进行行政行为时都要想一想是否符合法律规定和要求的意识。正如江泽民同志所指出的："干部依法决策，依法行政是依法治国的重要基础。"①

总之，对于国家行政机关及其工作人员而言，就要坚持把执政为民的要求与依法行政的要求统一于建设社会主义法治国家的伟大实践中，通过各项行政行为不断实现好、维护好、发展好最广大人民的根本利益。

---

① 《江泽民文选》，第1卷，人民出版社2006年版，第511页。

第三章　意识形态因素

意识形态及其变化影响外交决策已经成为不争的事实。因为外交决策作为人的一种实践活动，虽然受制于国际、国内社会的客观存在及其变化，但人们的政治理念、思想学说、系统认知和价值取向，尤其是特定的意识形态对于决策人的主观判断和政策选择还是具有极为重要的作用和影响的。

那么，什么是中国占主导地位的意识形态？为什么说当代中国政治文化、政治体制决定了意识形态对于外交决策的特殊地位和作用？意识形态又是怎样作用于外交决策的？认识这些问题对于把握中国的外交决策显然是至关重要的。当然，这也是一些比较复杂和特殊的问题，既必须用历史的、唯物的和辩证的方法来进行认识，又需要从实际出发具体地、现实地对问题加以分析。

第一节　意识形态在中国外交决策中的特殊作用

意识、理论源于实践，但又对实践有指导意义。意识形态作为一般政治文化核心有很强的政治功能，由于中国特殊的传统政治文化和现实政治制度特点，意识形态（主要是作为执政党指导思想的意识形态）在当代中国外交决策中有着极为特殊重要的意义和作用。

一、意识形态在外交、外交决策中的一般意义

从意识形态角度研究中国外交决策,也需要对意识形态有比较清楚的概念界定,还要梳理意识形态与文化、与政治、与外交政策之间错综复杂的关系。

1. 什么是意识形态?

意识形态是指一种观念的集合或形态。英文意识形态这个词是德崔希伯爵在18世纪末的时候所创造的,被用来界定一种"观念的科学"。意识形态可以被理解为一种具有理解性的想象、一种认识事物的方法(比如世界观),存在于共识与一些哲学趋势中,或者是指由社会中的统治阶级对所有社会成员提出的一组观念体系。

根据马克思辩证唯物主义和历史唯物主义的解释,意识形态与存在形态相对应,是一个时期或一些社会群体特有的哲学、社会、政治、伦理、宗教的总和(反映社会存在的系统理论、思想学说、观念体系等)。根据这一解释,不同时期、不同社会群体之所以有不同的意识形态,是由不同的经济基础和经济关系以及由此产生的政治关系所决定。意识形态反映社会的经济基础、政治制度,反映人与人的经济关系和政治关系,也会对后者产生积极的影响,或者叫反作用。意识形态的各种形式起源于以生产劳动为基础的社会物质生活,并随着经济基础的变化而变化(具有动态特征)。

西方政治学者大多认为,意识形态存在的基础是民族和个人的政治心理(民众的政治心理也称为政治文化),也直接影响着政治心理的形成。在多元政治体制中,意识形态呈现比较明显的多元特征。意识形态有多种表现形式,可以表现为政治意识形态、经济意识形态和文化意识形态。影响外交决策者主观判断和决策的世界观、思想学说与价值观属于政治意识形态范畴。政治意识包括国家政治意识、政党政治意识、公民政治意识及占非主导地位的民间政治意识、涉及国际社会的构成与意义的意识,等等。

第三章 意识形态因素

在社会研究中，政治意识形态是一组用来解释社会权力生产与应当如何运作的观念与原则，并且提供了某些社会秩序的蓝图。政治意识形态大多关注如何划分权力，以及这些权力应该被运用在哪些目的上。比如说，20世纪中具有影响力并被清楚界定的政治意识形态有以马克思与恩格斯的学说为其基础的共产主义，还有资本主义、社群主义、基督民主主义、法西斯主义、民族主义、保守主义、自由主义、社会主义、社会民主主义等。政治意识形态是指提出某种政治与文化计划作为参考的社会运动、机构、阶级或大团体的整体观念、原则、教条、迷思或符号。它也可以是通常用来界定某个政党及其政策的整体政治思想结构。意识形态得到认同的程度有客观基础，而部分原因则是取决于人们的宣传，及为了相关的利益而有组织的活动。

社会中主要阶级的意识形态被提出给予社会的所有成员，使统治阶级的利益显得就像是所有人的利益。卢卡奇形容此为统治阶级的阶级意识的投影，而葛兰西则以推进文化霸权理论来解释为什么工人阶级中的人们对自己的利益可能会有错误的概念。

马克思主义者对意识形态作为社会再造工具的看法，是很多理论和理论家的重要的试金石，如知识社会学理论家曼海姆、贝尔、哈贝马斯等。然而，曼海姆尝试把"完整"但"独特"的马克思主义者的意识形态的概念进至为"普遍"而"完整"的意义，承认所有从社会生活而来的意识形态。

有人认为意识形态是社会群体用来使世界更利于他们所理解的解释框架。曼海姆在其著作《意识形态与乌托邦》中将意识形态看做是"思想方式"，并据此分析了两种意识形态：第一种涉及用意识形态的想象形式来"再现"的对象，由于情况真相不符合其利益，所以对某社会情景真相有掩饰或扭曲，包括有意识撒谎，半意识或无意识地掩饰，有心欺骗或自欺。这实际上体现了特殊集团的自我利益，此种意识形态并不与现实对应。第二种涉及的是意识形态的物质性，是一种"全面"的意识形态，指的是一种世界观或对一种生活方式的彻底信奉。意识形态有一个物质的存在。这说明意识形态既有客观性，即全面反映社会存在、受社会存在制约、物质性的一面,又有主观性,即想象、不完善、偏激和扭曲真相的一面。

人是社会的主体,社会意识是人关于如何在社会中生活和行为的意识、意念、理想、方案、路线、观念。在阶级社会中,意识形态具有阶级性,集中体现一定阶级的利益和要求,意识形态是一种居统治地位的政治意识。意识形态既有阶级性又有社会性,往往是占统治地位的阶级、政党的精神文化体系。

意识形态既有持续性、稳定性特征,又有动态性特征。意识形态是指一个时期、一个社会群体特有的哲学、社会、政治、道德、宗教观念。意识形态是系统地、自觉地、直接地反映社会经济形态和政治制度的思想体系,是社会意识诸形式中构成观念上层建筑部分。它在总体上是一类特定的文化。这种文化是对社会存在的反映,受社会存在的制约。个人或集体都要自觉不自觉地受这种文化的影响.

2. 意识形态政治功能及其对外交决策的影响

意识形态究竟在多大程度上影响外交决策呢?邓小平曾指出:"坚持社会主义,是中国一个很重要的问题。如果十亿人的中国走资本主义道路,对世界是个灾难,是把历史拉向后退,要倒退好多年。如果十亿人的中国不坚持和平政策,不反对霸权主义,或者是随着经济的发展自己搞霸权主义,那对世界也是一个灾难,也是历史的倒退。十亿人的中国坚持社会主义,十亿人的中国坚持和平政策,做到这两条,我们的路就走对了,就可能对人类有比较大的贡献。"[①] 邓小平在这里所提到的"社会主义"、"资本主义"就是两种截然不同的意识形态,中国明确坚持的是社会主义的意识形态,而坚持和平政策,反对霸权主义,则是在社会主义意识形态所决定的外交政策的必然选择。再者,美国决定打击伊拉克,依据的一个重要理念就是推行民主和自由价值观的国家之间不会发生战争,没有实行民主制度的邪恶国家是对国际和平的威胁。根据

---

① 邓小平:《坚持社会主义,坚持和平政策》,《邓小平文选》第3卷,人民出版社1993年版,第157—158页。

这一理念，美国认为萨达姆是镇压本国人民的独裁者、暴君，况且拥有大规模杀伤性武器。因此美国的决策者可以不顾国际社会的反对，作出了攻打伊拉克的决定，其目的一方面要"解放"伊拉克人民，帮助他们摆脱暴君的统治，另一方面在这个国家进而逐步在整个中东全面推行民主、自由和人权，以铲除恐怖主义，维护地区和国际稳定。美国认为，为了推行美国人民信奉的民主和自由价值观，甚至可以对其他主权国家动武。从这里我们可以看出，两国外交决策者所持的政治理念有着很深层次的差异，邓小平认为社会主义是和平的保证，中国走社会主义道路，就会维护世界和平。美国领导人认为，民主与自由是和平的保障。为了世界安定，可以对某些国家动武。他们所持的不同政治理念就是不同意识形态的表现形式。意识形态的差异决定了他们做出不同的外交政策选择。

我们从上面不同外交决策者的政治理念里已经看到了意识形态很强的政治功能，可以成为解释中国与美国政府对伊拉克采取不同外交政策的理由。按照马克思主义观点，意识形态一般指在一个社会中居统治地位阶级或政党的政治意识。自近现代以来，意识形态也可以称为国家哲学，因为它首先是为一个国家或执政党的政治权力进行合法性和正当性论证和辩护的思想学说，是权力合法化的理论基础。某一思想学说所表达的观念和原则如果缺乏国家和执政党的接受，它最多只能是某种民间思想而不能成为国家意识形态；其次，它是国家或执政党认同的工具。虽然意识形态通常建立在道德基础上，但作为统治阶级的政治意识，它往往需要强力来支撑，属于一种以政治法律制度以及现代媒体为依托的强制认同，通过社会的认同，达到整合社会、凝聚人心、规范生活的作用。第三，它是理性政治行政过程的出发点。不论意识形态是片面地、伪善地还是完全地、真实地反映客观存在，国家政策的制订与实施，都会以它为理论依据。如果国家或政党的所想、所说没有体现在所作上，便会失去社会对其意识形态的认同，失去社会凝聚力和归属感。如西方国家积极主张民主、自由和人权观，在外交实践中，如果坚持这类信念的国家言行不一、言不由衷或实行双重标准，这类主张就会相应的失去国际社会的认同。

意识形态的政治功能决定了它对外交决策的作用，外交是国内政治的继续。外交是指某一国家或某一国家集团同其他国家或国家集团交往时的政治，外交决策是国家决策人在与外界交往时对客观事件作判断、选择方案和确定对策的一种实践行为。外交决策人总要根据某种政治理念、思想学说与价值取向标准（观念）对外界发生的事件进行观察、评判，然后选择、制定出行为方案，他的指导思想与价值取向一般脱离不开他所代表的国家、政党或社会所认同的意识形态。一般来说，意识形态（或称政治意识）决定外交意识，外交意识决定决策人的选择。也就是说，外交决策取决于决策人的政治理念、思想学说或价值取向指导下的主观判断和主观选择。

不过，人类社会的许多历史和现实的经验教训都告诉我们，在承认意识形态对外交决策人的作用时还必须看到：

（1）由于各种主客观因素影响人的认识能力，意识形态对客观存在的反映有可能是不完善的。外交决策者所信奉的意识形态即使得到一个社会大多数人认可，亦可分为不全面的——如幻想的或用来演示和包装的、片面的、偏激的（最典型的例子是希特勒的纳粹主张）和全面的或比较全面的，即比较真实地反映客观存在的两种。所以意识形态对外交决策的影响有可能是积极的，也有可能是消极的。要避免意识形态的不全面性对外交决策的消极影响，外交决策人必须有对客观存在的认识能力。

（2）意识形态作用于外交政策的功能也是有一定限度的。意识形态为制定外交政策目标提供了指导思想和原则，但这并不意味着外交决策完全受意识形态支配。决策人在决策过程中经常会遇到国内外各种因素的制约，常常处于意识形态和经验直觉、眼前利益和长远利益、政府利益和民众利益、阶级利益和民族利益等因素相冲突的境地，需要决策人超越意识形态，做出更合理的主观判断和选择。决策过程的民主化、法制化和开放程度以及民众的政治心理等因素也会制约外交决策人的意识形态。所以，意识形态只是影响对外决策的因素之一，并与其他因素相互作用。

(3) 国际社会文化（文明）的多样性，不同国家、不同利益集团的存在，或者说不同的人群的存在，决定了意识形态没有终结。从这个意义上讲，只要外交继续，意识形态的作用就会依然存在，总会直接或间接地左右着外交决策者的选择进而影响到国际关系。但是，在经济全球化日益深入，生产关系发生重大变化的今天，意识形态需要而且是可以构建的。一方面，意识形态有其深刻的政治作用，人们需要了解和认识它，另一方面，任何意识形态都是对社会存在的抽象反映和概括，是历史关系的产物，有着深厚的历史根由和现实生活基础，因此人们也能够了解和认识它，并通过沟通逐渐增进普遍的共识。

(4) 在以苏联为首的社会主义阵营与美国为首的资本主义两大阵营对峙为标志的冷战期间，社会主义与资本主义两种对立的意识形态成为划分敌我的分水岭。意识形态一词往往被认为是幻觉的、偏激的、伪善的、用于包装决策人真实政治意图的某种说法，几乎是贬义词。国际关系理论中很少有人愿意对某种意识形态的形成及其在外交决策中的政治作用进行客观认真地分析。战后一直占主导地位的现实主义国际关系理论强调物质的第一作用，认为国家实力与利益是一个国家外交决策人制定外交政策时最本质的参照因素。随着国际政治经济的发展，特别是冷战结束后，新自由主义理论日占上风，许多政治家和学者不再把国家利益和实力奉为外交决策的核心参照。客观上讲，一个国家一味从实力出发追求本国利益或均衡实力的外交政策在很大程度上受到国际社会的质疑和制约（已经不再合乎时下的国际关系发展），世界各国的相互依赖性日益加强成为越来越广泛的国际共识，也使人们开始对国际体系、市场作用、非政府组织和个人等其他决定外交决策的因素有了更多的研究兴趣。特别是发生"9·11"事件和伊拉克战争以来，越来越多的学者开始了多视角、多层面的外交决策因素的分析。随着建构主义理论的兴起，决定外交决策的主观因素的研究更加受到重视。目前，西方最有代表性的理论是美国学者朱迪斯·戈尔茨坦和罗伯特·O. 基欧汉在《观念与外交政策》一书中所阐述的建构主义观点。作者从理想主义和建构主义理念出发，强调观念建构的重要性，并将观念分解为世界观、原则性信念和因果信念，认为这三种形式通过提供行动指南，增进共识和建构制度等方式对外交决策产生影响。虽然作者使用观念这一概念而没有使用意识形态，但是我们都知道，观念就是意识形态的基本形式。无论怎样，越来越多的学者把意识形态看作影响外交决策的一个重要因素，从意识形态角度认识外交决策的研究也越来越深入

中国学者从马克思主义哲学观点出发，指出在阶级社会和民族国家存在的条件下，国际关系和外交政策总摆脱不掉一定形式的意识形态，在制定政策、审视国际活动各种现象时都会一定程度地受到世界观和方法论的影响与制约。也有学者从意识形态功能出发，在对外交政策中的"意识形态"概念进行界定的基础上，详细地分析了意识形态的群体性、主体性、隐蔽性、持久性和实践性，阐明了意识形态在外交政策中的认知功能、规范性功能、合法性功能和目标功能，指出意识形态过去一直是、将来还会是影响外交政策的重要变量。还有人在分析意识形态对美国外交政策的作用时指出，应该从三个层次上认识意识形态概念，即世界观、思想和信念体系以及政策的掩饰和包装。认为意识形态作为看世界的方式、作为整合社会不同观念的工具、作为对外政策的合理化"证明"对具体政策有潜移默化的影响。

二、党的基本理论是外交决策的理论基础

任何社会都有占主导地位的意识形态，意识形态在不同的体制下的作用是不同的，在中国，占主导地位的意识形态是执政党的意识形态，它是外交决策的基础，在多方面发挥着作用。

1. 什么是中国占主导地位的意识形态

要解答这个问题，需要用历史与现实相结合的方法。一方面，要辨识中国意识形态中内在的历史积淀、博大精深的传统政治意识元素；另一方面，要用辩证唯物的方法认识近现代外来西方文化对中国共产党意识形态的形成及对中国政治的重要作用。

中国古人的文化观是中国古人意识形态的基础，也对当代中国意识形态有着深层的影响。在没有宗教色彩的中国，统治者所信奉的政治伦理、政治哲学与政治学说的作用尤其重要。在中国政治中，占统治地位的一直是无神论的儒家思想和道家学说，信奉以家庭伦理为根基的天地人合一的哲学理念和以等级制为基础的"仁治"和"民本"的政治伦理。帝王为天之子，百姓为帝之子民。基于这种天地人合一的哲学理念和等级制度，统治阶级自然重视"文治"与"教化"，治国必须有"道"，有"理"（天道、天理），必须取信于民，方能教化四方。

我国古人对意识形态与政治关系的理解主要表现在对构成意识形态基础的文化的理解上，认为文化是指自然界和人类生活某些带规律性的现象。"观乎天文，以察时变，观乎人文，以化成天下"是指礼乐仪制；"道之显者谓之文，尽礼仪制度之谓"是指法令条文。"明利害之乡，以文修之，使务利而避害，怀德而畏威。"中国古代封建统治所施的文治和教化的总称即为文化。文化在这里表现为相当清晰的两方面功能，一方面是用文、礼、法来支持政权，另一方面是用教化来条理社会。这与当今人们所理解的意识形态的两个政治功能十分接近。这种非神化的伦理学说是绵延数千年封建统治的"文治"与"教化"工具，具有特殊的政治和社会功能，既是传统政治统治合法性的重要理论支柱，也始终是维系"天地人合一"的大一统社会的精神纽带。中国的封建统治阶级通过"文治"与"教化"维系的一元政治体制是中国传统政治文化不可忽视的现象。从政治角度看，以政治伦理、政治哲学与政治理论为主要内容的中国传统政治意识具有特殊重要的政治合法性和整合社会的功能。这是中国古代政治文化形成、发展与演变的结果，也是中国一元政治体制的社会思想基础。虽然自鸦片战争起至今一百多年以来中国传统政治思想受到外来各种思想的冲击，却仍然有着潜在的、深层次的社会文化和社会心理基础，也与中国共产党意识形态内在的文化、社会及政治相联系。

自鸦片战争起，中国传统封建社会遭遇到西方列强武力威胁形式下政治经济文化的全面挑战，传统政治意识不可避免地受到来自西方各种政治思潮的冲击：如资本主义、社会主义、自由主义、民族主义、无政府主义甚至20世纪初的法西斯主义，等等。中国传统文化因西方在政治、经济、军事方面显示出的强势而开始受到最初的否定。此后，在半个多世纪的社会动荡与战争期间，这一否定过程始终没有间断。中国共产党的诞生、成长并确立自己的领导地位，正是发生在东西方各种政治思潮大交汇这样一种大背景之下的必然结果。

中国是世界的一部分，中国的革命与建设事业与世界形势的发展变化紧密相连。以毛泽东为领袖的中国共产党代表广大工人、农民和进步知识分子的利益，在反帝、反封建、完成新民主主义革命的斗争中逐步取得胜利，使马列主义、毛泽东思想填补了因文化断裂造成的意识形态真空。广大中国民众的精神寄托也逐渐转向一种新的、主要由两部分内容构成的社会主义意识形态：一是来自西方的马克思列宁主义，二是被中国化的马克思主义（与中国具体革命实践相结合的毛泽东思想）①。改革开放以来，中国特色社会主义理论成为最具有时代特征的中国意识形态。

意识是存在的反映，客观存在决定主观意识。中国特殊的传统政治体制和政治文化背景、国际国内整体政治与经济关系的历史发展进程，造就了中国共产党意识形态的社会基础，维护了中国共产党在政治生活中特殊的领导地位，也使党的意识形态成为中国内外政治决策最重要的价值观念和理论参照。

2. 党的基本理论的指导作用和决定性影响

中国共产党在中国的领导地位（执政地位）逐步形成于长期的革命斗争，中国共产党成功地领导人民摆脱了帝国主义、封建主义和官僚资本主义的压迫和剥削，使中国人民获得了民族独立和解放，党因此确立

---

① 所谓马列主义"中国化"过程，就是把马列主义原理与中国的具体实践相结合，而所谓中国的"具体实践"，就是实事求是地从中国社会的经济基础和政治现实出发，领导中国的新民主主义革命和社会主义革命和建设事业。党的意识形态理论在中国的发展并成为当代中国意识形态主体，有着深厚的内在动因，其价值选择的合理性，使中国共产党的意识形态得到社会的广泛认同度，也是党确立和巩固自己领导地位的重要基础。

第三章　意识形态因素

了自己的领导地位，这是近现代中国历史发展的必然结果，也是人民的选择。1949年新中国成立，建立了新型的社会主义社会和独具特色的政治制度。中国的政治文化和社会心理基础、马克思列宁主义理论的发展与传播、国际政治经济力量对比关系的制约等，在各种因素的共同作用下，中国建立的是相对集权的政治体制。然而，中国政治发展的轨迹表明，中国的政治集中特征既不同于法国的中央集权体制，也不同于斯大林时代的苏联集权体制。中国共产党的执政党领导地位不同于西方执政党，它表现的不是简单地阶级对立状态的统治与被统治关系，而是更大意义上的同一阶级内部的先进分子与普通群众之间的领导与被领导的关系，也表现在中国共产党在中国政治中长期存在和不断巩固的执政党地位和作用。

我们可以注意到最具中国政治特色的两个现象：一是中国政治体制中的多党合作制度，二是作为执政党，共产党对国家权力系统的领导方式。第一，关于中国政治体制中的多党合作制度。除"文革"这一特殊时期外，中国共产党始终与各民主党派有密切合作，而合作的基本方针是：长期共存，互相监督，肝胆相照，荣辱与共。这说明中国的多党制是建立在执政的中国共产党与其他党派的合作关系基础上，其他党派有参政议政的权利。中国共产党与其他党派之间是共存关系而不是西方政党之间的权力竞争关系，这种关系保障了中国共产党在政治体制中的领导地位。第二，执政党对国家权力系统的领导。中国共产党对国家权力系统的领导，包括政治领导、组织领导和思想领导，是通过影响、推荐重要干部、管好权力机构中的党组织和党员、提出有关国家重大事务的主张并使之经过法定程序变成国家意志来实现的。所以，"在当代中国，不论是构成政治权力的重要政治机关，还是构成乡村自治管理结构的党政领导班子，乃至各企业、事业单位和各人民团体的内部领导组成，都是以坚持和加强执政的中国共产党的领导地位为基本原则，据此来确立和调整它们之间的政治关系的。"[①] 不认清这一现实，就不可能对中国的

[①] 朱光磊：《当代中国政府过程》，天津人民出版社1997年版，第69页。

政治及外交决策机制有深刻的认识和准确的把握。

关注和研究这个政治组织在中国政治体制中所处的地位、研究执政党的意识形态，是认识中国政治意识与外交战略和策略决策的关键。在中国，"领导我们事业的核心力量是中国共产党，指导我们思想的理论基础是马克思列宁主义"。毛泽东的这句名言至今可以说明中国的政治现实：即中国共产党在中国政治体制中的绝对领导地位和以马列主义理论原则为指导的党的政治意识的特殊重要性。也就是说，中国共产党作为唯一执政党。一方面，代表其他阶级利益的政治集团的意识形态不会取代执政党的意识形态，这种性质决定了党的意识形态对国际国内政治经济关系的认知、解释、政策主张与政策决策的主导作用；另一方面，必需要使自己的意识形态尽可能完善和拥有广泛的社会认同度。只有得到社会认同的完善的意识形态，才有可能对客观存在产生积极的正面作用，才能得到整合社会的效果。实践证明，产生于中国政治实践中的意识形态一旦被中国社会主要政治力量所接受，就会转变为国家政府行为中的指导性政治理论和政治决策（包括外交决策）的原则。

意识形态在中国外交决策过程中重要地位的具体表现：意识形态贯穿于外交决策全过程。我们已经阐述了意识形态对外交决策的一般政治功能，从中看到研究中国意识形态的必要性。以下将通过说明中国共产党在中国政治中的特殊地位和作用，具体分析党的意识形态如何对外交决策发挥特殊作用，回答共产党通过什么途径把自己的意识形态贯彻和落实到中国政治和外交决策中，中国意识形态的变化又对外交决策产生了什么样的影响，意识形态又是怎样作用于外交决策等问题。这里分析的主要是人的主观意识如何反作用于客观存在。

三、意识形态如何决定中国外交决策

研究中国的外交决策，不仅要了解在中国占统治地位的意识形态、还应该了解国家意识形态是通过什么样的具体途径影响着外交决策过程的始终，也就是说需要从中国政府政治行政过程看国家意识形态对外交决策的决定性作用。由于中国的经济与政治发展过程与西方国家的政治

第三章　意识形态因素

发展轨迹不同，政治过程也与西方有很大差别。这种差别可以从意识形态对参与政治与外交决策的行为人及其行为的影响力出发进行分析。从这里我们可以看到，中国共产党的意识形态体现在外交决策的开始、政策选择、政策执行和政策评价的全部过程。

1. 意识形态是外交决策的开始

意识形态的政治作用在于维护决策者政治决策的合法性和整合社会。意识形态不仅简单地反映客观存在，也会对客观存在产生反作用力。在政治过程中，意识形态可以"以表现、解释和评价现实世界的方法来形成、动员、指导、组织和证明一定行为模式和方式，并否定其他的一些行为模式和方式"①。"当某个集团或个人提出一项政治要求时，政治过程就开始了"。政治决策以整合利益表达和利益综合开始。而在不同政治体制中，整合利益表达和利益综合的形式与实质内容是有差异的。

在美国，外交家决策权力源于法律。根据美国宪法，美国总统掌握比较大的外交权力②，但是同时，美国宪法也赋予了国会（立法机构）重大制衡权力、政府官僚机构（行政机构）、州与地方政府、利益集团和社会运动，还有法院、公众舆论、传媒、环境等因素，都有可能代表某个社会群体、社会阶层或某些个人的利益制约外交决策。这就是说，代表不同阶级和社会阶层的集团和个人的各种意识形态都有可能影响到决策之前的利益表达或利益整合过程。同时也应该注意到，"美国对外政策的政治性涉及不同动机的个人和集团的竞争，涉及整个政府和社会的权力及其象征的流向，也涉及赢家和输家。换言之，美国外交政策往往反映那些对政府和整个社会的政治性进程最成功地产生影响的个人和集团的目标和优先考虑。这样一种对外政策进程或许多少在道义上依赖

---

① 戴维·米勒、韦农·波格丹诺主编：《布莱克维尔政治学百科全书》，邓正来等译，中国政法大学出版社1992年版，第345页。
② 根据美国宪法第二条：总统是"三军总司令、头号外交家、行政首脑、国家元首、首席立法者、民众的代言人、首席司法官"。

于所做出的价值判断的类型①。

在中国,情况有所不同。原因在于,首先,中国共产党是代表中国最广大人民利益的政党。但在改革开放以前,政治民主程度比较低,党的纲领和政策长期大于法的规范,领袖的个人权威和严峻的国际环境使外交决策愈发成为密不透风的神秘黑匣子。一般人根本无法接近外交,外交决策更是充满领袖们的个人神话。改革开放后,法制建设、民主政治的发展和市民社会的成长大大改变了中国政治面貌。但是政治决策仍然是经过以中国共产党为核心的利益综合体系来整合人民的意愿、意见、要求等,再进一步转化为党的意愿和要求,进行立法,确定施政纲领。其次,新中国成立后不久,经过农业、手工业和资本主义工商业的社会主义改造运动之后,社会群体基本都被纳入政治社会,市民社会几乎退出了中国社会。经历了近30年的改革开放之后,中国市民社会才逐渐显现出来。但是总体上,政治民主化程度依然偏低,民主形式也与西方不同。第三,中国共产党的特殊领导地位以及与各民主党派的合作关系(也是领导与被领导的关系),决定了社会各界的利益表达主体一般不是简单地向党和政府施加压力,而是既代表一部分群众向党组织和各级政府表达意见,也协助党和政府做工作。因此,不论是个体利益还是集体利益,利益(意见)的表达不是通过压力集团进行的。虽然近年来各民主党派参政议政程度大大提高,但利益综合活动主要由中国共产党来引导或领导。也就是说,中国公民个体和集体的利益表达活动具有显著的组织化特征:民主集中制是利益整合的基本机制,党代会、人民代表大会和政治协商会议制度是国家重大利益综合和政策选择的主要制度形式。第四,由于许多历史与现实因素,党中央的领袖或领袖集体总是在该机制中发挥着集中党和人民智慧的关键作用。在这种情况下,从政治过程一开始,中国共产党就可以通过提出政治要求,把党的意识(思想、方针、观念)反映并贯彻于政治决策过程中,还可以通过理论界、新闻界等宣传党的基本思想,争取民众的理解和认同。

---

① 杰尔·A. 罗赛蒂:《美国对外政策的政治学》,世界知识出版社1997年版,第4页。

中国共产党既然是代表中国最广大人民利益的政党，它的政治理念、思想学说以及价值标准就应该代表和维护人民利益。那么，什么问题需要走决策程序，如何做政策选择等问题，也在党的领导下作出决定。如1978年宪法和1982年宪法的修改草案，就是由当时的中共中央政治局全体委员、候补委员根据新一届领导人更加开放和民主的政治理念组成的"宪法修改委员会"起草，并经过中共中央会议讨论通过，以中共中央的名义提请全国人大审议的。上升到国家意识形态的党的政治意识成为中国政治行政决策过程（包括外交决策）的基础和出发点。再如50年代初中国人民志愿军赴朝作战，也是党的领导人召开中央政治局扩大会议，依照新中国外交政策原则和针对当时国际形势，得出参战更利于中国人民的现实和长远利益的判断而做出的一项重大外交决策。

2. 意识形态是外交决策基础

决策就是指参与决策的行为人的选择行为。党的政治意识是外交决策者选择方案时所依据的政治理念、思想学说与价值标准。在中国，国家意识形态对外交战略和策略决策具有深层次的根本性指导作用，而具有决策能力的决策者的外交思想及社会的共识成为某一特定时期占主导地位意识形态的重要组成部分，对特定时期的外交决策具有无可否认的关键性影响作用。

党的意识形态理论在中国的发展并成为当代中国意识形态主体，有着深厚的政治、经济、文化等内在动因，其价值选择获得了中国社会最广大人民的广泛认同，意识形态的合理性也是党确立和巩固自己领导地位的重要基础。中国共产党意识形态的社会基础、国际国内整体政治与经济关系的客观发展，决定了中国共产党的领导地位。党的政治地位决定了党的政治意识对国内外各项重大方针政策的指导作用。与国内政治决策相比，外交决策虽然有其特殊性，但是同样体现国家意识形态，外交意识形态是国家意识形态中重要组成部分，因为外交是国内政治的继续。外交无非是一个国家或一国集团同外界打交道时的政治。在对外政治中，党的决策人总要借助党在某一时期的政治理念、思想学说与价值取向标准来选择不同的决策路线和行为方案，由于外交政策决策人代表国家和他所处的社会，他的指导思想与价值取向脱离不开他的国家和社会所认同的意识形态。其意识形态包含了国家占统治地位的人怎样看待这个世界，怎样解释世界上发生的事件，以及如何处理与其他国家的关系，在国际社会究竟要扮演什么角色的问题。意识形态与外交政策的关系，也就是国家在对外政治方面所想、所说与所做之间的关系。

中国共产党领导下政治结构的现实规定性，使共产党的意识形态在中国政治中发挥着特殊重要的功能。外交意识形态是党的意识形态的重要组成部分。党的意识形态中包含了外交意识形态（外交思想）。党的意识形态在形成过程中，往往也同时形成了外交思想，外交意识形态是党的意识形态的组成部分。上升到国家意识形态的党的意识形态（通过法律上升为国家意识形态）主导着决策前的意见表达与综合。中国共产党的意识形态作为一系列用来观察和解释世界的观念，决定着中国决策者对国际政治经济关系的认知与解释；作为中国共产党治国的政治工具和党的行动准则，决定着中国决策者在与外界交往时根据自己的政治理念、价值取向对客观事件作出判断、选择方案和确定对策；决定着外交决策者为了国家利益，根据国内外条件制定出战略决策、一般决策，遇到突发事件时，做出危机决策。

那么，研究中国决策者及中国社会的主体意识形态，即世界观、思想体系和价值取向（外交观念或外交思想）对外交决策的实际作用是认识中国外交决策的关键。人们可以从中国宪法、中国共产党历次党代表大会报告、领袖人物的书籍、讲话、政府报告等文件，了解有关外交政策的阐述，从而把握中国意识形态与外交思想、外交战略、外交策略的关系，并通过具体的案例，从决策机制到决策过程认识意识形态对外交决策的实际作用。不了解一个国家的意识形态，就很难理解该国的外交政策，更难以对其外交决策作出正确的判断。例如，当党的第二代领导人提出不能用僵化和教条的方法理解马克思列宁主义毛泽东思想，并提出贫穷不是社会主义，中国依然处在而且在相当长的时期内仍将处在社会主义初级阶段这一理论时，解放生产力、发展生产力便成为中国国内政治的主旋律，从这时起，中国外交开始围绕经济建设这个中心任务来开展。这是中国共产党意识形态的变化使外交意识作出相应调整的一个典型实例。调整后的外交意识影响了后来外交决策的方方面面。

3. 意识形态指导政策的贯彻执行

中国共产党是中国特色社会主义事业的领导核心,从根本上说,这是由中国的社会主义国家性质和中国共产党的性质决定的。党作为无产阶级的先锋队,三个"代表"是对中国共产党的最高要求。党的政治意识之所以能够贯穿于外交决策的执行过程之中,正是因为有党强有力的领导。

中国共产党通过实行政治、思想、组织领导达到对国家政治和社会生活的领导。其中,政治领导是根本,思想领导是灵魂,组织领导是保证。这里,思想领导就是通过教育、学习、宣传等方式或渠道,使各级权力机构和人民接受和认同党的意识形态。党在某一时期总体外交思想总要通过各级党委传达到相关行政机构,指导或引导相关部门的具体工作,党员的行为要与党的方针政策保持一致。政治领导是作为执政党,保证党对国家权力系统的领导。组织保证,指由党的组织系统选拔和推荐各级领导人选,以保证党的领导的连贯性,使党的各项决策得到贯彻执行。中国共产党对国家权力系统的领导,包括政治领导、组织领导和思想领导,是通过影响、推荐重要干部、管好权力机构中的党组织和党员、提出有关国家重大事务的主张并使之经过法定程序变成国家意志来实现的。例如,按照党中央从上世纪 80 年代政治体制改革时提出了科学决策和民主决策要求,党在外交决策机制方面的领导也很快落实了职业化、专业化和年轻化。随着改革开放的深入,公民对外交决策的影响力度对执政党提出了更高的要求。特别是在改革开放后的外交领域,一方面党的领导需要就更纷繁复杂的事务进行决策,另一方面政治民主化进程也使决策必须按照法律程序进行,党的领导也需要不断学习。

国家意识首先在根本大法中有明确的阐述。历次党代会的报告,乃至政府工作报告,以及以文件形式下发的对有关政策的解释和要求,都是对国家意识的阐述的解释。党通过各级党委使党的意识形态对中国政治与外交产生作用。因此,只有坚持党的领导,才能为社会主义现代化建设创造稳定的社会环境；只有坚持党的领导，才能始终保持现代化建设的社会主义方向；只有坚持党的领导，才能调动一切积极因素，搞好社会主义现代化建设。

4. 意识形态决定政策评估

政策评估以党的意识形态为标准，总结检查政策执行的如何、决策本身是否科学与合理。这既是一个政策过程的结束又是一个新政策的开始。

从一般意义上讲，中国共产党的意识形态作为国家哲学，首先它具有某种"强制"认同特点（无论是在较为集权的毛泽东时代，还是改革开放以来法制较为健全的今天，中国共产党的各项方针政策必须通过各种渠道和手段得到贯彻和执行）；其次，它构成权力合法化的基础（上世纪70年代以前更多的依靠政治宣传、政治动员、依靠共产党的政治地位和影响力、依靠毛泽东的个人威望，而在中国与世界全方位交流日趋深入、信息发达的今天，更多地依靠信念与理论的合理性、人民的认同度和法律的保障）；最后，它成为一切政治行政过程的出发点。包括外交政策在内的国家各项政策的制订与实施，都要以党的政治意识（理论基础、价值取向、观念体系）为依据，也就是说，要体现出中国决策者所想、所说与所作的一致性，否则就会失去社会对国家意识形态的认同，失去社会的凝聚力和归属感。

当前，中国正从有数千年文化传统的传统社会走向现代社会的。作为发展中国家，与世界上法制较发达的国家相比，中国的法制化与民主化程度仍然处于发展中国家的水平，从人治社会发展到理想的法治社会仍需要一个相当的过程。因此，执政党或政治决策人在进行判断和决策时所遵循的原则有时要大于法的原则。这一现象在中国改革开放以前尤其严重。所以，如果仅从现实主义的国家利益、国家实力角度或制度派主张的政治体制或法律规范的角度把握政治和外交决策显然是不够的，而仅仅从心理认知角度分析党的领袖个人作用出发，把握中国外交决策也往往会以偏概全，因为党内组织原则和决策机制也在随着意识形态的演变而发生着明显变化，中国政治的民主参与形式与水平也有很大的提高，意识形态对政治和外交决策的影响作用也会因此而发生变化。但是无论如何，中国占主导地位的意识形态对外交决策有着不容忽视的决定性作用，总会直接或间接地左右着外交政策的制定，进而影响到国际关系。

第二节　中国特色社会主义与新时期的外交理论

当代中国占主导的意识形态是执政党的意识形态，即中国共产党的基本理论和基本路线。中国特色社会主义是根源于中国历史与实际的一个一脉相承与时俱进的科学理论，外交理论是中国特色社会主义的重要组成部分，是回答中国外交基本问题的观点体系，是马克思主义与当代中国外交结合的成果，是指导中国外交的理论基础。在近三十年的改革开放时期，中国外交在中国特色社会主义理论指导下开创了崭新的局面。

一、一脉相承和与时俱进的科学理论

中国特色社会主义理论是与马克思主义、毛泽东思想一脉相承、与时俱进的科学理论，其中包括邓小平理论、三个"代表"重要思想和科学发展观等一系列重大战略思想，该理论回答了当代中国发展的基本问题，是全党和全国人民的共同理想，是指导中国经济社会发展的指南。

1. 主义、社会主义与中国特色社会主义

人类社会的发展既是一个自然历史过程，也是一个社会实践过程。在这一过程中，人们的主观反映客观，不断适应实践需要，经受实践检验，逐渐形成了构建和变革社会的种种理论和主张，其中各种"主义"具有特殊重要的地位和意义。

近代以来，随着资本主义的发展和现代社会的出现，在否定封建社会"神"的权威的基础上，各种人的"主义"便如雨后春笋般地出现，又不断经历着发展与演变。主张个人本位、强调个人自由价值的自由主

义,作为近代民族国家成长历程中争取生存和发展斗争的自我意识的民族主义,以及要求维护传统、崇尚政治妥协、反对激进革新的保守主义等均是构成近代以来影响深刻的重要社会政治理论。

自由主义、民族主义等是当时反封建的旗帜,是资本主义的意识形态,是资产阶级的思想体系。它们一方面反映社会的规律和发展的要求,另一方面也有其阶级的、历史的局限性。如自由主义片面强调个人,追求资本利益,使以其为主义的社会,即资本主义社会矛盾尖锐,冲突不断;而生产社会化的发展则要求承认社会的整体价值和利益。因此,作为资本主义矛盾的理论表现,一种新的"主义"便应运而生了。

社会主义是一种历史上产生的以社会为价值的新社会理论和思潮。社会主义反映社会规律,代表历史前进方向,从逻辑上,是对上述思潮的否定与超越。例如社会主义是对自由主义的否定,更是对其超越:一方面,社会主义强调个人价值,重视个人的利益;但另一方面,社会主义认识到个人不自由的社会根源,即资本主义制度,并力求找到一条超越资本主义,真正实现所有人自由和全面发展的社会的道路。

社会主义也经历了一个发展过程,早期是空想社会主义,尔后是科学社会主义。空想社会主义本质上是某种伦理主义,马克思在社会发展的基础上,经过"两大发现"(唯物史观和剩余价值学说),把社会主义建立在现实基础之上,使社会主义从空想变为科学。因此,从发展的角度看,科学社会主义又是对仅仅从价值理性原则上论证的空想社会主义的一种超越。科学社会主义,一方面坚持社会主义的价值目标,追求"人的自由和全面发展";另一方面找到了实现价值的手段和道路,这就是无产阶级在党的领导下,经过制度变革,解放和发展生产力,在社会化地占有生产资料基础上社会化地组织生产,用共产主义代替资本主义,以实现人的解放的现实道路,等等。

科学社会主义的产生意义重大,它与工人运动结合,兴起了国际共产主义运动。但历史的发展却不是逻辑的直线运动。一方面,资本主义经历了从自由资本主义到垄断资本主义,从私人垄断资本主义到国家垄断资本主义,现在再到国际(或全球)垄断资本主义的发展,以自由主义为代表的各种社会思潮适应社会变迁经历了新的变化发展，如自由主义从古典自由主义、现代新自由主义（主张国家干预的凯恩斯主义等）发展到新古典自由主义（哈耶克、弗里德曼等自由原教旨主义）；另一方面，社会主义运动在19世纪末新时代的历史背景下，出现了历史性"分野"，一方面西方主要是社会民主主义的发展，从体制外到体制内；而另一方面东方（俄国、中国等）的无产阶级社会主义革命凯歌行进，从一国胜利到多国胜利，与之相适应，理论上：在西方，不仅出现了狭义的伦理社会主义（19世纪末德国新康德主义者海·柯亨、纳托尔卜和阿·朗格等），而且社会民主主义从本质上就是一种主张从道德原则论证社会主义的伦理社会主义。它强调社会主义内在价值的重要性，但却走到把价值放到了不恰当的基础和本原的地位；在西方不仅在实践上，主流社会主义成为一种本质上改良的社会运动，而且形成一系列系统的改良主义的理论，从市政社会主义、国家社会主义到"职能社会主义"等；在西方，社会主义认同并融入现行政治体制，强调多元民主的价值，并且把西方的民主视为普世的模式、原则，强调经过特定的民主来"实现"社会主义，等等。

而在东方，以苏联模式为代表的传统社会主义，重视革命与制度的变革，即通过革命改变生产关系和上层建筑，进行了世纪的探索，形成了一系列重要理论成果。但在探索过程中，它们在一定时期内既出现了忽视生产力的作用，忽视个人的利益和价值的偏向，也出现了忽视社会主义价值目标和忽视民主政治建设的问题。中国在改革开放之前的实践中，在理论上也是重制度特征和革命专政，重视改变生产关系，而实际上轻（忽视）生产力发展与社会主义本质（价值）的实现和民主政治建设。

新科技革命下，新世纪之交资本主义在进行新发展，社会主义面临新挑战，在西方的民主社会主义再次转型（提出介于传统社会民主主义与新自由主义之间的新第三条道路），东方现实社会主义则在改革曲折中发展，与苏东剧变相伴，中国特色社会主义提出并获得发展。具体讲，中共十一届三中全会之后，党领导人民实现思想、模式、战略的转变，确立了以经济建设为中心，坚持改革开放，坚持四项基本原则的基本路线，尤其是在深刻认识中国社会主义初级阶段的基本国情的基础上，确立了以公有制为主体、多种所有制经济共同发展的基本经济制度，明确了社会主义市场经济的改革方向，并经过改革初步建立起社会主义市场经济体系，推进了社会主义民主和法治建设。"文革"后的中国还没有条件把社会主义价值（如公平公正，人的全面发展等等）放在更加突出位置。而随着改革开放发展，到世纪转折时期，中国进入全面建设小康社会的新时期，实践便把发展、改革的"价值"目标问题进一步提上了日程。学术界开展了有关社会主义核心价值的讨论，党中央也理论创新，强调社会主义本质是实现"共同富裕"（邓小平），是"人的全面发展"（江泽民），是"社会和谐"（胡锦涛），提出社会主义核心价值体系，强调科学发展，实现社会和谐等等。

中国特色社会主义，不仅有明确的价值目标，而且没有脱离现实的基础；搞社会主义市场经济，但没有放弃公有制为主体；推进政治体制改革，但没有脱离中国的国情，它是科学社会主义的回归，也是对传统社会主义的超越，更是中国特色社会主义对规律的认识。

2. 毛泽东思想与中国特色社会主义

中国特色社会主义理论探索是始于毛泽东，成于邓小平，发展于后人（江泽民、胡锦涛）。党的十七大报告报告指出："改革开放伟大事业，是在以毛泽东同志为核心的党的第一代中央领导集体创立毛泽东思想，带领全党全国各族人民建立新中国、取得社会主义革命和建设伟大成就以及艰辛探索社会主义建设规律取得宝贵经验的基础上进行的，新民主主义革命的胜利，社会主义基本制度的建立，为当代中国一切发展进步奠定了根本政治前提和制度基础"，但"中国特色社会主义理论体系，就是包括邓小平理论、'三个代表'重要思想以及科学发展观等重大战略思想在内的科学理论体系"。中国特色社会主义解决了中国面临的一系列基本问题，是科学社会主义的新发展，是马克思主义中国化的新成果，实现了党的指导思想的与时俱进。

（1）新中国建设与毛泽东的最初探索

毛泽东思想是以毛泽东为代表的中国共产党人把马克思列宁主义普

遍原理与中国革命具体实践相结合的产物，是马克思列宁主义在中国的运用和发展，是被实践证明了的适合中国革命和建设的正确的理论原则和经验总结，是中国共产党集体智慧的结晶。毛泽东思想包括新民主主义革命理论和新民主主义社会理论、社会主义革命和社会主义建设理论、革命军队建设和军事战略理论、革命斗争的政策和策略理论、思想政治工作和文化工作理论、党的建设的理论等。实事求是、群众路线、独立自主是毛泽东思想的活的灵魂。

毛泽东思想是马列主义中国化的第一个成果，是具有中国气派和语言风格、为中国共产党和中国人民所喜闻乐见的思想理论，过去、现在和未来始终是全党全国人民宝贵的政治和精神财富。党的十七大报告深情地回顾了毛泽东时期的历史贡献："我们要永远铭记，改革开放伟大事业，是在以毛泽东同志为核心的党的第一代中央领导集体创立毛泽东思想，带领全党全国各族人民建立新中国、取得社会主义革命和建设伟大成就以及艰辛探索社会主义建设规律取得宝贵经验的基础上进行的。新民主主义革命的胜利，社会主义基本制度的建立，为当代中国一切发展进步奠定了根本政治前提和制度基础。"以毛泽东为核心的党的第一代中央领导集体对于中国革命和社会主义建设的历史功绩永载史册、彪炳千秋。

任何时代的思想体系都有它所由产生的思想渊源。马克思主义、列宁主义、毛泽东思想的形成都有其思想理论渊源，中国特色社会主义也是如此。党的十七大指出，中国特色社会主义理论体系"坚持和发展了马克思列宁主义、毛泽东思想，凝结了几代中国共产党人带领人民不懈探索实践的智慧和心血，是马克思主义中国化最新成果，是党最可宝贵的政治和精神财富，是全国各族人民团结奋斗的共同思想基础"。这里把毛泽东思想与马克思列宁主义并列作为中国特色社会主义理论体系的思想来源，是中国特色社会主义理论的指导思想，表明毛泽东思想与中国特色社会主义理论体系之间是源头与活水的关系。

毛泽东时期艰辛探索社会主义建设规律取得了宝贵经验。以毛泽东为核心的党的第一代中央领导集体探索我国社会主义建设道路，提出过许多好的、比较好的思想观点和思想火花，也有不少偏差和错误，给我国经济、政治、思想文化、社会生活带来了极为严重的后果。毛泽东时期的探索经验教训并存、得失成败交织，正反两方面都是新时期进行历史性开拓的宝贵经验。正如邓小平在 1980 年所指出的："三中全会以后，我们就是恢复毛泽东同志的那些正确的东西嘛。""基本点还是那些。从许多方面来说，现在我们还是把毛泽东同志已经指出、但是没有做的事情做起来，把他反对错了的改正过来，把他没有做好的事情做好。今后相当长的时期，还是做这件事。当然，我们也有发展，而且还要继续发展。"① 党的重要文献都肯定了毛泽东为核心的第一代中央领导集体对我国社会主义建设道路探索的成果。

毛泽东把具有中国文化底蕴的"实事求是"确立为我们党的思想路线，但是在探索我国社会主义建设道路的过程中并没有真正坚持这个思想路线，无论是对马克思主义的认识还是对中国实际的分析，都没有很好地体现实事求是的要求。正因为如此，党的十一届三中全会提出恢复实事求是的思想路线，并且在实事求是前面加上解放思想，表明只有解放思想，才能真正坚持实事求是的思想路线。

当代中国实际是不断发展变化的，毛泽东曾经指出："认清中国社会的性质，就是说，认清中国的国情，乃是认清一切革命问题的基本的根据。"② 在新民主主义革命时期，毛泽东认清了中国社会性质，从而认清了中国革命的对象、任务、动力、性质、前途和转变等基本问题，取得革命胜利。新中国成立后，尤其是在 1956 年宣布进入社会主义社会后，对基本国情的认识则发生了偏差，一方面没有认识到我国社会主义的起点与科学社会主义预示的社会主义的差距，而且混淆了社会主义"建设"与"建成"，急于向共产主义过渡，把人民公社当作实现社会主义、共产主义的金桥，要跑步进入共产主义天堂，因而要实行单一的公有制，取消按劳分配，消灭商品生产、货币交换和阶级差别，实行人的全面发展等。尽管在纠错时对此有些清醒认识，但总体上没有摆脱这种

---

① 《邓小平文选》第 2 卷，人民出版社 1994 年版，第 300 页。
② 《毛泽东选集》第 2 卷，人民出版社 1991 年版，第 633 页。

思路。另一方面把我国社会主义社会混同于旧社会,错误地认为社会主义社会是一个始终存在着阶级矛盾和阶级斗争的社会,必须坚持以阶级斗争为纲,坚持无产阶级专政下继续革命。在毛泽东领导全国人民建设社会主义的时期,我们党制定的路线和方针脱离实际、在实践中犯错误,很重要的一个原因是对基本国情的认识和判断出现了偏差。或者说,毛泽东时期的社会主义理论与实践没有真正从我国基本国情出发。

毛泽东时期关于社会主义的认识,对社会主义的基本取向都有了。但是,不很明确、不很确定、不很连贯、不都正确,在实践中也有这样那样的偏差。这个时期对社会主义的认识与十一届三中全会以来的认识相比,无论在形式上还是内涵上都有很大的差异。毛泽东时期关于社会主义建设道路的探索,不仅在以经济建设为中心、发展社会主义市场经济和民主政治、社会主义现代化建设、建设一个现代化的执政党等方面根本不同于中国特色社会主义道路,而且在许多具体做法上即使字句相同但内涵也都有差异。

总之,毛泽东思想中关于建设社会主义的理论不系统、不完整,在总体上对什么是社会主义和怎样在中国建设社会主义的问题没有完全搞清楚,主要是建设社会主义的方法不对头,导致了十年"文化大革命"的全局性失误。因此,不能简单地将毛泽东思想与中国特色社会主义画等号,而毛泽东思想可以不包括在中国特色社会主义理论体系中。

在新中国的社会主义建设实践中,社会主义与现代化相连并进。在实现二者结合的过程中,成败得失、经验教训交织。早在建国之前,以毛泽东为代表的中国共产党将工业化与新民主主义的前途相联,提出了新中国的发展方向,这就是从新民主主义发展到社会主义,使中国稳步地由农业国转变为工业国,建设成为一个伟大的社会主义国家。1953年中共中央提出了"一化三改"的过渡时期总路线,把实现国家工业化与社会主义改造联结为一体,作为中国社会发展的基本思路。可是,到1956年中共八大宣布"社会主义的社会制度在我国已经基本上建立起来"时,"把我国尽快地从落后的农业国变为先进的工业国"的任务并没有完成。为了推动社会主义与现代化建设的协调并进,以毛泽东为核心的中央领导集体对现代化的目标定位、体制模式、推进战略、时间预期和政策方针等都进行了探索,确定了四个现代化目标、苏联式的高度集中的计划经济体制、50年至100年的时间表、赶超型的战略、"抓革命促生产"的动力机制以及与之相适应的一套方针政策。为了集中力量优先发展重工业,就运用国家计划组织社会资源和动员人民力量,曾经创造了很多改天换地的业绩。但是,高度集中的经济政治模式内部的弊病也日渐深刻地暴露出来,最终没有真正找到我国实现社会主义现代化的道路。一方面是因为把社会主义现代化等同于社会主义,又没有真正搞清楚什么是社会主义,而主要是用传统社会主义理论解读现代化,误差很大;另一方面没有突出现代化在社会主义初级阶段的主旋律地位,也没有真正搞清楚市场化、工业化、城市化、社会化、国际化、民主化、法治化、思想文化多样化等现代化的普遍规律,最终我国没有实现从传统农业社会向现代社会的转型。也就是说,毛泽东时期的社会主义理论是建立在传统农业社会基础上的。

(2) 改革开放与中国特色社会主义创立与发展

十七大报告关于中国特色社会主义理论体系是在十一届三中全会和改革开放以后实践的基础上逐步形成的科学界定,是和十一届三中全会以后党的历次代表大会的权威论述相一致,是有它的依据的。首先,从实践上看,中国特色社会主义理论体系的形成是和中国特色社会主义道路的开辟相一致的,并且以后者为基础。党的十三大报告明确指出:"马克思主义与我国实践的结合,经历了60多年。在这个过程中,有两次历史性飞跃。第一次飞跃发生在新民主主义革命时期,中国共产党人经过反复探索,在总结成功和失败经验的基础上,找到了有中国特色的革命道路,把革命引向胜利。第二次飞跃发生在十一届三中全会以后,中国共产党人在总结建国30多年来正反两方面经验的基础上,在研究国际经验和世界形势的基础上,开始找到一条建设有中国特色的社会主义的道路,开辟了社会主义建设的新阶段。"其次,从理论上来说,党的十五大报告指出:"马克思列宁主义同中国实际相结合有两次历史性飞跃,产生了两大理论成果。第一次飞跃的理论成果是被实践证明了的关于中国革命和建设的正确的理论原则和经验总结，它的主要创立者是毛泽东，我们党把它称为毛泽东思想。第二次飞跃的理论成果是建设有中国特色社会主义理论，它的主要创立者是邓小平，我们党把它称为邓小平理论。这两大理论成果都是党和人民实践经验和集体智慧的结晶。"十三大报告和十五大报告讲的是同一个问题，即两次革命实现两次历史性飞跃，但侧重点不同。十三大报告讲的两次革命、两次历史性飞跃，指的是实践上开辟了两条道路，即具有中国特色的革命道路和具有中国特色的社会主义道路。十五大报告说的两次革命、两次历史性飞跃，指的是形成两大理论成果，即毛泽东思想和邓小平理论即中国特色社会主义理论。但是，无论是中国特色社会主义道路还是中国特色社会主义理论体系都产生在十一届三中全会和改革开放之后。第一次历史性飞跃早已结束，毛泽东思想属于第一次历史性飞跃的理论成果；第二次历史性飞跃29年前就已开始，至今仍在继续，还远没有结束。

　　十七大报告关于中国特色社会主义理论体系的界定，虽然不包括毛泽东思想、毛泽东对中国社会主义建设的探索，但不能把二者割裂开来，更不能把二者对立起来；中国特色社会主义理论体系正是在继承我们党以往的理论成果和新的实践的基础上形成和发展起来的。毛泽东是伟大的无产阶级革命家、军事家、战略家，是伟大的马克思主义理论家、哲学家、思想家，才华横溢的学者和诗人，是中国共产党、中国人民解放军、中华人民共和国的主要缔造者。以毛泽东为核心的党的第一代领导集体，对中国社会主义事业做出重大贡献。一是通过社会主义改造，建立了社会主义制度，包括生产资料公有制度、按劳分配制度、人民民主专政制度、人民代表大会制度、共产党领导的多党合作和政治协商制度、民族区域自治制度、马克思主义在意识形态领域的指导地位，等等。二是提出"以苏为戒"，独立地探索一条有别于苏联模式，适合中国国情的社会主义建设道路，在这条道路上取得了社会主义建设的重大成就。三是重视探索社会主义建设规律，提出在把握规律的基础"创造新的理论，写出新的著作"。毛泽东在探索初期发表了《论十大关系》和《关于正确处理人民矛盾的问题》两篇光辉著作，提出了关于社会主义社会的矛盾这样崭新的重大理论问题和许多有价值的观点，但没有继续下去，形成一个新的理论体系。尽管后来由于指导思想越来越"左"，对社会主义时期的主要矛盾判断有误，坚持"以阶级斗争为纲"，不断地发动政治运动，特别是持续十年之久的"文化大革命"，走偏了方向，干扰和冲击了社会主义建设，使中国社会主义事业遭到严重挫折，但这些并不能抹杀那一段的成就。总起来说，新民主主义革命的胜利，社会主义制度的建立，建设社会主义的探索，为当代中国一切发展进步奠定了根本政治前提和制度基础，也为以后中国特色社会主义道路的开辟和中国特色社会主义理论体系的形成奠定了重要基础。

3. 从邓小平理论、"三个代表"重要思想到科学发展观等一系列重要战略思想

党的十七大对中国特色社会主义理论体系也做了经典概括，报告指出中国特色社会主义理论体系包括邓小平理论、"三个代表"重要思想以及科学发展观等重大战略思想在内的科学理论体系。

中国特色社会主义探索是一个艰苦的过程，理论体系经历了探索、形成和发展与不断发展。邓小平理论是中国特色社会主义理论体系的基础。邓小平理论是以邓小平为核心的第二代中央领导集体创立的建设有中国特色社会主义理论。它第一次比较系统地初步回答了什么是社会主义、怎样建设社会主义等一系列基本问题，丰富和发展了马列主义、毛泽东思想，是当代中国的马克思主义。

"三个代表"重要思想是中国特色社会主义理论体系的发展。"三个代表"重要思想是以江泽民为核心的党的第三代中央领导集体对中国特色社会主义理论的继承和发展，它反映了当代世界和中国的发展变化对党和国家工作的新要求，是加强和改进党的建设、推进我国社会主义自我完善和发展的强大理论武器。"三个代表"重要思想深化了对中国特色社会主义的认识，丰富和发展了中国特色社会主义理论体系。

科学发展观等重大战略思想是中国特色社会主义理论体系的最新成果。以人为本、全面协调可持续发展的科学发展观，是以胡锦涛同志为总书记的党中央提出的重大战略思想。科学发展观对"什么是发展"、

"靠谁发展"和"为谁发展"、"怎样发展"等基本问题，做出了科学的回答，极大地深化了对人类发展规律、社会主义建设规律与共产党执政规律的认识，是马克思主义中国化的最新成果，是马克思主义关于发展的世界观和方法论的集中体现，是我国经济社会发展的重要指导方针，是发展中国特色社会主义必须坚持和贯彻的重大战略思想。

邓小平理论、"三个代表"重要思想和科学发展观等重大战略思想，既有建设中国特色社会主义这一共同主题，又科学地回答了不同时期不同阶段所面临的新矛盾和新问题，是一个相互衔接、相互贯通的科学理论体系，即中国特色社会主义理论体系。

这个概括肯定了科学发展观的意义，指出了邓小平理论、"三个代表"重要思想和科学发展观等一系列重大战略思想三者的内在联系，说明了中国特色社会主义理论体系包括的广泛内容，指出了中国特色社会主义具有的开放性特点。

恩格斯指出："我们的理论不是教条，而是对包含着一连串互相衔接的阶段的发展过程的阐明。"① 中国特色社会主义理论体系是个大体系、大范畴。社会主义是一个很长的历史阶段，在今后社会主义历史阶段中所形成的马克思主义中国化的理论成果也都属于中国特色社会主义理论体系的范畴。这个理论体系坚持发展了马克思列宁主义毛泽东思想，凝结了几代中国共产党人带领人民不懈努力实践的集体智慧和心血，形成了主题、主线、核心内容和各种理论，科学初步地回答了经济文化落后的中国建设中国特色社会主义实践中提出的各种基本问题，是马克思主义中国化的最新成果，是我们党和国家的宝贵财富，是我们工作的指南，当然它也还要在今后的中国特色社会主义的实践中不断经受检验、获得发展。

邓小平理论、"三个代表"重要思想、科学发展观都有自己的理论体系，而三者整合在一起，又以奠基之作为基础，从最新理论成果的高度贯通起来，形成一个大的科学体系。中国特色社会主义理论的科学体

---

① 《马克思恩格斯选集》第4卷，人民出版社1995年版，第680页。

系包括如下四个不同层次的内容。

第一个层次：主题和主线。中国特色社会主义理论有一个鲜明的主题，就是建设有中国特色的社会主义。这个主题要求我们既要坚持科学社会主义的基本原则，又要将其同中国的具体实践和时代特征相结合，体现鲜明的中国特色。

第二个层次：理论基础和哲学基础。中国特色社会主义理论有深厚的理论基础和哲学基础。理论基础是马克思主义，特别是马克思主义中国化的第一个理论成果毛泽东思想。解放思想、实事求是是马克思主义的思想路线，是中国特色社会主义理论的精髓。

第三个层次：核心内容和核心思想。中国特色社会主义理论体系有一个核心内容，这就是党在社会主义初级阶段的基本路线。以人为本这个核心思想，不仅在发展问题上要贯彻，在各项工作中都要贯彻。总括起来说，在中国特色社会主义理论体系中，"一个中心、两个基本点"的基本路线是核心内容，各项工作都要服从和服务于它；以人为本是核心思想，各项工作都要贯彻它，因此它又是核心的核心。

第四个层次：基本理论和重要观点。在上述三个层次之上，形成了中国特色社会主义一整套崭新的基本理论。基本理论之间相互联系、相互贯通，构成一个统一的科学体系。在基本理论中，有的具有全局性的指导意义，有的指导意义仅限于某一领域。在每个基本理论中还包括一些新思想、新观点和新论断，如改革也是解放生产力，改革是中国的第二次革命，发展是硬道理，稳定压倒一切，科学技术是第一生产力，教育是一个民族最根本的事业，创新是一个民族进步的灵魂，教育必须以提高民族素质为根本宗旨，坚持依法治国与以德治国相结合，人民民主是社会主义的生命，社会和谐是中国特色社会主义的本质属性，社会主义核心价值体系，等等。一系列相互联系的观点构成某一个基本理论。笔者认为，只有观点、论断，没有基本理论，不可能构建理论的科学体系。那种以基本观点构建理论体系的主张是不可取的。中国特色社会主义理论体系中有一系列基本理论，其中有的是对科学社会主义的继承和发展，有的是在实践基础上的创新和突破。

总括上述，中国特色社会主义理论体系包括四个不同层次的内容：一是有一个鲜明的主题和主线；二是有一个深厚的理论基础和哲学基础；三是有一个核心内容和核心思想；四是围绕主题和主线有一系列崭新的中国特色社会主义基本理论。这四个不同层次内容的总和就构成了中国特色社会主义理论体系。

二、新时期中国外交基本问题的观点体系

在改革开放的新时期，作为中国特色社会主义探索的组成部分，中国共产党人先后提出了"反对霸权主义维护世界和平"、"维护世界和平，促进共同发展"和"始终不渝走和平发展道路"的国际战略，形成了一脉相承又与时俱进的中国特色社会主义的国际战略和理论体系。

1. 始终不渝走和平发展道路

始终不渝走和平发展道路是体现中国特色社会主义国际战略理论的核心概念。它体现社会主义国际战略的本质，体现中国 30 年改革开放新时期国际战略理论实践的一脉相承和与时俱进，是一个反映中国特色社会主义国际条件和战略选择规律的观点体系，是马克思主义与当今外交实际相结合的新成果，开创了新时期对外关系和中国外交的新局面。

（1）中国特色社会主义是主张和平的社会主义

社会主义与和平有着内在必然和本质的联系，中国特色社会主义是主张和平的社会主义，主张和平是"和平发展道路"的本质规定，反映了社会主义对外战略的内在要求。

首先，外交是国内政治的继续，社会性质决定对外战略的方向，中国特色社会主义必然是主张和平的社会主义。

马克思恩格斯从来主张从社会形态认识战争、和平与国际关系的本质，认为奴隶社会与掠夺、封建社会与战争、资本主义与扩张、社会主义与和平存在着内在的联系。上世纪之初，列宁不仅深入分析了资本主义从自由竞争到垄断的发展，指出垄断作为资本主义发展新阶段的经济基础与战争之间的内在联系，揭示帝国主义之战争的根源并规定了无产

阶级对待战争与和平的态度；而且，在十月革命胜利之后，正确认识社会主义国家对外政策的本质，提出并实践了苏维埃俄国的和平外交政策和与资本主义制度和平共处的对外关系原则。

马克思主义理论告诉我们，社会主义是一种不同于剥削、压迫人民的剥削阶级社会的社会，是以公有制为基础，以本国人民和世界各国人民的根本利益为出发点，是以建立平等互助的新型的社会关系和国际关系为特征，并以实现人类解放，实现和谐、和平的社会与世界为自己的价值目标和社会理想的。因此，从本质上说，社会主义反对战争，主张和平；而从发展上看，也只有实现了共产主义，才能真正地消除战争及其产生的根源，才能最终实现世界的大同与和平。当代中国是共产党领导的人民民主专政的社会主义国家，中国社会主义的社会和国家的性质，决定了中国的对外战略一定是坚持本国人民与世界人民利益相统一，一定是主张和平，反对战争，反对霸权，因而中国的社会主义也一定是主张和平的社会主义。事实上，新中国建立之初，我国就确立了和平的对外政策，不断发展与世界的关系，而后又在实践基础上提出了和平共处五项原则，并成为公认的国际关系的重要准则。而在改革开放30年中，我国更坚持和发展了独立自主的和平的外交政策，以主张和平的社会主义而自立于在世界的东方。

其次，发展生产力的社会主义与主张和平的社会主义有着内在的联系，中国特色社会主义必然是和平的社会主义。

正确地认识和把握世界从来都是中国共产党制定重大方针政策的基础。以邓小平为代表的中国共产党人，一方面在和平与发展时代，在总结国内外社会主义建设正反两方面经验的基础上，在正确把握世界历史发展的趋势中逐步形成和发展了中国特色社会主义；而另一方面又在科学把握中国与世界关系的基础上，揭示了发展生产力的社会主义与主张和平的社会主义现实的辩证关系。

1978年，党的十一届三中全会确定了全党全国工作中心转向社会主义现代化建设，这既是国内形势发展的需要，对国内经验教训的总结和中国人民愿望的集中体现，同时又是对世界状况、时代主题和国际形势发展变化作新的观察和判断的结果。邓小平曾说过:"我们制定一心一意搞建设的方针,就是建立在这样一个判断(即和平与发展成为时代的主题,改革成为世界潮流,对外开放成为历史的必然)上的。"① 不仅如此,邓小平进而科学认识世界与中国发展规律,从改革开放新时期的现实分析说明,中国特色社会主义必然是主张和平的社会主义,指出中国的社会主义是发展生产力的社会主义,是主张和平的社会主义,不发展生产力社会主义没有前途,不创造和平的国际环境,社会主义中国的现代化事业不能成功。

邓小平还曾通过两个"坚持",两个"灾难"的对比,鲜明地指出了中国坚持社会主义和坚持和平政策问题的极为重要性和严重性。他在《坚持社会主义,坚持和平政策》中曾指出:"坚持社会主义,是中国一个很重要的问题。如果十亿人的中国走资本主义道路,对世界是个灾难,是把历史拉向后退,要倒退好多年。如果十亿人的中国不坚持和平政策,不反对霸权主义,或者是随着经济的发展自己搞霸权主义,那对世界也是一个灾难,也是历史的倒退。十亿人的中国坚持社会主义,十亿人的中国坚持和平政策,做到这两条,我们的路就走对了,就可能对人类有比较大的贡献。"② 这里小平同志教导人们要紧密地把坚持世界和平与坚持社会主义统一起来,把高高举起维护世界和平、反对霸权主义的旗帜,同高高举起坚持社会主义的旗帜结合起来,其含义十分深刻。

总之,主张世界和平是由社会主义的根本宗旨和社会主义的本质所决定的。社会主义既然是以最大多数人民的最高利益为准则,它必然同危害人民利益的霸权主义和世界战争不相容的。社会主义既然以解放和发展生产力、集中力量发展经济为根本任务,既然改革开放是解放和发展生产力的必由之路,就必然要求有一个和平的国际环境。所以小平同志反复强调,我国的对外政策最基本的一条就是维护世界和平、反对霸权主义,反复说明中国是维护世界和平和稳定的力量,中国越发展,世界和平越靠得住。他说:"我们的对外政策是反对霸权主义、维护世界

---

① 《邓小平文选》第3卷,人民出版社1993年版,第223页。
② 同上,第158页。

和平。我们把争取和平作为对外政策的首要任务。争取和平是世界人民的要求,也是我们搞建设的需要。"①

值得指出的是主张世界和平、反对霸权主义的,不一定都是社会主义者,就是说,其中有各种不同信仰和不同政治主张的人,但是真正的社会主义者一定是坚决维护世界和平、反对霸权主义的。中国共产党从毛泽东开始一贯主张维护世界和平、反对霸权主义,正如小平同志所说:"对这个问题,不仅我,还有中国其他领导人,包括已故的毛泽东主席、周恩来总理都多次声明,中国最希望和平。"② 当然,在社会主义发展史上,一些社会主义国家也曾出现过违背社会主义根本原则,执行错误的对外政策,搞对外扩张,损害别国主权,行霸权主义,从而极大地影响了社会主义的形象,这是一个应该吸收的历史教训。中国共产党把争取和维护世界和平作为对外政策的首要任务,走和平发展道路,赢得了人心,提高了社会主义在全世界人民心目中的威望,对世界形势的发展产生了积极的影响。

(2) 走和平发展道路:新时期国际战略的新发展

由党和国家的社会性质决定,搞和平的社会主义是中国对外战略理论与实践一以贯之的主张。始终不渝地走和平发展道路也是主张和平社会主义,这一概念和理念,反映了社会主义中国外交不变的本质,尤其是与改革开放以来形成的新时期我国的国际战略论一脉相承。但值得指出的是,这一概念和理念又确是以胡锦涛同志为总书记的新一届中央领导集体在特定的背景下提出的崭新的科学概念和理念,是中国共产党在其十七大会议上代表中国人民向世界人民的庄严宣示,是对国际形势新发展的正确应对。而始终不渝地走和平发展道路其特定的意义,也是表明中国特色社会主义对外战略的一个核心概念和观点体系。

首先,始终不渝地走和平发展道路是在特定背景下提出的国际战略新理念。

胡锦涛同志曾指出:"中国坚持走和平的发展道路,既有着中国发

---

① 《邓小平文选》第3卷,人民出版社1993年版,第116页。
② 同上,第104页。

展的现实需要，又有着中国发展的历史根源。中国坚持走和平发展道路，是基于中国国情的必然选择，是基于中国历史文化传统的必然选择，是基于当今世界发展潮流的必然选择。"① 中国提出坚持走和平的发展道路有其直接的国际国内的特殊背景，概括地说，走和平发展道路是在中国改革开放 20 多年的巨大成就和面临新挑战的情况下，以胡锦涛总书记为核心的中央领导集体审时度势，在进入新世纪之后，鲜明地提出来的。

党的十一届三中全会以来，中国经过 30 年改革开放，现代化建设取得了伟大成就，经济持续增长，综合国力不断增强，各项社会事业全面发展，人民生活水平实现历史性跨越。据统计，1978—2007 年间城镇居民家庭人均可支配收入从 343 元上升到 13786 元，年实际增长率为 7.2%，增长幅度为 40.2 倍；1978—2007 年农村居民家庭人均可支配收入从 134 元上升到 4140 元，年实际增长率为 7.1%，增长幅度为 30.9 倍。1978—2007 年国内生产总值从 3645.2 亿上升到 249529.9 亿元，年实际增长率为 9.8%，增长幅度为 68 倍。② 2008 我国商品进口出口贸易总额为 25608 亿美元，从 1978 年的占世界贸易总额的 0.7% 上升到 11.9%。根据世贸组织统计，在 2008 年世界商品贸易中，中国出口位列第 2 位，进口列第 3 位，在世界服务贸易中，中国出口位列第 5 位，进口列第 5 位。③

社会主义中国取得的举世瞩目的成就，必然引起世界各国和各种力量的普遍反响。这其中，有积极的也有消极的，有欢迎的也有反对的，更有恐惧的，其实质是人们深深地关注着中国的发展及其对世界、对各国和各方的现实和潜在的影响。正是在这样的情况下，2003 年始，以胡

---

① 胡锦涛：《2005 年 11 月 10 日胡锦涛主席访问英国的讲演》，《人民日报》2005 年 11 月 10 日。
② 根据中华人民共和国国家统计局编《中国统计年鉴 2008》整理。http://www.stats.gov.cn/tjsj/ndsj/2008/indexch.htm
③ 原始数据来源：国际货币基金组织官方网站 www.inf.org 下的 World Economic Out look Database 栏目，具体网址如下所示
http://www.inf.org/external/pubs/ft/weo/2009/02/weodata/index.aspx

锦涛为首中央领导集体先批示赞成对中国的和平崛起道路问题开展研究，而后在认真听取各方面反映和意见的基础上，又正式提出了"中国和平发展的道路"的问题和理念。2004年8月，胡锦涛同志在邓小平诞辰100周年纪念大会上的讲话提出了"坚持走和平发展的道路"①。2005年，胡锦涛在访问英国的讲演中更系统全面地阐述了中国和平发展道路的内涵和意义。② 再后，中国国务院新闻办发表了《中国的和平发展》白皮书，从和平发展是中国现代化必由之路、以自身的发展促进世界的和平与发展、依靠自身力量和改革创新实现发展、实现与各国的互利共赢和共同发展、建设持久和平与共同繁荣的和谐世界等四个方面全面论述了中国和平发展道路。

第二，始终不渝地走和平发展道路是与新时期国际战略一脉相承和与时俱进的

中国特色社会主义的国际战略，是在改革开放新的历史时期逐步形成，并经历着不断发展。在新的背景下，几代中央领导集体带领人民不断探索，把马克思主义与中国实际相结合，创立了中国特色社会主义理论。作为其组成部分，中国共产党人先后提出了"反对霸权主义维护世界和平"、"维护世界和平，促进世界发展"和"始终不渝走和平发展道路"这是一脉相承又与时俱进的科学的国际战略论。在2007年召开的党的十七大会议上，胡锦涛同志在代表中央所作的政治报告中以"始终不渝走和平发展道路"为标题，对党和国家国际外交做了系统阐述和战略部署，并且对中国和平发展道路产生的背景、内容和意义做了全面的说明，经过修改的《中国共产党章程》也明确地把有关的内容写进其中。由此可见，始终不渝走和平发展道路不仅仅是新形势下提出的新概念，而且是表示中国共产党国际战略理论的一个整体核心概念，是一个关于中国共产党国际战略的观念体系，具有十分重要的地位和意义。

（3）走和平发展道路的内容与意义

作为中国特色社会主义国际战略，始终不渝走和平发展道路，是中

---

① 《人民日报》2004年3月15日。
② 《人民日报》2005年11月10日。

国特色社会主义的组成部分，是涉及中国国际关系的一系列观点的理论体系，内容十分丰富，包括了对世界主题和国际形势的科学判断、对我国国际战略目标的科学界定和实现手段的深刻认识以及对我国对外关系、外交政策的全面部署。

党的十七大报告指出：和平与发展是时代主题，求和平谋发展促合作是时代的潮流。多极化不可逆，全球化深入发展，科技革命加速推进，合作方兴未艾，仍然不安定，面临诸多难题与挑战。主张各国人民携手努力，构建持久和平共同繁荣的和谐世界。中国要高举和平发展合作旗帜，奉行独立自主和平外交政策，维护利益，恪守宗旨，走和平发展道路，实行互利共赢的开放战略，在和平共处五项原则基础上同所有国家发展友好合作；要统筹国内国外两个大局，实现全面建设小康社会的新要求。以上各点构成了中国特色社会主义的国际战略目标和手段，是中国特色社会主义国际战略论的最新阐述。

和平发展道路理论本身也有非常丰富的内容。其要点是：道路的必然性或依据阐述，即和平发展道路是中国政府和人民基于历史传统、时代发展潮流，从自身和别人的根本利益出发作出的战略抉择。道路的主要内涵和精神实质，即中国选择和坚持的是和平发展道路，中国的发展是和平的发展、开放的发展、合作的发展。中华民族是热爱和平的民族，中国始终是维护世界和平的坚定力量。道路的原则和手段，即我们坚持把中国人民的利益同各国人民的共同利益结合起来，秉持公道，伸张正义。中国坚持国家不分大小、强弱、贫富一律平等，尊重各国人民自主选择发展道路的权利，不干涉别国内部事务，不把自己的意志强加于人。中国致力于和平解决国际争端和热点问题，推动国际和地区安全合作，反对一切形式的恐怖主义。中国奉行防御性的国防政策，不搞军备竞赛，不对任何国家构成军事威胁。中国反对各种形式的霸权主义和强权政治，永远不称霸，永远不搞扩张。

中国特色社会主义国际战略论，开创了中国对外关系的新局面，为社会主义现代化建设提供了和平发展的有利环境，是马克思主义与当代中国国际关系实际相结合的产物，是社会主义国际战略论的新发展，也是指导我国全面建设小康社会外交战略的行动指南。

2. 推动建设持久和平、共同繁荣的和谐世界

从实际出发确定战略目标和道路（手段）是战略制定的要领。中共中央高瞻远瞩，科学分析时代发展与世界的变化，根据我国的国情和中国人民与世界人民的利益和要求，不仅逐步地明确了我国实际建设的任务、宗旨，还形成了全世界人民共同奋斗的战略目标，这就是推动建设持久和平、共同繁荣的和谐世界，这里有继承，又有创新，对中国、对世界都有着十分重要的理论价值与实践意义。

（1）和平与发展仍然是当今时代的主题

自《共产党宣言》发表以来，特别是自上世纪中期第二次世界大战（简称二战）结束以来，世界形势发生了新的变化。无产阶级及其政党需要认识这些新的变化，马克思主义时代理论需要创新和发展，以回答实践提出的诸多问题。20世纪80年代初，以邓小平为代表的中国共产党人，加深了对国际形势的深入和全面了解，对世界战争问题做出了新的判断，尤其是集中论述了和平与发展的时代主题问题，并不断从实际出发，说明世界形势的发展与新动向，从而坚持和发展了马克思列宁主义，为科学地制定和不断发展中国特色社会主义的国际战略目标奠定了坚实的基础。

第一，历史的大趋势和时代的新发展。马克思恩格斯论证了社会主义代替资本主义的历史必然性。列宁时代观着重强调了时代的过渡性。他认为时代过渡性的经济基础是垄断资本主义的发展，其标志是第一个社会主义国家的建立。过渡性的含义：一是指时代过渡的现实性，二是指时代过渡的长期性。

列宁逝世迄今已近一个世纪了，从世界历史的进程上看，我们的时代变化了、发展了，但历史的趋势和时代过渡性这一基本方面不仅没有改变，而且越来越清晰。这表现在：世界范围内资本主义制度虽然经历了从一般垄断资本主义到国家垄断资本主义的转变，世界资本主义虽然又在经历着从国家垄断资本主义向国际或世界垄断资本主义的新发展，但世界资本主义体系依然占主导地位，而且体系内部的基本矛盾非但没

有消失而且在不断发展,资本主义社会内部的新社会因素也在不断地增长。不仅如此,世界范围内社会主义也经历着历史性的飞跃,为刚刚过去的一个世纪打上了深深的烙印,也成为新世纪客观存在的活生生的现实。具体地讲,世界社会主义经历了从理论变为现实、从一国胜利到多国胜利,今天正经历着从传统模式向现代模式的转变。尤其中国特色社会主义获得了巨大成功并且在世界上经历着和平发展。

由此可见,世界范围内资本主义与社会主义两种社会的长期共存仍然是21世纪初世界的一个基本现实,两种社会制度的长期共存与激烈竞争构成我们时代矛盾运动的基本内容,仍然是推动当代世界历史发展的根本动力。

第二,和平与发展成为当今时代的主题。俄国十月革命胜利开辟了历史的新纪元,从此开始了资本主义向社会主义过渡的伟大时代。然而,向社会主义过渡如一切事物发展一样,也是波浪式的,也要经历飞跃和渐进不同的阶段。从总体上看,20世纪上半期的情况是资本主义危机不断发展,社会主义凯歌行进,发生了两次世界大战和俄国革命以及一系列欧亚革命。这一时期是以"战争与革命"为特点而载入史册的。早在上世纪的转折关头,列宁就说明了这一时代的特征及其内在根据。他认为,垄断产生战争,战争引起革命。由于资本主义的政治经济发展不平衡,社会主义可以突破帝国主义链条中的薄弱环节,首先在一国或数国取得胜利。列宁的预见是科学的,为历史和现实所证明。两次世界大战和无数次无产阶级革命和民族解放运动,如上世纪中90多个民族殖民地国家宣告独立,15个国家先后建立社会主义制度的历史,都说明列宁革命理论的意义和价值。然而到了二战结束以后,尤其是上世纪60—70年代以来,世界历史进程发生了阶段性的变化:资本主义经过调整进入相对稳定发展时期,社会主义建设经历许多曲折,掀起改革开放的浪潮,进入发展的新阶段;而资本主义与社会主义的矛盾和斗争也相应形成相持和共处的格局,战争与革命已经不是社会主义与资本主义矛盾及其相互关系的基本态势和主要内容。在新的情况下,无产阶级及其政党需要以马克思主义为指导,以事实为依据,对当今时代和时代主题做出新的理论概括和说明。

正是在当今时代发生变化的背景下,以邓小平为代表的中国共产党人对当代世界主要矛盾及其变化做出了深刻剖析。1985年邓小平指出:"现在世界上真正大的问题,带全球性的战略问题,一个是和平问题,一个是发展问题①。"这就指出了现在以及今后一个较长时期中世界范围内带有全局性、战略性的问题,从而对当今世界主题做出了一个新的科学判断。这个判断不仅说明了当今时代主题的变化,也揭示了我们这个时代社会主义与资本主义相互关系的阶段性特征,即和平共处构成现阶段社会主义与资本主义相互关系的主要形式,寻求发展(有可能使现阶段社会主义与资本主义取得双赢)是社会主义与资本主义两制斗争的主要手段。从1987年十三大开始,中国共产党人始终坚持了这一科学判断,并且根据不断变化的实际进一步发展了当今时代的理论。2007年召开的党的十七大的政治报告指出:"当今时代仍然是和平与发展的时代。"

第三,当今世界发展的特点与中国的外部环境。当今世界正处在大变革大调整之中,和平与发展仍然是时代主题,求和平、谋发展、促合作已经成为不可阻挡的时代潮流。世界多极化不可逆转,经济全球化深入发展,科技革命加速推进,全球和区域合作方兴未艾,国与国相互依存日益紧密,国际力量对比朝着有利于维护世界和平方向发展,国际形势总体稳定。但同时,世界仍然很不安宁。霸权主义和强权政治依然存在,局部冲突和热点问题此起彼伏,全球经济失衡加剧,南北差距拉大,传统安全威胁和非传统安全威胁相互交织,世界和平与发展面临诸多难题和挑战。

科技革命加速推进。人类社会进入20世纪中期后,迎来了第三次科技革命,即新科技革命。21世纪初期,新科技革命又出现了一些新的重大发展。物质科学的研究重点转向为创造新材料、新能源和新工艺提供新的知识基础;分子生物学及生物科学工程技术的发展酝酿着新的重

---

① 《邓小平文选》第3卷,人民出版社1993年版,第105页。

大突破，有希望大大推进农业、医药和人类健康事业的进步；信息技术向最广泛的应用领域进军，同科技、经济和文化相结合形成了新的产业。此外，人类在认知科学、心理学、行为科学、宇宙科学、地球科学等方面都有新的突破。而科学技术发展呈现出交叉性、前沿性、多样性的特点，科技空前快速转化为生产，推动了经济社会的巨大进步。正如江泽民同志指出："可以预料，21世纪科技创新将进一步成为经济和社会发展的主导力量。在新的世纪里，科技与经济和社会发展的结合将更加紧密。新的科学发现和技术发明，特别是高科技的不断创新及其产业化，将对全球化的竞争和综合国力的提高、对世界的发展和人类文明的进步产生更加巨大而深刻的影响。社会生产方式和产业结构，生产工具、劳动者素质等生产力要素以及人们的生活方式和思想观念，都将发生新的革命性变化。"①

经济全球化深入发展。经济全球化是指由商品和生产要素跨国界流动所导致的世界各国经济依赖程度日益提高，国内规则趋于一致和全球经济整体性发展、不断强化的过程。正如江泽民同志指出的，经济全球化"给世界各国带来发展的机遇，同时也带来严峻的挑战和风险，向各国特别是发展中国家提出了如何维护自己经济安全的新课题"。② "经济全球化是一把双刃剑。"③ 因此，机遇与挑战并存。经济全球化带来的最大好处是可以实现资源在全球范围内的最优配置，带来国际分工的大发展、产业的大转移和资本、技术等生产要素的大流动，也为发展中国家的经济发展提供发展的机遇。但经济全球化也给包括发展中国家在内的世界各国的经济发展带来了严峻的挑战。因为，经济全球化趋势是在不公正不合理的国际经济秩序没有根本改变的情况下发生和发展的，是由西方发达国家主导的。目前的经济全球化进程正在导致南北差距的进一步拉大，一些落后的发展中国家面临着进一步被边缘化的危险。在经济

---

① 江泽民：《论科学技术》，中央文献出版社2001年版，第145页。
② 江泽民：《江泽民论有中国特色社会主义（专题摘编）》，中央文献出版社2002年版，第514—515页。
③ 同上，第519页。

全球化趋势下，世界各国能否抓住机遇，分享经济全球化中的好处并规避其消极影响，关键在于应对政策是否得当。如果积极参加国际经济合作，同时采取正确的战略和政策，根据本国国情和条件扩大开放，循序渐进，注重提高防范和抵御风险的能力，就可以趋利避害，取得经济发展的成功。反之，如果自我封闭或应对失当，就可能被经济全球化的浪潮所抛弃。

世界多极化不可逆转。冷战结束后，以美苏争霸、东西方两大阵营对立为主要特征的两极格局瓦解，多极化趋势开始出现，从而使各国之间综合国力的竞争凸显出来。科技革命的日新月异和经济全球化的兴起，国际竞争从单纯的军事力量的较量，转变为包括经济、科技、军事、政治、文化等因素在内的综合国力的竞争。在冷战结束、新科技革命和经济全球化的背景下，国家发展和国家安全除了军事领域之外，还包括经济、科技、社会、能源和生态等领域。为确保新形势下的国家安全，一场综合国力的竞争正在世界各国之间展开，并呈现日趋激烈的态势。

总之，当今世界正处在大变革大调整之中，和平与发展仍然是时代主题，求和平、谋发展、促合作已经成为不可阻挡的时代潮流。

（2）维护世界和平促进共同发展是我们的宗旨

争取和平的外部环境，为社会主义现代化建设服务，是我国对外工作的首要任务。党的十一届三中全会后，为了适应党和国家工作重点转移的需要，以邓小平为代表的中国共产党人根据国际形势的新变化，改变了对战争危险估计过于严重的看法，做出了和平与发展是时代主题的科学判断。根据这一科学判断，我们坚持奉行独立自主的和平外交政策，在和平共处五项原则基础上同一切国家发展友好合作关系，为我国的改革开放和现代化建设开创良好的外部环境。冷战结束后，特别是进入21世纪之后，世界力量重新分化组合，国际局势发生重大变化，不稳定因素增加。面对风云变幻的国际形势，以江泽民同志为代表的中国共产党人重申：和平与发展仍然是当今世界的两大主题；维护和平，促进发展，事关各国人民的福祉，是各国人民的共同愿望，也是不可阻挡的历史潮流。党的十六大指出:"中国外交政策的宗旨,是维护世界和平,促进共同发展。我们愿同各国人民一道,共同推进世界和平与发展的崇高事业。"党的十七大更进一步指出:"当代中国同世界的关系发生了历史性变化,中国的前途命运日益紧密地同世界的前途命运联系在一起。不管国际风云如何变幻,中国政府和人民都将高举和平、发展、合作旗帜,奉行独立自主的和平外交政策,维护国家主权、安全、发展利益,恪守维护世界和平、促进共同发展的外交政策宗旨。"历史和现实都说明,中国的发展离不开世界,世界的繁荣稳定也离不开中国。因此,中国人民将继续同各国人民一道,为实现人类的美好理想而不懈努力,而我国外交政策的宗旨就是维护世界和平,促进共同发展。

这个外交政策宗旨顺应了时代潮流,符合中国人民和世界人民的根本利益和共同愿望,是马克思主义同新世纪新阶段中国外交实际相结合的产物。首先,维护世界和平促进共同发展的外交宗旨,符合中国人民的根本利益。建设中国特色社会主义,进行改革开放和现代化建设,需要长期的国际和平环境,需要同各国发展友好合作关系。因此,中国坚持和平与发展的外交宗旨,奉行独立自主的和平外交政策,不是权宜之计,而是顺应时代要求,是从中国人民长远利益出发作出的必然选择,是中国的长期基本国策。中国的发展有利于世界稳定,中国的强盛是和平力量的增长。维护世界和平、促进共同发展,符合世界各国人民的根本利益。其次,和平与发展事关世界各国人民的共同利益。20世纪,人类经历了两次世界大战和长达近半个世纪的冷战,造成了难以估量的生命、财产的损失,影响了各国的经济社会发展。各国人民都有实现持久和平与普遍繁荣愿望。在和平稳定中求发展,发展中国家发展起来就能进一步巩固和平。这是当今世界的头等大事。

抓住机遇,应对挑战,推进世界的和平与发展。新世纪新阶段世界正处在大变动之中,世界多极化和经济全球化趋势的发展,给世界的和平与发展带来了机遇和有利条件。

冷战结束后,世界多极化虽然遇到美国单极霸权战略的严峻挑战,但它已成为历史潮流,无疑是有利于世界和平与共同发展的。国际格局走向多极化，是时代进步的表现，符合各国人民的利益，反映了和平与发展的时代主题。多极化趋势预示国际关系的深刻变化和历史进步，促使世界各种力量逐渐形成既相互借重又相互制约与制衡的关系。与霸权主义和强权政治逻辑不同，多极化是建立在各国独立自主的基础之上的，各国的相互合作及各种形式的伙伴关系都不是针对别人，不是历史上的大国争霸。在多极格局中，对于维护世界和地区的和平负有重要责任的大国，应该尊重小国，强国应该扶持弱国，富国应该帮助穷国。

经济全球化趋势是当今世界经济和科技发展的产物，是当今世界的一个基本特征。这种趋势对促进世界的和平、稳定与发展具有十分重要的意义。虽然经济全球化是一把双刃剑，但总体上有利于世界和平与发展。一方面，经济全球化给世界各国带来发展的机遇，有利于促进资本、技术、知识等生产要素在全球范围内的优化配置。另一方面，经济全球化也有利于世界和平。因为随着经济全球化的发展，技术创新、知识应用、贸易投资和金融活动日益国际化，各国经济的相互交流、相互依存日益加深，有利于各国各地区加强经济技术合作，也有利于世界经济的发展和国际社会的稳定。此外，经济全球化还促使全球性问题日益突出，国家的安全形势复杂化，进而增大了各国寻求合作的动力。在世界多极化和经济全球化趋势的作用下，世界和平因素在增长，新的世界大战在可预见的时期内打不起来，中国争取较长时期的和平国际环境和好的周边环境是可以实现的。

当然，当今世界还很不安宁，人类面临着许多严峻挑战，尤其是当前单边主义重新抬头。但是，总体和平、局部战争，总体缓和、局部紧张，总体稳定、局部动荡，是当前和今后一个时期国际局势发展的基本态势。如何抓住机遇，迎接挑战，继续推进世界和平与共同发展，是摆在世界各国政府和人民面前的一个重大课题。只有世界各国共同努力，积极采取应对措施，不断消除影响和平与发展的消极因素和不稳定因素，才能切实地推进世界和平与共同发展这个崇高事业，世界的持久和平和共同繁荣才能得以实现。中国特色社会主义是不断发展社会生产力的社会主义，是主张和平的社会主义。因此，抓住机遇，应对挑战，用办好自己的事来推动世界的和平与发展是我们在新世纪新阶段的历史任务。

（3）推动建设持久和平、共同繁荣的和谐世界是我们的明确主张

世界和平与发展的崇高事业，要求建立公正合理的国际政治经济新秩序。

邓小平首先提出建立世界政治经济新秩序问题，江泽民进而强调建立国际政治经济新秩序，应该从当今世界的实际情况出发，应该反映世界各国人民的普遍愿望和共同利益，应该体现历史发展和时代进步的要求。产生于20世纪50年代的著名的和平共处五项原则，以及其他公认的国际关系准则，应该成为建立国际政治经济新秩序的基础。[①] 建立国际新秩序的原则应该包括：互相尊重主权和领土完整、互不侵犯、互不干涉内政的原则，用和平方式处理国际争端的原则，世界各国主权平等的原则，尊重各国国情、求同存异的原则，互利合作、共同发展的原则等。

霸权主义和强权政治是威胁世界和平和国际安全的重要因素。对此，中国共产党有清醒的认识。党的十四大报告指出："霸权主义、强权政治的存在，始终是解决和平与发展问题的主要障碍。"十五大报告进一步指出："霸权主义与强权政治仍然是威胁世界和平与稳定的主要根源。""9·11"事件发生后，世界上多数国家都公开谴责恐怖主义暴行，申明自己的反恐立场。许多国际组织，如联合国、亚太经合组织、亚欧首脑会议、上海合作组织等，也纷纷举起反恐的旗帜，将反恐作为自己的宗旨之一。与此同时，美国、俄罗斯等大国都调整了自己的安全战略，将反恐作为当前乃至未来相当长一段时间内的主要任务。然而，美国在反恐的同时，利用反恐之机进行军事扩张，推行既定的霸权战略。美国不仅扩大了在中亚、东南亚等地区的军事力量在，而且还提出了带有冒险性和侵略性的"先发制人"的军事战略，退出反导条约并加快实施国家导弹防御计划，大幅度增加国防预算，特别是不顾世界多数

---

① 参见《江泽民文选》第3卷，人民出版社2006年版，第566—568页。

国家的反对和规模空前的世界反战浪潮，未经联合国授权就发动了伊拉克战争，导致一系列新的世界矛盾和冲突。中国旗帜鲜明地反对一切形式的恐怖主义，因为恐怖主义既是威胁世界和平与发展的突出因素，也是威胁我国安全的重要因素。如果恐怖活动不能被及时遏制消除，让它们蔓延，就会给其他敌对势力挑战党和政府的权威提供借口和可乘之机，就会影响改革开放与发展。恐怖主义与霸权主义是对世界和平与稳定造成威胁的两个方面，对此要有充分认识，有切实的对策。江泽民同志在十六大报告指出："传统安全威胁和非传统安全威胁的因素相互交织，恐怖主义危害上升。霸权主义和强权政治有新的表现。"这一论述告诉我们，霸权主义和强权政治是传统安全威胁中的最主要因素，而恐怖主义则是非传统安全威胁中的最主要因素。从一个长时段来看，霸权主义和恐怖主义威胁相互交织，交替上升。"9·11"之后的一段时间内，恐怖主义的危害明显上升成为国际社会关注的主要议题。我们也应看到虽然反恐是目前国际政治中的主要议题，但霸权主义仍然存在，只不过是有新的表现而已。这新的表现就是：美国利用反恐之机推行霸权战略。霸权主义是在反恐的掩护下进行的，伊拉克战争就是典型事例。从长远态势来看，霸权主义的威胁还有可能上升，而且是对世界和平和中国安全较持久的威胁。对此，我们要保持清醒的头脑，坚定不移地与霸权主义进行斗争，维护世界和平，促进共同发展。

而随着世界的发展，我党又把建立世界政治经济新秩序主张升华为建设和谐世界的理念。关于建立和谐社会的主张是国家主席胡锦涛在2005年4月22日雅加达亚非峰会上第一次提出来的。在2005年7月1日签署的《中俄关于21世纪国际秩序的联合声明》中，"和谐世界"第一次被确认为国与国之间的共识。2005年9月15日，在纪念联合国成立60周年首脑会议上，胡锦涛主席全面阐述了和谐世界理念的深刻内涵。此后，"和谐世界"一个充满智慧的新名词，频频出现在重大国际场合，它所描绘的国际关系的理想状态，正得到越来越多国家的理解和赞同。

为什么提出和谐世界的问题？经过30年的改革开放，中国已有了长足发展，而发展又越来越紧密地与世界联系在一起。我们要实现科学发展，构建和谐社会，不能没有一个和平稳定的国际环境。推动建设和谐世界，就是我们深刻认识国内、国际两个大局，科学把握当代中国与世界的深刻变化，统筹对内和对外工作而提出的战略思想，反映了经济全球化背景下中国发展与人类社会发展的统一关系。这是问题的一方面。另一方面，中国的快速发展意味着成为当下国际社会的热门话题之一，而推动建设和谐世界，就是中国人民的郑重回答和庄严承诺。我们提出建设和谐世界，一方面向世界表明，中国将坚定不移地走和平发展道路，决不妨碍其他任何国家。中国现在不称霸，将来也永远不会称霸。中国的发展是机遇不是威胁，是和平而非冲突。另一方面也表明，随着中国的发展，我们将承担更多的国际责任，为促进世界的和平与发展作出我们应有的更多的贡献。当然，建设和谐世界，应当说，也是各国人民的共同企盼。

和谐世界应该是一个什么样的世界？胡锦涛主席用八个字来描述和谐世界的美好图景"持久和平、共同繁荣"。具体来说，和谐世界应该是一个民主平等的世界，和睦互信的世界，公正互利的世界，包容开放的世界。党的十七大更明确地指出，共同分享发展机遇，共同应对各种挑战，推进人类和平与发展的崇高事业，事关各国人民的根本利益，也是各国人民的共同心愿。我们主张，各国人民携手努力，推动建设持久和平、共同繁荣的和谐世界。为此，应该遵循联合国宪章宗旨和原则，恪守国际法和公认的国际关系准则，在国际关系中弘扬民主、和睦、协作、共赢精神。

政治上相互尊重、平等协商，共同推进国际关系民主化。相互尊重、平等相待是和谐世界的基本，互信合作、和睦相处是和谐世界的保障。人虽不同，但都平等，国亦不同，但都是国际社会一员，有权利，有尊严。各国平应等相待，尊重彼此选择，各国的事务由各国人民自己定夺。国际事务要通过平等协商，而不是由大国决定，发展中国家的利益应得到维护。

经济上相互合作、优势互补，共同推动经济全球化朝着均衡、普惠、共赢方向发展。经济是基础、是前提，各国普遍发展、共同繁荣，和谐世界才有坚实的基础和前提。贫穷不会和谐，两极分化也不是和谐。事实上，只有采取有效措施推动经济全球化朝着均衡、普惠、共赢的方向发展，努力缓解经济发展不平衡问题，逐渐减少和消除贫困，世界各国和谐相处才能真正实现。

文化上相互借鉴、求同存异，尊重世界多样性，共同促进人类文明繁荣进步。不同文明平等对话、共同发展是和谐世界的重要特征和内在要求。文明多样性是人类社会的客观现实，是当今世界的基本特征，也是人类进步的重要动力。当今世界，近60多亿人口，200多个国家和地区，多种民族、语言、宗教。因此不会像一刀切一样，简单同一。只有各种文明又个性发挥，又加强对话，取长补短，求同存异才能共同发展，世界才能丰富多彩、充满活力。

此外，安全上相互信任、加强合作，坚持用和平方式而不是战争手段解决国际争端，共同维护世界和平稳定。当今世界，虽然总体和平，但局部冲突和战争仍此起彼伏。战争和冲突不符合世界大多数国家和人民的根本利益。只有通过公平、有效的机制，以协商、谈判和平解决国际争端和地区冲突，维护世界的和平与安全才有保障；也只有加强合作，才能成功应对人类面对的共同挑战。

最后，在环保上要相互帮助、协力推进，共同呵护人类赖以生存的地球家园。

当代中国同世界的关系发生了历史性变化，中国的前途命运日益紧密地同世界的前途命运联系在一起。不管国际风云如何变幻，中国政府和人民都将高举和平、发展、合作旗帜，奉行独立自主的和平外交政策，维护国家主权、安全、发展利益，恪守维护世界和平、促进共同发展的外交政策宗旨。

3. 坚持独立自主的和平外交政策

我国独立自主的和平外交政策有丰富的内容。它既有对毛泽东、周恩来时代外交政策的继承，又有邓小平、江泽民在新的历史时期提出的新的重要内容。独立自主是毛泽东确定的我国对外关系的基本原则，邓小平在新的历史条件下赋予独立自主新的内容，并在理论上做出新的阐述。他强调，独立自主是我国外交政策的基本点。在处理与别国关系问题时，国家利益和国家主权是最高原则。独立自主就是维护国家主权和领土完整，对外自主地决定一切事情，反对霸权。主权问题不是一个可以讨论的问题，要把国家主权、国家安全始终放在第一位。中国的外交要坚持自己的原则，不打牌，要同外国损害中国根本利益、侵犯国家主权的行动进行坚决的斗争。独立自主，自力更生，无论过去、现在还是将来，都是我们的立足点。"中国人民珍惜同其他国家和人民的友谊和合作，更加珍惜自己经过长期奋斗而得来的独立自主的权利。任何国家不要指望中国做他们的附庸，不要指望中国会吞下损害我国利益的苦果。"[1] 上个世纪80年代以来，我国根据形势的发展，改变了"一条线"战略，实行不与任何大国或国家集团结盟或建立军事战略关系的独立自主的对外政策，坚持不以意识形态画线，一切从中国人民和世界人民的根本利益出发。这是一个重大的改变。

当代中国与世界关系已发生了历史性变化，命运相互联系，不管国际上发生什么情况，中国政府和中国人民都将高举和平发展合作的旗帜。我们要坚持和平的发展道路，要坚持互利共赢的开放战略，要在坚持和平共处五项原则的基础上同所有的国家发展友好合作。面对新世纪新阶段世界发展的新情况，中国作为一个发展中的社会主义国家应当正确认识和处理对外关系，为实现全面建设小康社会，推进中国特色社会主义的事业，实现中华民族的伟大复兴营造良好的外部环境。为此，我们要继续坚持十一届三中全会以来我国确立的独立自主的和平的对外政策。

（1）争取有利的国际环境

为中国特色社会主义创造良好的外部环境是新时期中国外交的根本任务。十一届三中全会以来，我国确定了以经济建设为中心、实现社会主义现代化的目标和任务、邓小平根据工作重心的转移，把为社会主义

---

[1] 《邓小平文选》第3卷，人民出版社1993年版，第3页。

现代化建设服务、努力营造好的外部环境确定为新时期中国外交的根本任务。他多次指出,我们希望有一个和平的国际环境,争取和平是世界人民的要求,也是我们搞建设的需要。我们的对外政策就本质来说,是要寻求一个和平的环境来实现四个现代化。这不仅符合中国人民的利益,也是符合世界各国人民利益的一件大事。创造和平的国际环境,中国就要始终不渝走和平发展道路。这也是中国政府和人民根据时代发展潮流和自身根本利益作出的战略抉择。历史证明,中华民族是热爱和平的民族,始终是维护世界和平的坚定力量。面对全球化条件下新的国际环境,中国坚持把中国人民的利益同各国人民的共同利益结合起来,秉持公道,伸张正义,坚持国家不分大小、强弱、贫富一律平等,尊重各国人民自主选择发展道路的权利,不干涉别国内部事务,不把自己的意志强加于人。在处理国际事务中,中国致力于和平解决国际争端和热点问题,推动国际和地区安全合作,反对一切形式的恐怖主义。在军事上,中国奉行防御性的国防政策,不搞军备竞赛,不对任何国家构成军事威胁。在国际政治中,中国反对各种形式的霸权主义和强权政治,永远不称霸,永远不搞扩张。

(2) 坚持互利共赢的开放战略

坚持互利共赢的开放战略包涵两层深该的含义,一方面中国的发展离不开世界,要在坚持自力更生的基础上,实行全方位的对外开放。邓小平把对外开放作为党的基本路线的重要内容,作为我国的一项基本国策。他从历史经验和当代世界发展的特点出发,深刻指出当今世界是开放的世界,中国的发展离不开世界。明确强调要在自力更生的基础上对外实行全方位开放。他指出,任何国家要发展起来,闭关自守是不可能的。我们吃过这个苦头,我们的老祖宗吃过这个苦头。30年的经验告诉我们,关起门来搞建设是不行的。现在世界的发展一日千里,每天都在变化,特别是科学技术,追都难追上,把自己封闭起来,只能是越来越落后。"像中国这样大的国家搞建设,不靠自己不行,主要靠自己,这叫自力更生,但是,在坚持自力更生的基础上,还需要对外开放,吸收外国的资金和技术来帮助我们发展"①。另一方面，中国将始终不渝奉行互利共赢的战略方针，继续以自己的发展促进地区和世界共同发展，扩大同各方利益的汇合点，在实现本国发展的同时兼顾对方特别是发展中国家的正当关切。中国将继续按照通行的国际经贸规则，扩大市场准入，依法保护合作者权益，支持完善国际贸易和金融体制，推进贸易和投资自由化便利化，通过磋商协作妥善处理经贸摩擦。与此同时，中国支持国际社会帮助发展中国家增强自主发展能力，改善民生，缩小南北差距。中国决不做损人利己、以邻为壑的事情。

（3）在和平共处五项原则基础上发展与各国的合作

中国坚持在和平共处五项原则的基础上同所有国家发展友好合作。这包括继续同发达国家加强战略对话，增进互信，深化合作，妥善处理分歧，推动相互关系长期稳定健康发展；继续贯彻与邻为善、以邻为伴的周边外交方针，加强同周边国家的睦邻友好和务实合作，积极开展区域合作，共同营造和平稳定、平等互信、合作共赢的地区环境；继续加强同广大发展中国家的团结合作，深化传统友谊，扩大务实合作，提供力所能及的援助，维护发展中国家的正当要求和共同利益；继续积极参与多边事务，承担相应国际义务，发挥建设性作用，推动国际秩序朝着更加公正合理的方向发展；继续开展同各国政党和政治组织的交流合作，加强人大、政协、军队、地方、民间团体对外交往，增进中国人民和各国人民的相互了解和友谊。中国的发展离不开世界，世界的繁荣稳定也离不开中国。中国人民将继续同各国人民一道，为实现人类的美好理想而不懈努力。

总之，中国独立自主的和平外交政策，是在时代主题发生变化和在我国社会主义建设新时期提出的，并在20多年的改革开放和发展的实践中被证明是完全正确的对外方针。我们可以这么说，坚持它我们就能取得主动，发展它我们就能取得成功。在和平与发展为主题的时代，不管世界发生什么重大的变化，外交要适应时代主题的要求，争取有利的

---

① 《邓小平文选》第3卷，人民出版社1993年版，第78页。

国际环境，将本国利益与世界的共同利益统一起来，高举和平与发展的旗帜。中国共产党将"维护世界和平、促进共同发展"确立为中国外交政策的宗旨，就是要顺应历史潮流和各国人民的共同愿望，在推动和平与发展事业的进程中维护自己的国家利益，为改革开放和现代化建设争取有利条件。

三、指导外交决策的价值目标与行动指南

中国特色社会主义对外战略（新时期中国外交理论）既坚持了马克思主义基本原则，又赋予其鲜明的时代特色和中国特色，是马克思主义国际政治理论中国化的最新成果，是当代中国的马克思主义国际政治理论，是中华民族伟大复兴事业外交工作的理论指南，是全国人民外交的共同思想基础。中国特色社会主义外交思想，也是一个不断发展的开放的理论体系。

1. 中国特色社会主义外交战略是当代中国的马克思主义国际政治理论

中国特色社会主义是马克思主义中国化的最新成果，是当代中国的马克思主义。这是对中国特色社会主义一个科学的历史定位。与之相适应，新时期中国的外交理论也是马克思主义中国化最新成果的一个重要内容。

从历史来看，中国共产党在革命、建设和改革的不同阶段都面临国际问题，都要把马克思主义与中国对外关系实际相结合，新时期中国的外交理论是中国化的最新成果。

马克思主义是关于无产阶级争取解放，也是关于社会主义革命、建设和关于实现共产主义一般规律的科学，是各国无产阶级和共产党人解放事业的行动指南和理论武器。马克思主义是放之四海而皆准的普遍真理，因此对各国无产阶级和共产党的实践普遍的具有指导意义。但是马克思主义的基本原理的实际运用，如《共产党宣言》中所说的："随时

随地都要以当时的历史条件为转移。"① 因此，马克思主义就有一个各国化，就有一个与时俱进，与各地结合的问题。所谓马克思主义各国化的实质，就是马克思主义的基本原理与各国革命与建设的实际情况相结合，从而揭示各国社会主义革命和建设的规律，指导各国实践。

党提出马克思主义中国化由来已久，1938年10月，毛泽东在党的六届六中全会的政治报告中指出："离开中国特点来谈马克思主义，只是抽象的空洞的马克思主义。因此，马克思主义的中国化，使之在每一表现中带着必须有的中国的特性，即是说，按照中国的特点去应用它，成为全党亟待了解并亟待解决的问题。"中国共产党在历史上虽然出现过教条主义地对待马克思主义，照搬外国经验的问题并给革命和建设事业带来危害，但却有丰富的马克思主义中国化的传统和经验，能够始终注意把马克思主义的普遍真理与中国革命与建设的实际相结合，并且在历史发展中不断取得了马克思主义中国化的成果，指导中国革命和建设事业从胜利走向胜利。

在民主革命时期，新民主主义论是马克思主义中国化的最重要成果和历史飞跃。新民主主义论是建立在以毛泽东为代表的中国共产党人对世界客观分析、对时代科学把握发的基础之上，又包括在实践中形成的各个历史时期党和革命的国际战略、策略和政策，涉及外事工作的各项方针。

在新中国成立后，直到十一届三中全会召开以前，马克思主义中国化继续推进，虽然曾出现过偏差，但也取得了一系列重要的成果，构成了被实践证明了的关于革命与建设的正确理论原则和经验总结的毛泽东思想的组成部分。毛泽东外交思想，包括以马克思主义为指导，对国际形势深入观察与科学分析，独立自主的新型外交战略与反对霸权主义、维护世界和平的外交政策等重要内容。

十一届三中全会以来，马克思主义中国化实现了新的飞跃，取得了更大的成果。相对于民主革命时期，相对于1978年以前的阶段来说，

---

① 《马克思恩格斯选集》第1卷，人民出版社1995年版，第248页。

十一届三中全会实施改革开放以来这一历史时期的马克思主义中国化成果，就是最新成果。所谓马克思主义中国化的最新成果，有邓小平理论、"三个代表"重要思想和科学发展观等重要的战略思想，结合起来，就是中国特色社会主义理论。在改革开放的新时期，中国共产党人先后提出的"反对霸权主义维护世界和平"（邓小平的对外战略论）、"维护世界和平，促进共同发展"（江泽民"三个代表"重要思想的外交思想与战略）和始终不渝地走和平发展道路的国际战略，形成了一脉相承又与时俱进的中国特色社会主义的国际战略和理论体系。它是马克思主义国际政治理论中国化的最新成果，是当代中国的马克思主义国际政治理论。

从内容上说，中国新时期外交理论产生于新时期中国外交的伟大实践，科学地回答了当代中国外交（或国际政治）的一系列基本问题。

党的十一届三中全会后，中国共产党在改革开放和现代化建设的实践中，领导人民开辟了中国特色社会主义道路，形成了中国特色社会主义理论体系。中国特色社会主义理论体系作为马克思主义中国化的最新成果，在社会主义建设问题上的重要贡献主要体现在对社会主义基本问题的科学认识，对三大规律（人类发展规律、社会主义建设规律和党的执政规律）的正确把握之上，而这些是与我党在理论与实践中回答、解决相互联系的三个方面的问题相联系的。

中国特色社会主义回答了什么是社会主义、怎样建设社会主义，与之相联系，回答了在建设社会主义中建设一个什么样的党、怎样建设党，在建设社会主义中实现什么样的发展、怎样发展等重大理论和实践问题，这是马克思主义中国化最新成果主要内容。"党的十七大报告这样说：我们党坚持马克思主义的思想路线，不断探索和回答什么是社会主义、怎样建设社会主义，建设什么样的党、怎样建设党，实现什么样的发展、怎样发展等重大理论和实际问题，不断推进马克思主义中国化，坚持并丰富党的基本理论、基本路线、基本纲领、基本经验。其结果，就使社会主义和马克思主义在中国大地上焕发出勃勃生机，给人民带来更多福祉，使中华民族大踏步赶上时代前进潮流、迎来伟大复兴的光明前景"①。

作为中国特色社会主义重要组成部分的外交战略和新时期外交理论产生于新时期中国外交的伟大实践,科学地回答了当代中国马克思主义面对的外交(或国际政治)的一系列基本问题:如何认识我们所处的时代主题和国际环境变化影响;什么是中国特色的社会主义的国际战略和新时期的外交政策,以及怎么样为社会主义现代化创造好的国际条件等等。

从结果上讲,中国特色社会主义外交理论既坚持了科学社会主义的基本原则,又赋予其鲜明的中国特色。

首先,科学社会主义是以历史唯物主义为理论基石,以社会现实为基础,因此科学社会主义基本原则之一就是在理论上要求坚持历史唯物主义,坚持一切从实际出发。中国特色社会主义活的灵魂是实事求是、解放思想、与时俱进和求真务实,是在实践中坚持党的一切从实际出发,理论联系实际,在实践中检验真理和发展真理的思想路线,是不断研究新情况、总结新经验、解决新问题,在实践中推进马克思主义的中国化;是坚持解放思想,实事求是,既从社会主义初级阶段实际出发,又把握时代主题及其提供的机遇,大胆借鉴和利用人类文明有益成果。

第二,科学社会主义是适应社会化大生产发展的需要,并能促进社会化大生产发展的社会主义。因此,科学社会主义原则要求从生产的社会化去认识社会主义未来发展,用推动生产的社会化为基础的整个社会和人的社会化去思考和促进社会主义社会的发展和建设。中国特色社会主义坚持以经济建设为中心,贯彻全面、协调、可持续发展的科学发展观,走新型工业化道路,建设创新型国家和资源节约型、环境友好型社会,分步骤基本实现社会主义现代化;坚持改革开放,建立社会主义市场经济体制,参与世界市场的平等互利竞争,努力把握经济全球化的机遇和挑战。

第三,科学社会主义是以工人阶级为物质实现力量、以工人阶级政

---

① 郑必坚:《高举中国特色社会主义伟大旗帜》,《十七大报告辅导读本》,人民出版社2007年版,第7页。

党为领导核心，通过无产阶级革命和无产阶级专政建立起来的，实行公有制和按劳分配。因此，科学社会主义原则要求就是要坚持依靠工人阶级和最广大人民群众、坚持中国共产党的领导、坚持无产阶级专政和社会主义民主、坚持完善社会主义的公有制和按劳分配等基本制度等。中国特色社会主义坚持公有制为主体多种所有制经济共同发展，公有制实现形式可以而且应当多样化，实行按劳分配与多种分配方式相结合的分配制度，建立和完善社会主义市场经济体制。坚持党的领导、人民当家作主与依法治国相统一的政治制度，完善社会主义民主，健全社会主义法制，建设社会主义政治文明等。

第四，科学社会主义认为社会主义本质，是解放生产力，发展生产力，消灭剥削，消除两极分化，最终达到共同富裕，而不是贫穷、平均主义或两极分化。因此，科学社会主义的基本原则要求之一是社会主义既要发展生产，又要实现社会公平、公正。中国特色社会主义以经济建设为中心，坚持"发展是硬道理"、是"执政兴国的第一要务"，与此同时坚持公平正义，健全社会保障机制，完善社会主义福利和慈善事业，搞好社会治理，构建社会主义和谐社会。

第五，科学社会主义的理想是实现共产主义，形成以每个人的自由发展为一切人自由发展条件的"自由人的联合体"。因此，科学社会主义基本原则要求我们要以人为本，努力从实际出发，促进人的发展。中国特色社会主义，坚持以人为本，始终把实现好、维护好、发展好最广大人民的根本利益作为党和国家一切工作的出发点和落脚点；坚持以培育"四有"新人为目标，建设社会主义核心价值体系，繁荣社会主义和谐文化，发展社会主义先进文化，推进社会主义精神文明建设。

第六，科学社会主义是遵循社会经济发展规律分阶段实现的一个发展过程，而不是离开生产力发展实际一蹴而就或一劳永逸地就能实现的理想社会；是一个在不断变革中不断完善的社会，而不是一成不变的僵化的社会。因此，科学社会主义基本原则要求之一是搞社会主义要正确认识社会主义的发展阶段，要不断促进社会主义的改革开放使社会主义充满生机和活力。中国特色社会主义建设初级阶段的社会主义，坚持改革开放，不断促进社会主义制度和体制的自我完善，赋予社会主义与生机活力。

值得指出的是，我们坚持科学社会主义的基本原理和原则也是本着开放的科学态度和实事求是的科学方法，例如在理论上，我们就如邓小平讲的，既"不丢老祖宗，又要讲新话"，所谓老祖宗不丢，就是坚持科学社会主义的基本立场、基本观点和基本方法，这些大概都属于基本原理和原则的范畴；而"讲新话"就是在总体坚持科学社会主义基础上对其个别思想、观点、结论和作法从实际出发，重新认识。错误的加以纠正，过时的勇于放弃，有新的要求就努力创新。而在实践中则既坚持基本原则，又勇于大胆地试、大胆地闯，广泛吸收人民群众的智慧，接受实践的检验。这是对科学社会主义的基本原则真正的坚持，而不是机械地适应科学社会主义某些原则提法。

中国特色社会主义国际战略和新时期外交理论，作为中国特色社会主义组成部分，一方面坚持了马克思科学社会主义基本原理和基本原则，如以历史唯物主义的理论为基础，科学认识时代性质、特点和走向，深刻揭示国家本质与国家间关系，坚持无产阶级的历史使命和无产阶级革命的国际战略策略原则，坚持战争与和平问题以及民族和民族问题的有关思想等；另一方面又赋予其鲜明的时代特色与中国特色。从实践过程看，中国特色社会主义外交理论和外交战略，是在当代世情与国情基础上由中国人自己探讨提出的社会主义对外战略和政策，必然具有鲜明的"中国特色"。从内容上看，中国特色社会主义外交理论和政策无论是在理论、政策和实践上都具有时代特点，已经形成许多民族特色，并且有很强的实践特征，比如和平发展的主题、始终不渝走和平的发展道路、促进世界和谐的理念，等等。中国特色社会主义国际战略理论是"特点突出"、"特色明显"、"味道十足"，是非常中国化、时代化、民族化的。

2. 中国特色外交理论是中国外交的共同思想基础，是我们取得外交成功的命根子

党的十七大报告指出，中国特色社会主义理论体系，是全国各族人

民团结奋斗的共同思想基础。这一重要论断，反映了改革开放 30 年党和人民通过艰难探索而形成的共同思想基础，是经济社会发展取得的成功经验。它指出了中国特色社会主义理论体系在党和国家政治生活中的根本指导地位，为全党、全国明确了根本的目标和方向。与之相适应，中国特色外交理论，可以说是中国外交的共同思想基础，是我们取得外交成功的命根子。

（1）共同思想是历史形成的，经验证明，只有中国特色社会主义外交理论能够成为中国外交的共同思想基础。

党的十七大对中国特色社会主义理论体系做了经典概括，指出中国特色社会主义理论体系包括邓小平理论、"三个代表"重要思想以及科学发展观等重大战略思想在内的科学理论体系。中国特色社会主义外交探索是一个艰苦的过程，其理论体系也经历了形成、发展和不断发展。

邓小平外交战略论是中国特色社会主义外交战略理论体系的基础。邓小平关于社会主义国家外交战略理论是以邓小平为核心的第二代中央领导集体创立的，是邓小平理论的重要内容。邓小平外交理论建立在研究国际经验和世界形势的基础之上，是马克思主义基本原理与当代中国实际和时代特征相结合的产物，其主要包括反对霸权主义、维护世界和平的社会主义国家外交战略论。上世纪 80 年代初，邓小平首先对于战争与和平问题的认识作了重大调整，提出和平与发展是当今世界两大问题的科学论断，强调对外工作的首要任务是争取和平，是为我国社会主义现代化建设服务，而搞现代化建设必须实行对外开放。邓小平理论丰富了我国独立自主的和平外交政策；确定了冷静观察、稳住阵脚、沉着应付、韬光养晦、有所作为的战略方针；果断调整了对大国的关系，改变了过去"一条线"的战略；高度重视第三世界的战略地位和作用，提出了要推动建立和平稳定、公正合理的国际政治经济新秩序；认为科技进步突飞猛进是当今世界的一个基本特点；提出了用"一国两制"方针解决历史遗留的香港、澳门问题，为国际社会解决国家之间的争端找到一个新的出路。他还提出了用主权属我、搁置争议、共同开发的办法，解决历史遗留下来的领土、领海争端；强调要按照独立自主、完全平等、互相尊重、互不干涉内部事务的原则处理党际关系；强调外交工作中要把原则的坚定性和策略的灵活性结合起来，从而比较系统地初步回答了新时期中国外交面临的一系列基本问题，丰富和发展了马列主义外交理论和毛泽东思想外交思想。

"三个代表"重要思想中的外交思想和战略是中国特色社会主义外交理论的发展。"三个代表"重要思想是以江泽民为核心的党的第三代中央领导集体对中国特色社会主义理论的继承和发展，它反映了当代世界和中国的发展变化对党和国家工作的新要求，是加强和改进党的建设、推进我国社会主义自我完善和发展的强大理论武器。"三个代表"重要思想中关于外交的思想和理论深化了对中国特色社会主义外交的认识，丰富和发展了中国特色社会主义外交理论体系。江泽民同志全面阐述了和平与发展仍然是当今时代主题，深刻论述了世界多极化发展的趋势，全面论述了经济全球化发展的利弊得失，深刻揭示了经济全球化带来的新课题、新挑战，进一步阐述了中国外交的宗旨，提出维护世界和平与共同发展的政策主张。此外，江泽民同志还围绕中国外交政策的宗旨，就若干重大外交理论和实践课题做出了以下精辟论述：建立公正合理的国际政治经济新秩序；倡导树立以互信、互利、平等、合作为核心的新安全观；强调承认和尊重世界的多样性，促进各国和睦相处、长期共存；进一步丰富和发展了中国独立自主的和平外交政策的内涵，提出我国外交的根本任务就是要为国家发展争取一个良好的国际和平环境和周边环境；还就捍卫国家主权和领土完整、维护国家安全做出了许多精辟的论述。以江泽民同志为核心的党的第三代中央领导集体有关国际形势的大趋势、中国外交的指导思想和方针政策的论述，是"三个代表"重要思想在外交领域的生动体现，贯穿了我党解放思想、实事求是、与时俱进的思想路线，充分显示了我们党深邃的思想认识水平和驾驭复杂国际局势的非凡气魄和卓越能力。

科学发展观等重大战略思想之中的始终不渝走和平发展道路的理论是中国特色社会主义外交战略理论体系的最新成果和新发展。以人为本、全面协调可持续发展的科学发展观，是以胡锦涛同志为总书记的党中央提出的重大战略思想。科学发展观对"什么是发展"、"靠谁发展"和"为谁发展"、"怎样发展"等基本问题做出了科学的回答,极大地深化了对人类发展规律、社会主义建设规律与共产党执政规律的认识,是马克思主义关于发展的世界观和方法论的集中体现,是我国经济社会发展的重要指导方针,是发展中国特色社会主义必须坚持和贯彻的重大战略思想。与之相适应,以胡锦涛为总书记的党中央领导集体还根据新情况提出了始终不渝走和平发展道路的外交理论。其基本依据是,世界正处在大变革大调整之中,其基本主张是各国人民携手努力,推动建设持久和平、共同繁荣的和谐世界,而中国将始终不渝走和平发展道路,始终不渝奉行互利共赢的开放战略。这是中国政府和人民根据时代发展潮流和自身根本利益作出的战略抉择。中国的发展离不开世界,世界的繁荣稳定也离不开中国。中国人民将继续同各国人民一道,为实现人类的美好理想而不懈努力。

邓小平理论、"三个代表"重要思想和科学发展观等重大战略思想的外交理论,是相互衔接、相互贯通的,既一脉相承又与时俱进,共同构成了中国特色社会主义外交理论体系。这个理论体系坚持发展了马克思列宁主义毛泽东思想外交理论原则,凝结了几代中国共产党人带领人民不懈努力实践的集体智慧和心血,形成了对形势的判断,提出了外交的目的任务,明确了外交政策的手段,初步回答了社会主义国家外交实践中提出的基本问题,并在外交与对外开放的实践中成为中国外交广泛共识形成的坚实基础。

(2) 中国特色社会主义外交理论成为全国各族人民团结奋斗的共同思想基础是由其本质特征和内在属性决定的。

中国特色社会主义外交理论是建立在现实基础上的科学体系。中国特色社会主义外交理论,是立足于当今世界的发展和我国仍处于并将长期处于社会主义初级阶段的基本国情、从我国实行改革开放的实际出发提出来的。党的十一届三中全会后,邓小平同志从中国的改革与发展的现实出发和对世界主题的新判断,对新时期中国外交问题进行了系统论述。党的十二大、十三大、十四大、十五大、十六大,都对此进行了强调和阐述。党的十七大报告对基本世情的阐述又进一步,深刻分析了当前我国发展的阶段性特征,例如强调世界正处在大变革大调整之中,指出"世界仍然很不安宁。霸权主义和强权政治依然存在,局部冲突和热点问题此起彼伏,全球经济失衡加剧,南北差距拉大,传统安全威胁和非传统安全威胁相互交织,世界和平与发展面临诸多难题和挑战",但"和平与发展仍然是时代主题,求和平、谋发展、促合作已经成为不可阻挡的时代潮流。世界多极化不可逆转,经济全球化深入发展,科技革命加速推进,全球和区域合作方兴未艾,国与国相互依存日益紧密,国际力量对比朝着有利于维护世界和平方向发展,国际形势总体稳定"。对国际形势的这些客观判断,为中国外交明确了要以经济建设为中心的新战略。

中国特色社会主义外交理论是与时俱进的科学理论。1978年,我们党召开具有重大历史意义的十一届三中全会,在总结正反两方面经验的基础上作出了实行改革开放的历史性决策,逐步开辟了中国特色社会主义道路,也形成了中国特色社会主义的外交理论。30年来,我们党积极适应世界形势的发展变化,始终坚持以宽广的眼光观察世界、以科学的思维审视时代,不断推进包括中国外交在内的理论创新和实践创新,全面推进了社会主义经济建设、政治建设、文化建设和社会建设,展开了独立自主的全方位外交和对外开放,创造了良好的发展环境,使中国特色社会主义始终保持了蓬勃生机和旺盛活力。

中国特色社会主义外交理论还是与人民群众共命运、与国家利益相联系的理论体系。维护国家利益,促进经济社会发展是我们外交理论的根本目的,也是贯穿中国特色社会主义外交理论的价值取向。中国特色社会主义外交理论之所以能成为全党全国各族人民的共识,就在于它正确反映了国家的利益和人民群众的意愿。可以预见,中国特色社会主义外交理论还将在改革开放和现代化建设的外交实践中进一步发展。

(3)在中国特色社会主义外交理论指导下,中国外交开创了新局面。

今天的中国,面临着经济体制深刻变革、社会结构深刻变动、利益格局深刻调整、思想观念深刻变化的新形势,面对当今世界各种思想文化相互交织、相互激荡的大潮,人们思想活动的独立性、选择性、多变性、差异性增强,价值取向呈现多样化的趋势。在这样的情况下,我们更加需要大力建设社会主义核心价值体系,坚定中国特色社会主义共同理想。坚持以社会主义核心价值体系引领社会思潮,坚持用中国特色社会主义共同理想激励广大党员、干部和人民群众,尊重差异,包容多样,我们才能最大限度地形成社会思想共识,不断增强建设中国特色社会主义的自信心和自豪感,毫不动摇地走中国特色社会主义道路。

中国特色社会主义,是当代中国发展进步的旗帜,是全党全国各族人民团结奋斗的旗帜。中国特色社会主义外交理论也是中国外交的旗帜,正是在这个旗帜的指引下,新时期中国外交开创了新局面:我国坚持奉行独立自主的和平外交政策,全方位外交取得了重大成就。我们恪守维护世界和平、促进共同发展的外交政策宗旨,同发达国家关系全面发展,同周边国家睦邻友好不断深化,同发展中国家传统友谊更加巩固。我国积极参与多边事务,承担相应国际义务。我国国际地位和国际影响显著上升,在国际事务正发挥了重要建设性作用。我们不断扩大对外开放,积极参与国际经济技术合作和国际竞争,充分利用两个市场、两种资源,促使对外开放水平和我国的综合国力和竞争力不断得到提高。我们恢复了对香港、澳门行使主权,并保持了香港、澳门繁荣稳定,在完成祖国统一大业的进程中取得了历史性突破。总之,我们高举和平与发展的伟大旗帜,积极参与国际事务,推进人类进步事业,维护世界和平与地区稳定,促进共同发展,同各国广泛交流合作,在国际事务中发挥了重要建设性作用,为全面建设小康社会,为社会主义现代化事业争取了良好的国际环境。

第三节　坚持外交指导思想,努力实现科学决策

新世纪世界在发展,我们遇到了许多新问题。我们要坚持和发展中国特色社会主义外交理论,并以此为指导,努力实现外交科学决策的新

水平。

一、新情况、新问题、新理论、新挑战

当今中国面临的形势如何,现有多种不同看法:一种是战略机遇期说。该学说认为从新世纪头 20 年的国内国际条件看,中国无论是经济社会还是政治发展都有难得的机遇,中国要全力以赴地全面建设一个经济更加发展、政治更加民主法制、社会更加和谐、文化更加繁荣的"小康社会"。一种是发展"危险期"论。该学说认为我国人均 GDP 已超过 1000 美元,即跨入了发展进程中向人均 3000 美元跨越的特殊的所谓黄金发展期和矛盾凸显期,应对不当会出现大问题;而改革的关键期说认为,中国体制改革面临复杂矛盾,需要进一步深化改革,扩大开放,任务更艰巨,意义更重大。

国际形势方面则处在深刻的变化当中,又突显了如经济危机、气候变化、新国际安全等一系列重大问题。应当认为,中国外交面临的最核心的问题是,发展了的中国如何进一步走向世界、融入世界,世界如何接受一个新发展起来的中国,即中国与世界的认同问题。近期最突出的问题是,面对国际金融危机的世界如何继续和平与发展,以及后国际金融危机时代世界和中国如何发展的问题。与整体情况一样,中国外交的发展也是既有机遇也有风险,面临着经济、政治、国内、国外方面的种种挑战。

经济上,在后国际金融危机时期,世界经济在大调整、大变革之中,出现了一些新的变化趋势,全面复苏可能是一个缓慢而复杂的过程,原有的增长模式难以为继,科技创新和产业升级孕育着新的突破,国际环境存在许多不确定不稳定因素。因此,世界范围内寻求什么样的发展和怎么样发展的问题更加突出。

面对国际金融危机的严重冲击,中国党和政府科学判断形势,把保持经济平稳较快发展作为经济工作的首要任务,果断实施有力的宏观经济政策,保持经济平稳较快发展的总体态势;坚持对外开放的基本国策,推动经济全球化朝着均衡、普惠、共赢方向发展,拓展我国发展的

外部空间;把保持我国经济当前平稳较快发展和为长远发展营造条件有机结合起来,不仅着力保持经济平稳较快发展,而且努力营造我国经济长远发展的良好条件。在全党全国人民的共同努力下,我们在应对国际金融危机冲击、保持经济平稳较快发展方面取得明显成效,我国经济实现总体回升向好。但我们取得的成绩是初步的,当前我国经济回升的基础还不牢固,经济运行中的新老矛盾和问题相互交织,后国际金融危机时期的国际经济环境更加复杂,对我国结构调整既形成巨大压力和倒逼机制,同时又提供了新的重大机遇。

为巩固和应对国际金融危机冲击的成果,努力保持经济平稳较快发展,中央近期做出了"深入贯彻落实科学发展观加快经济发展方式转变"的战略决策。胡锦涛在省部级干部落实科学发展观研讨班上讲话时指出:"我们必须紧紧抓住机遇,承担起历史使命,把加快经济发展方式转变作为深入贯彻落实科学发展观的重要目标和战略举措,毫不动摇地加快经济发展方式转变,不断提高经济发展质量和效益,不断提高我国经济的国际竞争力和抗风险能力,使我国发展质量越来越高、发展空间越来越大、发展道路越走越宽。"[①]

加快经济发展方式转变是我国经济领域的一场深刻变革,关系改革开放和社会主义现代化建设全局,也必须通过坚定不移深化改革来推动,其中包括深化政治体制改革。这就把进一步探讨中国政治发展道路和民主发展战略讨论进一步提上日程。一是传统政治能否适应多样化的社会发展。随着改革开放发展,中国社会经济成份、组织形式、就业方式、利益关系和分配方式日益多样化,人们活动的独立性、选择性、多变性、差异性明显增强,而传统政治体制能否在利益表达、利益综合、利益实现方面真正反映多样化的趋势对体制需要是一个突出的问题;这一问题也会涉及指导思想、外交理论。二是伴随民主和法治的增强,国家的相对分权和社会管理和参与的强化,国家能否跟上现代化发展,在决策方式、治理理念、手段上能否真正实现从传统到现代的转变,如从

---

① 胡锦涛:《在省部级干部落实科学发展观研讨班上的讲话》,见http://www.ccps.gov.cn/syzblm/yaowen/15503.htm

人治到法治等是又一个突出的问题；三是"改革开放"的逻辑能否进行到底：中国的改革开放，是在党的领导下依靠政府自上而下推进的，显示出其独有的效应和优势，但改革中中国与世界的关系不断提出来，比如不仅外交理论、意识形态，就是党的指导思想都有一个如何与世界相适应的问题，因此，中国能否、如何从体制上有效的解决相关的问题事关重大；四是随着政治参与要求和实际的提高，其参与程度与制度化水平间能否继续保持很好的平衡（包括政治参与的有序扩大和制度化水平的不断提高）也不是一个简单的问题等等。

以上各点是现实提出的问题，既是挑战也是机遇，关乎21世纪中国外交的政治，尤其是意识形态建设的未来发展。一方面，在如此广大的国度和复杂的国际背景完成这一过程，有常人难以想象的困难和风险；但另一方面世界文明大潮势不可挡。中国作为一个文明古国，再加上有改革开放发展的基础，应当相信中国有足够的智慧和勇气去学习、创新，以开创中华民族历史的新篇章，去做好中国现代化之外交现代化、全球化的大事业。

二、坚持和发展中国特色社会主义外交理论

中国特色社会主义外交理论一要坚持，二要发展。中国特色社会主义外交理论之所以必须要坚持，是因为实际判断正确，理论反映规律，手段选择得当，实践取得了成功，中国特色社会主义外交理论是我们中国外交的命根子、主心骨，因此必须长期坚持，毫不动摇。中国特色社会主义外交理论之所以需要发展，则是因为有新的情况，有新的挑战，有发展新要求。党的十七大报告指出，中国特色社会主义理论体系是不断发展的开放的理论体系。作为马克思主义与中国国情相结合、与时代发展同进步、与人民群众共命运的科学真理，中国特色社会主义理论体系具有鲜明的发展和开放的特征。深刻认识和准确把握这一特征，对于坚持和发展当代中国马克思主义，不断开创中国外交事业的新局面，有着重大而深远的意义。

1. 作为一种科学理论产生，中国特色社会主义外交理论体系具有鲜明的发展特征

中国特色社会主义外交理论是当代中国的马克思主义组成部分，而马克思主义始终是不断发展的科学理论。马克思主义经典作家历来认为，任何一种理论，无论它曾经科学正确，在日新月异的历史面前也无法以不变应万变。马克思主义之所以能够永葆青春活力，不是因为它发现了终极真理，而是因为它自觉地正视现实，面对变化，从而能够随着实践的发展而发展。

如果说我们党自成立以来领导中国人民经历了"两次历史性飞跃"，那么第一次是形成新民主主义论，解决了中国革命的性质与道路的基本问题，并引导中国人民在党的领导下取得革命的成功，在中国确立了社会主义制度，与之相适应，在外交上则形成了毛泽东外交思想，开拓了新中国的外交道路。第二次就是通过改革开放，开创了一条中国特色社会主义道路，其理论成果就是中国特色社会主义理论体系。在外交上，则是形成了中国特色社会主义的外交理论，开辟了新时期外交的新局面。中国特色社会主义外交理论来源于马克思主义，又根据新的实践发展了马克思主义。这一点从我们党推进改革开放和有关外交的一系列方针政策中可以看得很清楚。对于国际新情况新问题，我们党不是急于到经典作家那里去寻求现成的答案，而是大胆探索，勇于实践，对这些新情况新问题作出马克思主义的回答，这种回答不仅满足了外交实践的需要，而且昭示了中国特色社会主义外交理论是不断发展的理论体系。

中国特色社会主义外交理论的建立不是一蹴而就的，而是逐步形成和不断发展的。实践是认识的唯一源泉，实践的发展必然要求新观念、新思想、新理论与之相适应。中国特色社会主义外交理论是改革开放以来，中国共产党和中国人民一往无前的进取精神和波澜壮阔的外交工作的创新实践的理论再现。党的十一届三中全会后，以邓小平同志为主要代表的中国共产党人，在领导中国改革开放和现代化建设的实践中，系统地回答了社会主义国家外交的重大问题，开辟了新时期中国外交的道路，形成了系统的理论。党的十三届四中全会后，以江泽民同志为主要

代表的中国共产党人,在推进中国特色社会主义事业的过程中,进一步回答了相关的问题。党的十六大以来,以胡锦涛同志为总书记的党中央,从新世纪新阶段党和国家工作全局出发,重点回答了实现什么样的发展、怎样发展等一系列重大问题,形成了科学发展观等重大战略思想,在国际战略和外交理论方面则有继承、有创新,明确提出了始终不渝走和平发展道路和构建和谐世界的外交方针。中国特色社会主义外交理论的发展承上启下,基本内容相互贯通,构成了一个不断发展的有机整体。

2. 作为人类文明成果发展,中国特色社会主义外交理论体系具有鲜明的开放特征

理论的创新离不开对实践经验的总结,也离不开对人类文明成果的扬弃。经过几百年的发展,资本主义国家在政治、经济、科技、文化方面取得了丰硕的成果,积累了宝贵的经验,在外交和国际关系中也形成了理论和制度。我们要实现社会主义现代化,要面向世界,就要善于批判地借鉴当代西方外交思想文化在展示资本主义外交与国际关系发展的个性中所体现的人类社会发展的共性。只有汲取人类创造的一切文明成果,社会主义外交才能发展和巩固。因此,我国实行的对外开放是全方位的,并且博采众长,为我所用,从而使中国特色社会主义外交事业取得举世瞩目的成就。实践表明,只有实行全方位的对外开放,广泛汲取人类创造的一切文明成果,不断增强综合国力和竞争实力,我们才能在风云变幻的国际局势中处于主动地位,在空前激烈的国际竞争中立于不败之地。

中国特色社会主义外交理论的开放特征是如何体现的?从横的方面看,中国特色社会主义外交理论既以马克思主义基本原理为指导,又大胆汲取人类创造的一切文明成果;既认真总结本国发展的成功经验,又积极借鉴其他国家发展的有益经验。从我国以及世界其他国家在外交发展问题中,我们党深刻认识到开放的必要性、必然性,认识到外交的复杂性和规律性,正是基于这种认识,我们党适时地提出了新时期的外交理论。

从纵的方面看，中国特色社会主义外交理论是在改革开放过程中逐步形成的。中国特色社会主义外交理论的确立，并不意味着对社会主义国家外交发展规律探索的终结；相反，在经济文化相对落后的条件下，怎样展开对外交往，为巩固发展社会主义怎样创造良好的环境，是一个需要在实践中不断探索的课题。按照马克思主义的观点，一种理论的价值并不在于它已经给出的结论，随着时间的推移，这些结论都可能变得陈旧，保留下来的主要是它解放思想、实事求是、与时俱进的精神。一种理论如果失去了这种精神，也就同时失去了存在的理由。中国特色社会主义外交理论不是一成不变的，它的每一个阶段性成果，都是对以往实践经验的总结，同时又为新的实践开辟了新的道路。随着实践的推进，必将有源源不断的新内容充实到中国特色社会主义外交理论中来。

3. 作为改革开放实践的总结，中国特色社会主义外交理论体系必将随着实践的发展而发展

如何在改革开放的伟大实践中丰富和发展中国特色社会主义外交理论？理论的价值就在于贴近现实、与现实保持持续的一致。外交实践的不断发展，要求理论创新及时跟进。坚持中国特色社会主义外交理论，就是要用马克思主义中国化的最新成果，去分析新情况，解决新问题，在新的外交实践中不断丰富和发展这个理论；就是要坚持解放思想的革命精神、实事求是的科学精神、与时俱进的创新精神，善于总结我党和我国在实践中创造的新鲜经验，根据国际社会和中国发展变化的客观实际，自觉把认识从那些不合时宜的观念、做法和政策的束缚中解放出来，从对马克思主义错误的和教条式的理解中解放出来，从主观主义和形而上学的桎梏中解放出来。只有坚持解放思想、实事求是、与时俱进，积极投身于火热的社会实践之中，不断深化对客观规律的认识，中国特色社会主义外交理论才能与时俱进，并始终保持蓬勃的生机和旺盛的活力。

任何科学的理论体系都是发展的开放的。中国特色社会主义外交理论应实践的需要而产生，随实践的发展而发展。实践是中国特色社会主义外交理论的科学之本、生命之基、力量之源。而实践总是历史的、具

体的、永无止境的，这就决定了中国特色社会主义外交理论的创新发展同样是永无止境的。换言之，中国特色社会主义外交理论每一次创新发展，都是一定时代条件的产物，都需要在实践中不断实现自我超越，从而也决定了中国特色社会主义外交理论必定是发展的理论体系。历史长河奔流不息，社会实践日新月异，实践必将使中国特色社会主义外交理论体系不断从四季常青的生活之树上汲取营养，在外交实践中锻造崭新的理论，从而使当代中国特色社会主义放射出更加灿烂夺目的真理光辉。

我们知道，中国特色社会主义事业是一个宏大的事业，需要几代人、十几代人，甚至几十代人坚持不懈的奋斗才能成功。与发展中国特色社会主义的长期性相适应，当代马克思主义国际政治理论中国化的历史性飞跃，不可能一蹴而就，而是一个不断开拓创新、由多个阶段性成果构成的发展过程。因此，中国特色社会主义外交理论体系，作为一个开放的体系，并没有囊括一切科学，也没有穷尽一切真理，它需要在实践的沃土中汲取营养，不断用新的知识、新的经验充实自己、发展自己。

三、开拓、创新，不断提高外交决策的水平

当代世界瞬息万变、一日千里，国际交往发展、联系加强。作为发展中的中国，尤其是中国外交面临着的无数的机遇和问题。近年来外交实践经验和交往活动（如奥运会）告诉我们，中国面临一个最核心的问题，就是发展中的中国如何进一步走向世界、融入世界，而世界如何接受一个发展起来的中国，即所谓中国与世界的认同问题。而近期最突出的问题是，在出现金融危机的世界如何继续和平与发展，中国如何行动。与之相适应，需要我们在理念、理论与实践方面进一步解放思想，不断创新，以实现外交决策的新水平。

一是在今天的世界历史的条件下，包括外交理论在内的意识形态、文化已不再是各国自己的问题。面对这种形势，中国就有一个文化、意识形态走向世界的问题，就有一个怎么样调整和完善我们的理论及其理

论宣传工作的问题。应该考虑如何做才能不仅使全体中国人民认同国家主流的意识形态,而且要让外国人民和政府接受中国主流的意识形态。

在这些方面我们已经成功地做了许多的工作,特别是我们在外交理论上作了一系列调整,如我们强调和平、和谐、发展与责任等,但也还有许多意识要增强,观念要转变,因为各种主客观现实在不断地发生变化。

二是在外交活动中要加强文化交流和沟通,让政治交往的水平能够与经济、文化、社会相适应。而沟通过程中应有新思维,要有新方式,要开创新局面。例如在文化方面我们要加深了解和理解,增强认同和共识,求同存异。在认识对方时要有新思维,在讨论问题时要讲新道理,进行沟通时要有新方式。

第四章 组织结构因素

　　事实上，人们可以从许多国外作者或在国外发表的作品中看到有关中国外交政策决策的制度体系的一些具体描述，如所谓分析学派的前沿研究①，中国学者也在这一领域开展了富有成果的探索，收集了许多历史与现实的材料，做了必要的整理和综合，使人们增加了对中国外交决策过程的知识，加深了理解和认识。本章拟从实际出发，主要以法律与制度研究为基础，参考借鉴分析学派的一些思路，对中国的外交决策体制与组织结构做一个比较宏观的分析。

　　外交决策是国家决策，是国家机构在国家利益的基础上就国际关系进行的做什么或不做什么的政策选择。一般而言，国家决策体制实际上就是一国的政治和行政体制，政治是利益的权威性分配，作为政治或行政决策结果的国家政策的外交政策，是政治行政体制的产出、政治行政运行的结果。现代西方国家的政治制度历史较长、相对成熟，很有特点，尽管存在历史、文化和制度上的某些局限，但亦有一些反映发展趋势的文明成果，所以有研究和认识的一般价值和意义，有必要首先进行

---

① 其中较有影响的是 1986（4）年美国学者鲍大可发表的《中国外交政策决策程序》（中国社会科学院美国所内部印译稿）；Luning, *The Dynamics of Chinese Foreign Policy Decision Making* Westview Press, 1997; Zhao Quansheng, *Interpreting Chinese Foreign Policy*, Hongkong, Oxford University, 1996. Lampton: The *Making of Chinese Foreign and Security Poitcy in the Era of Reform, 1978—2000*, Stanford University Press, 2001. 但是这些研究由于各种原因往往忽视决策体制的总体制度与法律的分析，而掌握决策过程与机制的信息又比较有限。因此，没有足够的解释力。

比较系统的考察。中国的政治制度和决策体制是近代中国历史长期发展产物，是中国人民长期探索的结果，它植根于中国历史和现实的坚实基础，形成了鲜明的民族特点。与此同时，面对新的情况，中国外交既要坚持自己已被证明有效的制度，又要吸收借鉴一切文明成果，以便反映时代精神和事业要求，不断地在实践中发展和加以完善。

第一节　外交决策体系的一般组织结构

现代西方国家的政治体制和国家决策体制，有共同的历史背景、逻辑基础和一般意义，但各国政治体制由于国情有别，也存在制度与体制上的差异。在世纪转折时期，包括外交决策在内的各国政治、行政决策体制均面临着新问题、新趋势和新要求。因此，它们也要适应变化的世界，为决策更加科学和有效而不断地进行自身的创新和演进。

一、西方政治制度与决策体制的产生历史与基本原则

政治制度是在特定社会中统治阶级通过组织政权以实现其政治统治原则和方式的总和。西方国家现代政治制度与决策体制的产生、发展既是一个自然的历史过程，又是一个社会实践过程，它有不以人的意志为转移的客观性，又充满着历史主体即资产阶级和广大人民群众的斗争与建设。它既是人类政治文明的发展与进步，又有其历史与阶级的局限性。

这里首先分析现代西方民主制度与决策体制的现实基础，即自由市场经济的确立和发展，而后叙述现代西方民主制度与决策体制形成的大致过程，最后阐述现代西方民主制度与决策体制所建构其上的一系列基本原则。

1. 西方民主制度与决策体制的现实基础：自由市场经济的确立和发展

现代西方主要国家的基本经济制度是资本主义制度或私人自由市场

体制，是以生产资料的资本家私人占有和雇佣劳动为基础的经济制度。而在私有制基础上，自由市场和雇佣劳动制度的确立和发展是现代西方民主制度和决策体制形成与发展的经济基础。

马克思主义认为，资本主义制度是在社会基本矛盾发展、封建生产方式过时的基础上产生的。其萌芽首先在14、15世纪地中海沿岸的一些地区稀疏可见地出现，而后经过了16—17世纪"资本主义发展的时代"，再在18世纪初最终成为在欧美发达国家占主导地位的生产方式。从那时到今天，资本主义又经历了300年世界范围内空间的扩张和自身的从低级到高级的发展。

从历史上看，资本主义制度从萌芽到确立有赖于文化、政治和生产力上发生的"三大革命"，即文艺复兴和启蒙运动的文化革命、英美法资产阶级的政治革命和以蒸汽机发明为标志的产业革命。中世纪末期的文艺复兴运动是确立人的中心地位的观念革命，而后的启蒙运动则是以理性为原则，批判旧制度，否定旧特权的思想斗争，革命的先进观念和社会理想与政治运动结合，终于酿成了改变权力结构的资产阶级政治革命。革命首先在"低地"国家开始，而后发展成具有世界历史意义的英国资产阶级革命、美国的独立战争和法国大革命，再向其他国家和地区拓展。政治是经济的集中表现，资产阶级的政治统治推动了资本主义经济随后的加速发展，而18世纪的后30年首先在英国，而后在其他发达国家发生了近代史上的第一次产业革命，从而最终确立了资本主义生产方式的统治地位。

产业革命首先是指工具改良和非生命动力资源在生产中的运用；其次是指劳动组织、工业结构及整个经济活动方式的演变；最后是指由此产生的社会整体变革的过程。它的社会意义，一是为新的生产方式创造了强大的物质基础，摧毁了自给自足的自然经济，使由农业、乡村为主体的经济体制转变为以工业、城市为主体的经济体制；二是引起了社会阶级结构的深刻变化，在资产阶级身边现代工人阶级产生，并走上历史舞台；三是使工业资产阶级的经济实力超过了土地贵族和商业金融资产阶级而成为资产阶级中的主体。

资本主义经济制度在欧美确立以后，历史又走过了 300 多年的岁月，资本主义也经历了不断的新发展：继第一次产业革命之后，又发生了第二次、第三次产业革命，并还在掀起新的科技和产业革命浪潮，与之相适应，资本主义也从自由竞争发展到垄断，从私人垄断发展到国家垄断，20 世纪八九十年代开始再在新科技革命浪潮和经济全球化的推动之下，在世界范围内经历着向国际或全球垄断资本主义阶段的新发展。

这便是作为政治制度与决策体制的经济基础的资本主义自由市场制度产生、发展的简略历史。值得指出的是生产关系是社会的基本关系，经济基础决定上层建筑，所以生产关系的研究也就是对人与人之政治关系的基础性研究。近代以来，资本主义的基本经济制度是西方国家包括外交活动与决策的政治及其决策的基础，因此应当首先从这样的经济基础去认识和研究作为上层建筑的政治制度与决策体制的有关问题。

2. 西方民主制度与决策体制的历史演进：发展的不同阶段

历史上，现代西方民主制度与决策体制形成和发展有特定的背景和基础，现代西方政治制度或民主制度的形成是一个自然的历史过程，有其客观的物质基础，在这个基础上它经历了长期发展和不同的阶段。

首先，现代西方民主制度与决策体制，伴随着资本主义生产方式的产生和发展，伴随着作为新社会主体的资产阶级成长和壮大，并通过资产阶级革命和资产阶级政治统治的确立而开始形成的。

关于初期资本主义的政治发展，马克思恩格斯在其著名的《共产党宣言》中曾有一段经典的概括，指出："资产阶级的这种发展的每一个阶段，都伴随着相应的政治上进展。它在封建主统治下是被压迫的等级，在公社里是武装的和自治的团体，在一些地方组成独立的城市共和国，在另一些地方组成君主国中的纳税的第三等级；后来，在工场手工业时期，它是等级制君主国或专制君主国中同贵族抗衡的势力，而且是大君主国的主要基础；最后，从大工业和世界市场建立的时候起，它在现代的代议制国家里夺得了独占的政治统治。现代的国家政权不过是管理整个资产阶级的共同事务的委员会罢了。"① 这段论述内容非常丰富，概括非常准确，不仅从历史与逻辑的结合上分析了资产阶级统治前政治发展的过程和主要阶段，而且深刻地揭示了现代西方民主制度的社会性质和阶级本质。

接着，以英、美、法资产阶级革命胜利、确立资产阶级政治统治为起点，西方国家的现代民主制度在资产阶级统治的实践中逐渐确立并获得发展。首先，在资产阶级革命之初提出的一系列政治原则在革命后进入宪法、法律，西方的民主、共和、法治等基本制度在经过前进、后退、发展、调整和不断创新的近一个世纪的复杂过程，也先后在当时先进的欧美主要国家最终确立、巩固并获得发展。值得指出的是历史上西方的民主体制确立并不是一蹴而就、一劳永逸的，而是充满着矛盾和斗争，交织着革命与妥协、革新与复辟、前进与后退，其中法国革命的激进和彻底、革命后情况的复杂、斗争的激烈和历史的反复给历史留下深刻的印迹，而英国之议会内阁制形成、现代政党制度与文官制度的出现、美国权力制衡的典型体制则构成此间西方民主制度建立发展历史之最重要的实践成果和政治创新，具有世界历史意义。

进入19世纪末20世纪初，比较成熟的现代西方的民主制度，经历了包括20—30年代空前的世界性经济危机和两次世界大战的严峻考验，而后在第二次世界大战后进行了全面的调整，又获得了新的发展。西方民主制度首先在经济危机与世界大战中受到极大的挑战，在一些地方濒临破产的边缘（如在主要国家出现政治危机，世界范围社会主义从一国胜利到数国胜利，在德、日、意等国法西斯主义占据统治地位），而在反法西斯战争胜利后，西方主要国家借新科技革命的东风，总结历史教训，面对战后新的政治、经济和社会要求进行了多方面的调整，使资本主义发展进入到一个新的阶段。在政治上，西方主要国家都适时地转变了国家职能，并在此基础上，对政治制度和决策体制进行了全面的改革，从而使现代西方政治制度与决策体制进入其发展的新的阶段。战后

---

① 《马克思恩格斯选集》第1卷，人民出版社1995年版，第247页。

西方政治制度最大的变化是国家职能的转变即从所谓的保障秩序的警察、守夜人转变成"经济社会的总管理者"、"总资本家",承担起更多的经济社会职能,以及以此为基础对政治各项具体制度和决策体制进行全面调整,如公民权制度的发展、国家法制化的加强、选举制度、政党制度的两极化与政策的趋同。总之,其整体是经历了所谓从议会民主向行政集权民主制的发展。而今天,在经济全球化的条件下,西方国家的民主制度又在经历着新的发展。

3. 西方民主制度与决策体制的共同基础:政治原则

西方民主制度经历了长过程的发展,各个时期、各个国家的情况尽管不完全相同,但它们大体是建立在一系列共同原则的基础之上的。这些原则是在资产阶级革命前由资产阶级的思想家首先提出,在革命中达成共识化为基本要求,尔后在革命后写入宪法和相关法律,成为具有国家强制约束力而必须贯彻实行的宪法或法律原则,最后便是在此基础之上逐步形成为现代西方国家的政治制度和决策体制。其基本原则是:

—— **政治权利来源于人民主权原则**

最早提出近代主权学说的代表人物是法国的让·布丹,而后英国人霍布斯、洛克发展了这一学说,法国人卢梭更提出了人民主权的原则。"天赋人权论"是主张人的权利是与生俱来的一种理论,认为国家和法是人的需要的产物,人的本性自然构成了国家和法的本质,因而国家存在的全部理由就在于保护个人天赋人权。"天赋人权论"所揭示的人民权利主要包括生命权、自由权、财产权和反抗权。如果说"天赋人权论"是资产阶级政治原则的起点的话,与之相联系,主权在民便是民主制度合乎逻辑的一个最基本的原则。这一原则主张,人民是主权者,主权是不可转让、不可分割的。根据这一原则,人民应公平地享有管理国家事务的权利。又由于现代国家社会分工日益专门化和国家事务日益复杂化等种种原因,人民一般不能实现直接管理,因此只能是根据密尔的代议民主理论的解释,按照一定程序选举代表组成代议机关(议会或国会)来间接地行使国家最高权力。这就是现代西方国家实行的"人民主权"的普遍的、现实的作法。

—— 权力机构设计中的分权制衡原则

从立宪君主制到共和制分权论，从英国人洛克两权分立学说到法国孟德斯鸠发展了的三权分立，从英国的妥协、法国的激进到美国的典型，分权与制衡原则作为西方民主政治制度的基本架构和最重要的运行机制，普遍存在于主要的资本主义国家。分权是指国家权力分成若干部分，由宪法授予不同的国家机构和不同的人们执掌，没有一个部门服从或支配其他任何部门，没有一个部门可以行使宪法赋予其他部门的权力；制衡即分立为不同部分的权力之间形成彼此制约的关系，其中任何一个部门权力都不能独占优势。可见，权力分立并不是说分掌权力的各部门应该完全互不相干，而是互有牵制。事实上，权力具有一种侵犯性质，应该通过给它规定的限度在实际上加以限制，以保证国家各部分权力在运行中的总体平衡，以维护统治者的整体利益。

—— 民主制度运作方面的法治原则

法治与人治相对，是指依法治理国家的原则和制度。西方法治的概念内含体现在诸多的方面：一是法治源于自然法学说，奠基于自然法的契约论之上，保护"人与生俱来的诸项权利"是法治的根本使命；二是法治必然要求限制政府的权力，即法治不仅以法律统治民众，更以法律约束统治者，法治与宪政有着天然的联系；三是法治当然强调依法治国，依法办事，但更强调所依之法必须合"法"，是好法。四是法治强调法律是被人们能动发现的自然法则，因此法治要重视法律的规范性、稳定性和持久性。西方民主制度法治原则的观点包括：法律必须是普遍和公开的；目的是维护人的公民权利和政治权利；法律面前人人平等；司法必须独立。此外，作为基本原则还有私有财产不可侵犯原则等。

总之，现代西方国家的一系列政治制度和决策体制有其经济基础，经历了长期的历史发展，又建立在一系列原则基础之上。

二、西方政治制度与决策体制的基本内容与主要特点

现代西方政治制度与决策体制包括国家的阶级本质、政权的组织形式、国家结构形式和管理形式等丰富内涵。狭义政治体制主要指政体，

即政权的组织形式与国家的结构形式。现代西方政治制度与决策体制是一种比较发达、相对成熟的形态。就主权归属而言，可分为君主制和共和制，就国家元首、立法机关和行政机关的关系而言，又分为总统制和议会内阁制。它还包括分权、制衡、政党、代议、普选和现代文官等一系列具体制度与运行机制。

1. 国家结构、国家政权的组织形式与国家的结构形式

国家政权的组织形式与国家的结构形式是现代政治制度研究的两个基本的、特定的范畴。狭义的国家政权的组织形式是说明国家政权横向各个部分如何组织结构在一起的，指中央国家权力各部分间的关系。国家的结构形式是讲国家的整体与部分纵向如何结构在一起的问题，是中央与地方的关系。这是政治制度研究、决策体制考察就注意的两个方面比较宏观的必须问题。

（1）国家政权的组织结构：三权分立与议会制和总统制

现代西方国家政权的组织结构一般实行立法、司法与行政权力的职能分解、机构分设与权力制衡原则，并形成了相应的制度，包括作为实现人民主权及立法权的机构即议会的组成、职能、活动的议会制度，作为国家权力之一即维护宪法尊严和监督政府行为的司法权、监督权的机构的组成、职能与程序的司法制度，以及作为国家公共行政权力来源、行使与程序的国家行政制度等。

此外在三权分立的原则下，就国家元首、立法机关和行政机关围绕着行政权的关系而言，西方国家政权的结构，准确地说国家行政权力结构或国家行政体制还可以分为总统制议会内阁制以及半总统制、半议会制和委员制等。这方面的研究在认识国家政权结构和决策问题上有特殊重要的意义。

议会内阁制，又称议会制政府或责任内阁制政府，以英国最为典型，还有德国、意大利、加拿大、日本等国。1721年，英国罗伯特·沃尔为首相控制的内阁是历史上第一个内阁制政府。

内阁组阁的原则：一是相容或不相容的原则，即内阁成员或者必须是议员，或者不得是议员，前者如英国，后者如美国（副总统除外）；

二是不得兼职或从事营业的原则。内阁政府与立法机关的关系是：（1）议会制内阁由国家立法机关议会选举产生，它必须对议会负责，定期向议会报告工作，受议会监督。（2）随着政党制度的发展，议会中占多数的政党或联盟执政组阁，内阁通过政党纪律控制本党议员以控制、制衡议会。（3）20世纪20年代以来政府职能扩张，以议会主权为特点的代议民主制向以行政机关占主导地位的行政集权民主制转变。

总统制政府，由总统担任国家元首和政府首脑并独揽国家最高行政权力的一种政体形式，以美国为代表。美国政府首脑由总统兼任，独立行使国家行政权，总统是国家权力的中心。内阁由总统指定的官员组成，属咨询而非决策机构，政府各部主要执行总统的意志和决策，接受总统的领导和监督，处理本部的行政事务。总统由民选而非议会决定产生，总统不对议会负责，而对选民（宪法）负责。在美国，国家的立法机关与行政机关完全分立，权力相互制衡。议员和政府官员不得兼任，国会无权倒阁，总统也无权解散国会，但总统有参与立法权，总统的权力也受国会的制约。总统与司法机关的关系是总统有权任命最高法院法官，有权赦免犯罪（仅限于依据联邦法律判罪的），而联邦法院对总统的制约则主要体现在它所享有的司法权上，它可以解释宪法并把它认为违宪的总统行政命令宣布为无效。

半总统制政府，半总统制半议会制是指法兰西第五共和国宪法所规定的，以总统为国家权力中心，以总理为政府首脑，政府对总统和议会双向负责的一种政权组织形式。

法国总统是国家元首，普选产生，连选连任，被宪法赋予"保证公共权力机构正常活动和国家稳定的仲裁人"，"国家独立、领土完整和遵守共同体协定于条约的保证人"的地位，实际上掌握着国家的最高权力。政府是中央最高行政机关，既要对议会负责，又要对总统负责，是联系议会和总统的桥梁。总统虽然不是政府首脑，但有权主持部长会议，作出重大决策。总理由总统任命，负责领导政府的活动，并确保法律的执行。法国总统与立法机关的关系是总统有权解散议会，重新进行选举；议会只对总统的判国罪可以组成最高法院进行司法审判。法国总统与司法机关的关系是总统担任最高司法委员会主席,任命司法委员会的部分成员,并主持该委员会。法国总统不对议会负责,但总理却要对议会负责。因此,法国兼有议会制与总统制的特点。

此外,委员会制政府则是指以实行合议制的委员会为国家最高行政机关的政体形式。它虽历史久远,产于古罗马,但适用范围有限,现仅在瑞士实行。

总之,不同的三权分立,不同的政府体制其决策的体系和过程是有差别的。

(2) 国家的结构形式:单一制与复合制

国家结构形式是指一个国家的整体与其组成部分之间,中央和地方之间的相互关系。国家结构形式所要解决的问题,是如何划分国家的领土,以及如何规范国家整体和组成部分,中央和地方之间的权限问题。国家结构形式一般分为单一制和复合制两种。单一制国家是由若干普通行政单位或自治单位组成的单一主权的国家,复合制国家是由两个或个以上的成员单位(如邦、州、共和国等)联合组成的联盟国家或国家联盟。根据成员单位独立性的强弱,复合制又可分为联邦制和邦联制等形式。

在单一制下,全国只有一个最高立法机关和中央政府,国家有统一的宪法和统一的最高权力机关,国民具有统一的国籍。在国家内部按地域划分行政区域,各行政区域的地方政府都受中央政府的统一领导,在对外关系以及国际事务中,中央政权代表国家行政主权,地方政权对外不具有独立性;在联邦制下,国家整体与组成部分之间的关系不是中央与地方的关系,而是权限范围不同的机构与机构的关系,它们各自的权限范围由联邦宪法规定,并在规定的范围内享有最高的权力,直接行使于人民,彼此之间不得相互干涉。联邦制国家有统一的最高权力机关和联邦政府;有统一的宪法和法律,但各联邦组成成员还有各自宪法和法律,联邦法律高于各成员的法律;国民具有统一的国籍;联邦国家除设立作为联邦国家机构的立法、行政、司法等机关外,各成员还设各自的立法、行政、司法等机关;联邦国家与各成员单位之间实行分权,各自的权力由联邦国家宪法规定；在对外关系以及国际事务中，联邦国家以及联邦政府享有主权和外交权，但各联邦成员享有由联邦宪法所规定的一定的独立性。

2. 政治制度和决策体制运行的具体制度

当代西方政治结构产生和运行、国家的政治决策和政治行政决策，在现实中还有赖于在实践中逐渐形成、演进和发展的一系列具体制度，其中除上述议会制度、行政制度和司法制度外，最重要的还有选举制度、政党制度和公务员制度等。

（1）选举制度

选举制度是选举产生国家各级代表机关的代表和国家公职人员所应遵循的一系列原则和制度的总称。现代西方选举制度伴随资本主义议会制度的逐渐确立而形成，是指公民通过法定的民主程序选举代表组成代议机关来决定国家政治事务制度。

现代选举制度是和普选制的实行分不开的。西方选举制度首先具有包括普遍、平等、秘密、自由和公开等进行选举的一系列基本原则。与此同时，在实践中还形成了认定选民与候选人资格、编制选民名册与进行各选区划分、确定选举投票方式、实施选举进行监督的选举制度的一系列基本内容和运作程序。普选制打破了"君权神授"的传统观念；改变了国家最高权力和最高首脑的产生机制，大大提高了公民的地位和影响，突出和肯定了人在政治权力产生和运作中的核心地位，从而表现出明显的历史进步性、原则的普遍性，但该制度亦有其阶级的和形式的局限性。

（2）政党制度

现代政党是阶级和阶级斗争发展到一定历史阶段的产物，是一定阶级或基层中的活动分子基于共同的意志，为了共同的利益，采取共同的行动，以期取得或维持政权，或影响政治权力的运作而建立的政治组织。

政党制度是国家政治制度的组成部分，是政党活动的产物。政党制度是国家有关政党的组织、活动以及政党参与政权的方式和途径等一系列法律、政策和惯例的总和。政党制度包括政党如何组成、如何执掌政权、干涉政治，以及如何宣传和组织群众以便在选举和代议机关及其他方面进行合法的斗争。以政党的政治性质和阶级实质为标准，政党制度可分为资产阶级政党制度和无产阶级政党制度等；以一国政党的数量和执政党的数量相结合为标准，它还可分为一党制、两党制（源于英国，以英国和美国最为典型）和多党制（源于法国，以法国和意大利最为典型）。

政党政治是指一个国家通过政党行使国家政权的形式，广义的政党政治指各国政党为实现其政治纲领和主张而展开的一切政治活动和斗争。内容包括：（1）聚合本阶级的政治意识，表达本阶级的利益要求（2）以夺取或维持政权为中心目的，各政党展开斗争都力争主导国家政治生活。（3）政党政治是西方民主制度运作的重要组成部分和重要环节。政党政治的运作环节指通过政党活动介入西方国家政治过程，并以此达到影响和决定国家政治活动的作用。其主要环节包括：一是组建政党组织、宣传政党纲领和主张；二是拉拢选民，角逐竞选；三是政党竞争，轮流执政；四是通过政党分肥，掌握国家机关重要职位，并以此为基础，进而控制国家行政机关的运作过程；五是影响其他国家机关的活动，协调政党与其他政治组织的关系。

（3）文官或现代公务员制度

现代西方国家文官制度是关于各级文官的考试、任用、管理、权利和义务以及退休等一整套的制度和体制总和，是以其特定的内容与形式构成的关于文官进、管、出的法律制度。现代西方国家的文官制度起源于英国，对抑制腐败、提高政策连续性和效率有重要的意义。

文官制度的主要内容包括：任用制度（选任制、考任制、委任制、聘任制等）、文官的权利和义务规定、职位分类，还有考绩奖惩制度、报酬福利制度、培训进修制度、人事管理机构等。文官制度的特点：一是法治化。各国都设有统一管理文官的机构，文官只对法律或法定职权负责。二是知识化和专业化。要求在法律规定的知识、专业、道德和才能的统一标准下，考试、录用、培训。三是讲求职业道德。现代文官作为常任的政府工作人员，必须忠于国家，为国家的总体利益服务。规定要政治中立，不受政党进退的影响，依法办事，廉洁奉公，遵守纪律，严守机密，不得经商和兼职，保持文官应有的形象等。总之，文官制度体现了资产阶级的机会均等、自由竞争和法律面前人人平等的原则，对维护资产阶级的整体利益起到了较大的作用。

3. 外交决策体系的一般组织结构：各类决策与多种结构

外交决策是国家或政治体系关于外交事务的对策选择，例如战争与和平、友好与交恶。外交决策与国内政策的决策有一定差别，但却有许多共同的特点。外交决策如国内事务决策一样涉及不同类型，存在不同的层次，有不同的决策程序和组织参与。因此，一方面可以一般的讲各国的决策体制，但另一方面一国的决策体制在总体统一的情况下，具体下来是一个复杂的结构，就是说不同类型的决策，事实上涉及的决策的政治行政体系（机构决策主体名谁、多少和决策程序过程）是不完全相同的。概括的讲，外交决策有政治性决策和行政性决策，有常规决策和危机决策，有战略决策、重大决策和一般决策，等等。从决策的产出机构看，又可以具体划分为作为法律（甚至是宪法）的立法机构的决策和作为政府法规、法令和政府不同部门和层次的行政部门的决策；作为中央政府的决策与作为地方政府的决策；作为政治行政体系的对象的国家对外决策与由经济、社会或文化体系做出的涉外经济、社会、文化等非政府的决策，等等。为了说明这些情况，以下拟以瑞士外交决策体制为案例说明现代西方国家外交决策体系的一般情况。

（1）瑞士外交政策的目标和基本原则是宪法的重要内容，其制订与修改是根据瑞士的制宪、修宪的程序进行的，一切涉及制宪、修宪的机构，如政府、议会两院、公民等一起构成这一类外交决策的"决策系统"（或体系）组织结构。

瑞士联邦宪法没有专门的章节规定外交活动，宪法序论表达了联邦加强同盟，维护和增进各族团结、力量与荣誉的愿望。如果说荣誉是就世界范围而言的，那么，维护和发展其荣誉便是瑞士外交之第一条指导原则。接着宪法在有关建立联邦目的的第二条中写道："联邦的目的为对外保障本国独立，对内维护和平、秩序、保护各州的自由权利并促进共同的繁荣。"① 这就明确规定了瑞士外交政策的唯一目标——保障国家独立。这里值得指出的是国家独立是瑞士外交政策的唯一目的，而中立不在目的之列。1815 年的联邦条例、1832 年和 1833 年宪法草案都曾把维护独立和中立作为外交目的。但 1848 年的制宪者没有把中立作为外交政策的目的之一，其理由是"中立不是目的，而是手段，是维护国家独立的措施"②，并且认为"一旦出现特定情况，为了主权可以放弃中立"。1874 年的宪法继承了 1848 年宪法的这一精神。

然而，1848 年和 1874 年的制宪者并没有忽视中立问题。他们在宪法有关议会和联邦委员会的职责的第八十五条和一百〇二条中都写上了维护独立和中立的内容。联邦外交文件也曾多次明确指出，"中立是瑞士百年来国际地位的基础"，是"外交政策的指导原则"。③ 1977 年瑞士还通过了第八十九条第五款的宪法修正案，规定凡涉及瑞士加入国际安全组织和超国家共同体的决定须经强制性全民复决。除上面两种情况外，其他条约如有放弃或损害中立的内容，联邦两院应决定将其诉诸非强制性全民复决。可见随着历史的发展维护中立已成为瑞士一条重要的宪法原则。

然而中立的含义是什么，宪法规定的又是哪种中立原则呢？中立首先是某个国家超脱于某一特定武装冲突的立场。这种情况下的权利和义务由国际法规定，其内容载入 1907 年规范陆战与海战中诸列强权利和义务的第五和第十三号海牙公约。④ 第二种是永久中立，即以各列强签订的公约为基础，并逐渐为习惯法承认的一种国际地位。中立负有在任何一地、任何一方参加的武装冲突中恪守永久中立，不卷入战争，不介入冲突的义务。1815 年以来，瑞士的中立是第二种中立。

---

① 《宪法资料选编》第五册，北京大学出版社 1986 年，第 222 页。以下引文均参考此译文并核对原文（Consti-tution fédérale de la confédération suisse du 29 mai 1874, Recueil de textes relevant dudroit publique, NO 101），增加了修正后的内容。

② FFl919 N P. 661.

③ FFl968 1. P. 1224，1972 1. P. 1032.

④ RS 0, 515, 21 ET 0, 555, 22.

从字面上推论，恪守中立义务会导致瑞士采取某种收缩和孤立的对外政策，但这不完全符合实际。自建立联邦之后，瑞士一直实行与其国家的中立地位和实际可能相适应的积极的外交政策。由于其资源匮乏，依赖世界市场和资源，瑞士在经济上采取开放的政策；在政治上，瑞士很早就开展某种称之为"善意调停"的活动。

所谓善意调停是和平地解决国家冲突的一种手段，也就是第三方经过友好的活动使冲突双方找到妥协的方法。比如在法国阿尔及利亚战争期间瑞士不仅积极促进双方的接触，并在埃维昂谈判期间为阿尔及利亚代表团提供住所。从中我们可以了解瑞士主张的广义善意调停的含义，就是在国际冲突中主动或应某国要求由联邦、个人或国际组织，提供各种服务，以便维护和恢复和平。瑞士实行广义的善意调停体现在一系列外交实践中，有些活动可以追溯到上个世纪。这些活动涉及许多领域，例如参与红十字运动，代表中断了外交关系的国家的国家利益，在冲突双方完全脱离接触无外交代表的情况下，保护战俘，促进和解决国际争端，发展国际仲裁，接受有关的国际委托，欢迎在瑞士的国土上举行国际会议，设立国际组织，等等。

第二次世界大战后，瑞士处在新的形势下，冷战和东西方对立使中立国在国际事务中具有特殊的地位和作用。但瑞士不是联合国的成员，需要找出新的方式加强与国际社会的联系，以便尽义务，图发展。为此，瑞士在官方文件中明确提出"休戚与共，提供方便和普建邦交"的三项外交准则。[①] 普建邦交是中立固有的要求，它反映了中立国家在战时保持同交战各国发展关系的权利。休戚与共是中立的结果和自然补充。它强调瑞士与国际社会的紧密联系和对国际事务的积极态度，成为它利用中立地位从事各种和平使命的根据。提供方便是积极中立政策的又一个方面，它表明联邦准备提供各种善意的帮助。在这方面，瑞士的外交实践颇丰。可见，瑞士的中立概念经历了发展和演变。它是积极的，富有生命力的。

---

① FF1948 I PP. 1117—1118 ~ 1951 1P. 1685.

总之，维护联邦独立是外交活动的最高目标，中立是瑞士外交活动的宪法性原则。后者是对前者的补充，中立是实现独立目标的手段。

(2) 瑞士联邦与州之间有明确的外交职权的划分。因此原则上讲，由联邦做出的外交决策的决策体系或所涉及的机构是与由各州分别做出的外交政策的决策体系或所涉及的机构是不同的。

瑞士的正式名称为瑞士邦联，但它却是一个联邦制国家。瑞士联邦宪法不仅规定了联邦议会和联邦委员会的外交职能及其权能划分，而且也规定了联邦和州在对外交往方面的职权划分。宪法第八条规定："只有联邦政府有宣战媾和以及与外国缔结同盟及条约的权力，特别是有关规定关税与商务条约的权力。"但这里规定的联邦缔约权不是绝对的，宪法第九条指出："关于公共经济与睦邻关系以及警察事项，各州特别保留与外国缔结条约的权力。但该项条约不得有违反联邦或其他州的利益的规定。"作为补充，宪法第十条还规定："凡各州与外国政府或代表有正式交往时，须通过联邦委员会的介绍。但关于第九条所列的事项，各州得与低级衙署及其官员联系。"从上述条款的限定词"唯有联邦有权"，"特殊情况下州亦可"，不难看出宪法第二条有关州的权力及与联邦关系的一般原则（凡未委任于联邦政府的权力概由各州行使）不适用于外交领域。但各州可依据宪法与联邦共享一定的外事权。

联邦的外交职能。宪法首先赋予联邦以三项特权，即宣战、媾和和缔约。宣战媾和的内容似有悖于中立国义务。但这里讲的宣战媾和显然是对外来侵略而言的。至于缔约，宪法第八条做了明确的规定。联邦不仅可以缔结政治性条约，还可以缔结非政治性条约。第一类条约包括媾和和结盟，但在保持中立的情况下结盟是被禁止的。在瑞士长期的外交实践中，联邦缔约权被赋予了广泛的含义。缔约对象可以是国家、国际组织及教会等任何国际法主体；条约指一切协议，不论其名称、缔约方数量和缔约方式；联邦可缔约的领域也包括法定应由各州行使立法权的领域。但缔约必须符合宪法并出自实际需要。可见缔约方面瑞士实行的是相对集中的体制。

此外，瑞士联邦宪法第八条以及第八十五和一百〇二条的有关条款还赋予联邦另一些广泛的外交职能。首先,联邦有对外交往权,负责处理瑞士与其他国家的关系,如承认国家、建立外交和领事关系、设立外交和领事代表团、提善意调停、参加国际组织、促进国际法的发展和国际法典的编撰。其次,联邦有权推行有关的对外政策,如与国际组织合作提供共同发展和人道主义的国际主义援助、提供自然灾害援助、促进人权的保护和发展。再次,联邦有权规范和处理一些与对外政策或多或少有联系的问题,如给外国留学生提供奖学金、参加国际博览会和参与其他方面的国际合作。最后联邦负责对外保护国家的经济、社会利益和文化民族传统。为此,联邦可就一系列广泛的问题进行立法,如限制外国人介入房地产法,限制外国人移民和防止外来文化控制法。可见,瑞士联邦外交政策不仅涉及国家间关系,而且也处理与外国人的关系。

瑞士各州的对外职能。前面已谈到宪法中涉及州的对外职权的两个条款,即有关签约的第九条和有关对外交往的第十条。其他一些条款也涉及州在对外关系中的一些问题。宪法第八、九条规定各州有条约复决权,第二十四条十三款提出州的外事咨询权等。各州有一定的缔约权。据不完全统计,自联邦建立至今,各州签订了大约140个国际条约,其中40个是二战后签订的,20个是1973年以来签订的。可见,由州签订的条约是十分有限的,但宪法赋予各州的缔约权迄今仍然有效。根据宪法,各州有权与他国签订某些条约。签约和条约的含义是广泛的,但州的缔约权是限制性的。这种限制首先是范围上的限制。原则上,州只能在一定领域即公共经济、睦邻关系以及警察事项方面行使缔约权;对州缔约权的第二个限制是内容方面的。宪法指出,无论是国际协议(第七条第二款),还是第九条规定的条约,都"不得有违反联邦或其他州利益的规定"。这里指出的是不得违反联邦或其他州的利益,而不仅仅是与宪法、联邦法或其他州的法律是否相冲突。宪法一百○二条第七款规定联邦委员会负责审查各州的有关条约是否符合上述要求。州如对审查结果不服,可上诉到联邦议会。如果另一州对某一条约提出异议也要照此程序办理(见第八十五条第五款);对州缔约权的第三个限制是程序上的限制。宪法第十条规定禁止各州与外国政府发生直接关系,原则上,是由联邦谈判、签订、批准有关州的条约。一般是州作为有关谈判代表团的成员参加有关活动,由联邦以一州或多州的名义签约。然而联邦却可以授权各州自行签订某些条约。例如联邦建立之初,联邦议会曾同意保留瓦莱和佛里堡州宪法中关于该州同罗马教会的关系由双方协议规定的条款。此外,联邦还在联邦签订的某些框架性协议或联邦立法中附带授权条款,如防止水污染法,国际援助法都有授权各州与外国签订某种协议的条款。此外,宪法第一百〇二条第七款规定这类条约一旦缔结还要由联邦委员会批准。这条规定形式上有些重复和多余,但在特定情况下是有意义的,是瑞士联邦外交的又一个安全阀。

各州还有其他的外交职权,宪法第十条第一款中有关禁止各州与外国政府发展官方关系的内容主要是指州不得与外国建立外交和领事关系,不得与外国政府谈判签约。但在瑞士的领事人员可直接与州政府接触,后者有权在其职权范围内与之做答。在瑞士的外交人员、外国政府首脑和成员也可应邀对各州进行礼节性访问。宪法第十条第二款还允许各州发展与外国相邻的地方政府之间的各种经常性的接触和关系,以处理一些共同的问题。例如为环保、运输、领土整治、自然规划等目的,各州可建立各种地区性混合委员会,进行跨国界合作。近来,瑞士各州这方面的活动相当活跃。

此外,应该指出的是虽然各州外交活动受到各种限制,但各州在联邦对外关系中仍具有不可忽视的作用。根据惯例,各州参与联邦进行的涉及该州权益的国际谈判。此外,许多法律都明文规定,联邦在采取外交措施或签约承担某种国际义务之前,要首先向各州咨询。

(3) 瑞士是联邦制国家,其外交职权虽与各州分享但主要还是集中于联邦。而联邦的外交职权是在联邦各权力主体间进行划分,立法、行政、司法、公民、政党、团体,再加上各地方权力主体在联邦外交政策的制定和执行中处在不同的地位,又起着不同的作用,由此形成为各种类型、各个层次的联邦外交政策的决策体系,涉及各不同的权力机构。

一是联邦委员会的外交职权。联邦委员会即瑞士联邦政府是联邦最高行政机构。宪法赋予联邦委员会广泛的外交职权。宪法第一百〇二条第八款指出，联邦委员会"必须监护联邦在国外的利益，尤其是关注国际关系，并主管外交方面的一般事务"。此外，它应监护保证瑞士的外部安全以及维护国家的独立与中立（第九款）。具体讲，联邦委员会的外交职权可概括为如下三个方面：

第一，负责国家的承认和建立外交关系。自1874年宪法始，由联邦委员会决定瑞士对外国的承认。随着国际关系实践的演变，今天，瑞士只承认国家，承认的条件是该国政府已实际行使权力。瑞士采取的最简便的经常的承认方式，是由联邦主席给新建立的国家的首脑发去贺电。承认国家和建立外交关系可以是同时的，但承认国家不一定要与该国建立外交关系。联邦委员会任命瑞士驻外使团，由联邦委员会交由外交部任命领馆的领事，联邦委员会接受外国大使的国书以及驻瑞士领事证书（但建立瑞士驻外使团，首先需经联邦议院批准，这是第八十五条第三款规定的），联邦委员会决定建交，也有权决定断交。

第二，负责谈判、签订、批准和废止国际条约。联邦委员会对外代表瑞士，决定参加条约谈判，任命谈判代表团，制定谈判原则，授权签字，批准条约（必要时由联邦议会批准），交换批准证书，宣布终止或延长条约。但延长条约要通过缔约时的法律程序，如果是议会批准的也要议会复批。废除的条约如果没有为瑞士增加新的国际义务，联邦委员会可以与有关国家谈判使之继续生效。此外，联邦委员会还可以在某种情况下独立地行使签约权。

第三，负责保障外部安全，维护国家独立和中立。联邦委员会负责保障外部安全，维护国家独立和中立。宪法第一百〇二条第八、九款没有赋予联邦委员会制定一般性抽象准则的权力，因为立法权是议会的特权。但现在的惯例是，联邦委员会根据宪法可以制定外交方面的立法性政府法令，以拯救重要而紧迫的国家利益。1978年的行政组织法暗含有这样的意思。[1] 这类政府法令同宪法第一百〇二条规定的保持国内安全的法令一样是独立的替代性政府法令，不同于紧急授权后公布的政府法

---

[1] Loi sur l'organisation de l'administration RS172.010.

令。并且这类法令不受时间的限制,只以保护国家利益的需要为转移。此外,根据第一百〇二条第八款,联邦委员会还可以对个案做出决定。例如1987年9月联邦委员会曾禁止一个瑞士的法律机构的活动,因为该机构为外国法院提供收集法律证据方面的服务。瑞士政府认为这有悖于瑞士的国家利益。

二是联邦议会的外交职能。对外关系是行政机关的传统特权,但立法机关在这一领域的重要作用在不断加强。瑞士议会由国民院和联邦院组成,两院在外交方面有相同的职能。瑞士宪法不仅规定了议会制约政府活动的一般职能,而且还赋予议会广泛的外交职能。

第一是立法、财政和行政监督权。外交政策要在宪法的框架内推行。[1] 议会有立法权,可以通过立法渠道影响外交政策。不过其影响力比较有限,主要原因是外交活动有特殊性。议会有行使宪法第八十五条第十款赋予的预算和财政权,他在批准预算和审查拨款时可在财政上有效地控制和影响对外政策。此外,议会的行政监督权(第一百〇二条第十一款)还使议会可以对政府的外交活动进行监督。按惯例,每届议会开始时都要听取和讨论联邦委员会外交政策报告。议会可建立各种常设或临时的专门委员会就对外政策的重大问题进行调查,形成报告。议会可就有关问题提出质疑或批评。

第二是设立外交使团。决定建立外交关系是联邦委员会的权力,但设立新的外交使团需要首先得到议会的批准。议会的这项权力不是来源于议会具有的外交权能,而是来自宪法第八十五条第三款。本款规定联邦开设新的官职需由议会决定,而开设新的外交使团等于开设新的联邦常设官职。这项实践始于1920年。在此之前,议会通过预算后,联邦委员会便可决定外交使团的设立问题。1920年因要开设新的使团,使外事预算支出上扬,议会便提出有关权限问题。此后设立使馆由议会批准,建领事馆由联邦委员会决定。1962年以前,议会以一般性议会法令的形式批准设立新的外交使团。此后,根据议会两院关系法改为以法律

---

[1] Loi sur la responsabilité RS. 170. 512'LFdu 26 mars 1934 sur les garanties politique et de la police enfaveur de la confédération RS. 172. Zl ~ Loi surles rapports entre les conseils RS. 171. 11.

形式批准设立外交使团，以一般性议会法令批准有关使馆设施的财政拨款。可见，这里议会的干预主要是在经济方面。

第三是通过批准国际条约。宪法规定议会有批准某些条约的权力。这是议会在外交方面具有的特殊职能。一般来说，议会是在条约签字与批准之间进行干预。宪法第八十五条第五款开头写道：议会"有权与外国结盟、缔约"，以及"批准各州之间和联邦与外国签订的条约"。也就是说，由政府谈判、签订的某些条约要由议会批准。根据习惯法，一切给瑞士带来新的义务和使瑞士失去某项权利的条约均需经过议会批准。议会行使批准权时只能就提交的条约做出同意或否决的决定，不能对条约本身进行修改。但议会可以停止讨论，暂缓做出决定，以便要求政府提供补充说明。

第四是决定对外安全、保持独立与中立的措施。在保证国家外部安全、维护独立和中立的职责方面，宪法赋予议会与联邦委员会相同的职责。宪法第八十五条第六款指出，议会负责"提出关于瑞士对外安全、保障国家独立与中立的措施"，政府则负责保证这些措施的实施。此外，根据惯例在这二者共同交叉行使职权的领域，议会有优先权。宪法第八十五条第六款还规定宣战与媾和是联邦议会的权力。

三是人民和各州行使的条约复决权。瑞士是所谓西方民主国家，实行半直接民主，通过选举代议机关和全民公决行使民主权利。在某种情况下，由政府谈判签订的条约被议会通过并不意味着联邦委员会可以立即批准生效，因为一些种类的条约必须经"主权者"即公民和各州的复决。复决分为强制性复决和非强制性复决两种。宪法中有关的规定是第八十九条第三—第五款。宪法第八十九条第三款规定有三种条约需要进行非强制性公民复决①。这三类条约是：（1）无限期和不可废除的条约；（2）有关加入某一国际组织的条约；（3）有关导致签约各方权利一体化的条约。宪法第八十九条第四款还规定议会两院可把其他类型的条约诉

---

① 非强制性全民公决即经公民要求举行的公民投票。为议会通过的法律或条约公布后的90天内，如征集到5万选民的签字要求，政府应组织公民投票。他是瑞士直接民主的一种形式。

诸全民公决。最后第八十九条第五款要求对有关加入集体安全组织和超国家共同体的条约举行强制性全民公决①。

总之，瑞士联邦的对外职权是由联邦委员会、议会、全体公民和各州共同行使的。三者的职权和关系不能从等级方面理解，而应从功能角度去认识。联邦委员会是外交的经常性机构，对外代表国家。它具有足够广泛的权力，以保证它在国际事务中采取适时、适当的行动。可见在外交活动中联邦委员会起主要的作用；但外交是整个国家活动的一个部分，不能完全由联邦委员会独立决定。其大政方针应由政府和议会共同制定，其外交决策和活动要受议会的限制和公民及各州的监督。各权力主体各有其职，各司其职。而他们认为瑞士外交系统只有如此有效地运转才能保证瑞士联邦的外部安全、独立与中立。值得注意的是三者的关系不断经历着变化和演变，其趋势是议会影响的加强。

第二节 中国外交决策体系和组织结构的特点与发展

事实上，中国外交决策涉及的决策政治行政体系（机构决策主体名谁、多少和决策程序过程）也是很复杂的。与西方国家一样，中国的外交决策也有政治性决策和行政性决策，有常规决策与危机决策，有战略决策、重大决策和一般决策，等等。

但中国对外政策研究的模式和框架不能直接借用西方的模式，而应该从中国国内政治的实际情形出发，构建一个"理想类型"的分析框架。中国的政治结构有三个特点：第一，执政党与国家关系的特点。相对于西方，中国的政党制度有很大的不同，中国实行的是在中国共产党领导下的多党合作与政治协商制度，共产党是唯一的执政党，其他民主党派都是参政、议政党；执政党要在宪法范围内活动，但宪法规定了执政党在国家与社会生活中的领导地位和核心作用。这一点规定了党与国

---

① 瑞士直接民主的又一种形式，即不经公民要求法定也须举行的公民投票。

家的关系，对决策体制以实质性影响；第二，政府与社会的关系有中国自己的特点。相对于西方，中国的公民社会发育并不成熟，无论是社会团体还是公民意识都亟待进一步增强。在相当长一段时期内特别是在改革开放前，在中国政府的政策制定过程中，社会的"声音"非常弱小，在对外政策制定过程尤其如此。但这不等于中国的公民社会对中国的外交政策的制定没有任何影响。随着中国开放政策的深入、信息手段的普及和涉外民间团体活动的活跃（如反对日本入常、保钓运动等），它们在一定程度上已经对中国政府外交以积极的影响。第三，中央与地方关系的特点。在中国传统的国内政治中，外交决策由中央政府负责，地方政府只起辅助的作用。由于中央与地方总体目标的一致性，因此中央的外交政策基本上可以满足地方的要求，而地方被赋予了必要时配合中央政府的外交工作的义务（如接待外宾访问）。但是，随着全球化的发展，中国的"次中央外交"也在兴起，次国家的政府和组织越来越多地介入国家的对外政策制定过程，越来越广泛的参加一些国际活动、涉外工作。有学者认为它们构成了一个新崛起的影响集团。因此，从中央与地方关系变化的角度理解国内结构的变化以及对外交政策影响，也是本议题研究的内容。

中国当代政治制度与决策体制的产生发展是一个自然的历史过程，又是中国人民斗争、探索的社会实践过程；它建立在中国现实和世界的现实基础之上，有其鲜明的中国特色与制度特点；它在现实生活中体现出自身的优越性。但是，面对世界的变革和中国的发展，中国的政治制度与决策体制也必然回应新的挑战，从而不断地与时俱进、创新发展。

一、中国政治制度和决策体制的形成与演进

新中国的政治制度产生和发展不是偶然的，经历了中国近代百年的曲折发展。一个半多世纪以来，这个发展大致经历了三个时期，即1848鸦片战争到1911年辛亥革命，鸦片战争为中国近代政治发展的开端，辛亥革命则推翻了清王朝，也结束了两千年封建专制统治；1911辛亥革命到1949实现民族独立，结束了国家分裂，中华人民共和国建立；从

1949年新中国成立至今。新民主主义革命的胜利，开创了中国近代政治发展的新纪元；建国后28年社会主义建设的实践和社会主义道路的曲折探索，奠定了包括中国政治体制的基本制度基础，积累了丰富的经验；改革开放是决定当代中国的关键一步，30年来促进了中国经济、社会、文化的进步。与此同时，中国政治也获得了重大的发展，政治体制也发生了伟大的变革。

在这三个阶段，推进政治发展的主体、政治发展的形式和性质上有着显著的不同，却又紧密地联系在一起，其共性内容，就是以民族独立和国家富强为主题，在政治上进行不懈的探索，即拓展政治民主，提高政府效率，强化政治秩序，适应现代文化等；就是中国从传统政治到现代政治的变迁；就是中国政治的现代化。

1. 新中国的建立与当代中国政治体制发展的新纪元

自1840年以来，中国逐步由封建社会沦为半殖民地半封建的社会。帝国主义、封建主义和官僚资产阶级的反动统治，使社会矛盾不断激化、不断发展，中国积贫、积弱，人民处在"水深火热"之中。自鸦片战争以来的一百多年当中，先进的中国人不断地寻找着救国救民的出路，之中有封建统治者内部革新派的改良维新，人农民群众和人民的武装起义和革命暴动，更有新生的资产阶级的改良和革命。

1911年，孙中山先生领导的辛亥革命（资产阶级民主革命）终于推翻了清王朝，结束了两千年封建专制在中国统治的历史。但当时的中国仍然处于帝国主义列强的控制之下，国家内部则军阀混战、四分五裂、民不聊生，中华民族处在危险的时刻。

1917年，俄国"十月革命的一声炮响，给我们送来了马克思列宁主义"（毛泽东语）。从此，中国的历史进程发生转折。以"五四"运动为标志，中国反帝反封建的民主革命，由以资产阶级为领导的旧民主主义革命阶段开始向以工人阶级为领导的新民主主义革命阶段推进。1921年，马克思主义与中国工人运动相结合，诞生了中国共产党。只有社会主义才能使中国成为一个独立、自由、民主、统一和富强的国家，才能使中国在现代化中获得新生，成为当时绝大多数中国人的共识。因此，以毛泽东为代表的中国共产党人把马克思列宁主义与中国革命的实际相结合，正确认识中国社会的性质和中国革命的性质，确立了无产阶级领导的人民大众的反对帝国主义、封建主义和官僚资本主义的新民主主义革命的总路线，找到了农村包围城市，最后夺取全国胜利的革命道路。经过28年的殊死斗争，中国共产党带领人民取得了新民主主义革命的胜利，建立了新中国。

新中国的成立，结束了中国长期遭受帝国主义欺凌和奴役的历史，结束了中国在国民党反动派统治下长期战乱和帝国主义列强瓜分的四分五裂的局面，实现了民族的独立、国家的统一。之后，经过七年的社会主义改造，中国建立了社会主义制度，解决了中国现代化的政治前提和制度基础，开创了中华民族独立自主地建设自己的国家和自立于世界民族之林的历史新纪元。

传统中国政治不能说不曾是先进的、有效的，但到近代，即1840年鸦片战争之后就落后了，过时了，其表现就是中国的积贫积弱和一系列政治经济危机的出现。1840年鸦片战争以来的近现代中国，不论从什么意义上讲，都经历了空前的政治发展。而以新中国建立为标志的当代中国的政治发展有其特殊的历史背景，概括起来有三个方面：第一，以英国开始的第一次产业革命，使民族的历史变成了世界的历史，各民族的政治、经济、文化开始处在世界范围的广泛联系之中。19世纪近代政治文明随西方的"扩张"而成为世界之"趋势"，而西方列强的入侵，给中国等传统国家以深刻复杂的影响。第二，近代以来，半殖民地、半封建的中国十分落后，"外源性"现代化整体进程曲折、迟滞，传统政治文化不仅具有相对的独立性和继承性，而且没有失去其存在的现实基础，仍长期发挥了内在的作用。第三，20世纪初，俄国"十月革命一声炮响，给中国送来了马克思列宁主义"，马克思主义与中国实际结合，无产阶级（共产党）领导的民族、民主革命取得胜利，开辟了中国现代政治发展的新局面和现实道路。

可见，以新中国建立为标志的当代中国的政治发展绝非偶然：一方面，是一种所谓"外源性"现代化的过程，是国际原因"诱发"而化的结果；另一方面，是一个发生于中国的现实过程，是当代中国社会矛盾和阶级矛盾发展的必然。

2. 新中国前 28 年建设与探索奠定了制度基础、形成了体制特点

无产阶级（共产党）领导的民族、民主革命的胜利，开辟了中国历史的新纪元，也打开了中国发展的新局面。在新中国的社会主义建设实践中，社会主义经济与政治建设相连并进，正是无产阶级专政的力量保障了社会主义经济基础的成功建立，而社会主义经济制度的建立又为新中国的政治制度的建立和发展奠定了坚实的基础。

早在新中国成立之前，以毛泽东为代表的中国共产党提出了新中国的发展方向，这就是从新民主主义发展到社会主义，使中国稳步地由农业国转变为工业国，把中国建设成为一个伟大的社会主义国家。1953 年，中共中央提出了"一化三改"的过渡时期总路线，把实现国家工业化与社会主义改造联结为一体，作为中国社会发展的基本思路。随后，以建立社会主义基本经济制度为目标的"三大改造"和以建立工业化基础为目标的第一个五年计划在全国实施。1956 年，中共八大宣布"社会主义的社会制度在我国已经基本上建立起来"。至此，中国实现了社会制度的历史性飞跃。与此同时，当代中国政治体制总体上讲就是人民民主专政制度、人民代表大会制度、中国共产党领导的多党合作和政治协商制度、民族区域自治制度也逐渐形成。

产生、发展于特殊背景的当代中国政治制度与发展也具有鲜明的特点：首先，它"脱胎于中国共产党领导下的革命战争年代"，初建于新中国诞生之际，"在社会主义改造时期（1953—1956）基本确立"。因此，在政治理念（共产党领导、人民民主和专政）、制度设计（议行合一）、体制运行（行政主导、民主集中）上，有不同于西方的特点，它是中国革命的直接成果，是对苏联社会主义模式的某种借鉴，是作为与高度集权的计划经济相适应的政治体制。第二，它产生于"世界历史的时代"，深受近代多种政治文明发展的影响。因此在一系列基本制度，如人民民主和人民代表大会制度、中国共产党领导下的多党合作与政治协商制度、单一制的国家结构与民族区域自治制度，以及城乡基层民主

等制度上,均具有某种近代宪政、法制和民主的理念和制度形式的特点。中国宪法规定,全国人民代表大会和地方各级人民代表大会都由民主选举产生,对人民负责,受人民监督;宪法肯定中国共产党的领导作用,但同时肯定了历史上形成的各政党组织的作用,并强调宪法是政治活动基础。可见,它也是近代世界政治文明的继承,尤其是近代中国民主宪政过程的继续和发展。第三,在现实生活中,中国政治还交织着政治伦理化、家长制、权力过分集中(个人)、机构职能不清,某种程度的人治和某种终身制色彩的干部制度等传统政治现象。而这些政治现象在毛泽东发动的所谓"文化大革命"中有突出的表现,危害了社会正常秩序和经济的发展。

当然在这一建设与探索中,成败得失、经验教训是呈交织状的。这种具有三种文化色彩的新政治曾是新中国成立后的一种政治现实,即现实制度和模式,有历史意义和作用。但事实证明,这种传统的社会主义政治模式没能真正实现广大人民群众当家做主,没有实现对现代西方政治文明的有效学习和借鉴乃至超越,而中国传统政治文化也没有真正完成对发展现实的适应性变异。因此,当代中国政治仍面临着改革创新和发展,而在上世纪70年代末,这一问题也进一步提上日程。

3. 推进中国改革开放的30年,也是中国政治决策体制变革完善的30年

1978年以来是中国推进改革开放的30年,也是中国政治变革的30年。改革开放是决定当代中国发展命运的关键步骤,30年的改革开放使中国获得了经济、社会、文化和政治的重大发展。应当说,政治体制改革是中国改革开放的重要内容,而中国政治改革和发展与其整体改革开放的历史进程紧密相连。

首先,以"文化大革命"结束为标志,中国共产党开始反思历史,重新认识中国社会发展的现实道路,实现从以阶级斗争为纲到以经济建设为中心,从僵化半僵化到全面改革,从封闭半封闭到对外开放的"历史性转变",在中国大地上,展开了改革开放发展的历史进程。所谓"改革"就是要改变权力过分集中的政治、经济和文化体制,"开放"就

是实行对外开放政策,扩大国际经济文化的交流。

第二,改革开放使中国社会发生了很大的变化:经济得到较大、较快、较持续的发展,生产力水平有了较大的提高。社会主义计划经济实现向市场经济的转变。在产权结构发生变化的基础上,各种市场逐渐形成并不断规范,在社会商品零售总额、农副产品收购总额和生产资料销售总额中,市场定价已成事实,市场竞争局面基本形成,市场对资源配置的基础性作用不断增强。第三"乡土中国"正在向现代化中国(农村人口减少、城市化率提高和人均受教育时间增长,出生率下降而平均期望寿命不断提高)大踏步地迈进;如果说长期农业经济基础上的社会不发达维系了某种有乡土色彩的社会秩序和治理方式的话,那么改革开放以来经济和社会的现代化发展则要求并催生了现代政治秩序及其新变化。

此外,从国际方面看,经济全球化条件下,政治现代化进一步成为世界潮流,中国的开放,例如加入世贸组织,也极大地推动了有益于中国人权、民主和法制的政治改革和发展的进程。

自1978年以来,中国政治体制改革经历了曲折的发展和不同的阶段,这一时期政治方面的进展也体现在诸多之方面:如现代公民权制度逐渐落实,人民的各种权利得到切实保护;领导体制得到改善,权力配置得到优化,政治运行制度化水平有所提高;树立依法治国方略,着力建设社会主义法治国家;实现政府职能从"全能国家"到"有限国家"转化,实现依法、民主、科学行政。中央与地方的关系得到调整,在保持中央权力集中的基础上,地方扩大了相应的自主。不仅如此,宪法修正案规定,"国家在必要时得设立特别行政区";各层次政治的参与有明显加强,基层民主建立并得到巩固和发展。今天,当代中国的政治体制和决策体制在新的背景下,继往开来,经历着新的发展。

——现代公民权制度逐渐落实,人民的各种权利得到切实保护。新中国建立初期,宪法(1954)就规定了公民的基本权利和义务,但制度不完备,实践有偏离,公民的基本权利没有得到有效保障。1978年以后,在总结教训的基础上,人权保障的基本制度得到完善;1982年宪法把公民基本权利放在更加重要的位置,此后,以宪法为依据,中国制定了一系列保障人权的法律,参加了 21 项有关的国际人权公约,并采取多项措施履行相关义务;2004 年 3 月,十届人大二次会议审议通过的宪法修正案,更将国家尊重和保障人权载入宪法。今天中国人民享有过去从未有过的比较全面的基本人权。这一点体现在城乡居民收入和健康水平的提高、大众传媒的繁荣和各类民间组织的发展、政府对教育科技文化卫生投入的增加和国家就业、社会保障事业的发展等。

——领导体制得到改善,权力配置得到优化,政治运行制度化水平有所提高。中国共产党的领导地位是历史上形成的,又具有一定的现实基础。建国初期,中国共产党注意党与国家的关系,但后来出现了党的组织国家化(1957—1966),形成一元化体制(1966—1977)。从 1978 年至今,中国共产党重视处理党与国家、与其他政党组织的关系,恢复和发展了多党合作和政治协商制度,推进了领导体制的改革和改善。1980 年,邓小平在著名的《党和国家领导制度的改革》讲话中提出着手解决党政不分、以党代政的问题,1982 年宪法提出党"必须在宪法和法律的范围内活动"的原则,1987 年,明确提出实行党政分开,并将其视为政治体制改革的关键。1989 年以后,在新的背景下,党的领导继续得到调整,逐渐规范了党实现政治领导、思想领导和组织领导的具体方式,规范了党与人大、政府、其他政党组织(包括政协)的关系,各项基本制度有所完善。人大、政府、司法机关的法律地位得到尊重,独立性获得增强,自身建设得到推进;其他各政党组织的政治协商、民主监督、参政议政能力得到加强,多党合作政治协商制度得到改善。

——树立依法治国方略,着力建设社会主义法治国家。经过"文化大革命",在改革开放过程中,人们认识到没有法治就没有现代化,市场经济是法治经济,现代社会是法治社会。因此,90 年代提出依法治国建立社会主义法治国家的基本治国方略,1999 年通过宪法修正案,把依法治国载入宪法,而后又把"共产党的领导、人民当家做主和依法治国的结合作为现阶段中国政治发展的根本特点"。30 年来,中国的法治建设的确进入一个新的发展阶段。具体情况是:加强立法,推进有法可依;强化法律权威,推进有法必依;进行司法改革,推进公正司法;加强法律监督,做到违法必究;改善党的活动方式,推进依法执政;开展普法教育,创造法治文化。

——实现政府职能从"全能国家"到"有限国家"转化,实现依法、民主、科学行政。首先,根据建立社会主义市场经济和实行民主行政的要求,政府实行职能转变和机构改革,如依法界定政府的管理职能,政府只管公民、市场、中介管不了的事务,逐渐理顺了与企业、市场和社会的关系;如深化行政审批制度改革,加强社会管理和公共服务;如多次进行机构改革,建立现代公务员制度。第二,积极推进依法行政,包括加强政府立法工作,改善行政执法,完善行政监督制度。第三,建立政务公开、扩大公众参与、引入专家咨询、社会听证等制度,使政府的决策效率得到一定程度的改善。

——中央与地方的关系得到调整,在保持中央权力集中的基础上,地方扩大了相应的自主权。中国具有统一的、中央集权的历史传统,但1949年后,中国从实际出发,建立起单一制的国家结构形式,也形成了有特色的民族区域自治等制度。但高度中央集权体制在计划经济的基础上得到过度的强化。改革开放以后,国家调整了中央与地方的各种关系,相应扩大了地方人、财、物方面的自主权。与此同时,中央进一步落实了民族区域自治制度,健全了各级自治组织(155个民族自治地方,实行民族区域自治的少数民族人口占全国少数民族人口总数的71%),切实保障地方自治组织自主管理内部事务,制定自治条例和单行条例,使用本民族语言,保护本民族宗教信仰自由等自治权,实行各种政策帮助和支持民族自治地区发展民族经济和社会事业。不仅如此,宪法修正案规定,"国家在必要时得设立特别行政区",实行的制度视情况由全国人大以法律规定。"一国两制"是我国实现和平统一祖国的基本方针,它是在承认世界和中国历史、现实的基础上,在考虑和平解决台、港、澳问题的过程中逐步形成的,中国于1997年7月和1999年12月分别在香港、澳门恢复行使主权,即根据人大法律在两地建立特别行政区,实行"一国两制",港、澳在一个中国的前提下,实行高度的自治。

——各层次政治的参与有明显加强,基层民主建立并得到巩固和发展。1978年以后，随着中国的发展和进步，全国基层民主不断扩大，公民有序的政治参与渠道增多，民主的实现形式日益丰富。目前，中国已建立了以农村村民委员会、城市居民委员会和企业职工代表大会为内容的基层民主自治体系。例如村民自治发端于上世纪80年代初，推广于90年代，现已完备了相关法律，成为8亿多农民民主选举、民主决策、民主管理、民主监督，直接行使民主权利，实行基层（行政村）自治管理的有效制度。

对30年来中国政治发展与政治体制的变化应如何评价呢？一是政治体制没有发生根本的变化，依然具有权威政治的色彩，权力仍然高度集中，人民当家作主的实现形式还有待丰富，依法治国的力度还应加强；二是政治体制的确得到了相当的调整，事实上虽仍在变化过程之中，但中国政治发展与政治体制的确正经历着从传统到现代的量变积累的过程之中；三是这一时期中国政治发展与政治体制的变化基本适应中国社会发展的现实要求，其发展战略选择比较符合后发国家的政治发展规律和中国的国情，结果既促进了中国经济社会发展和政治秩序的稳定，又得到基本群众的认可和支持。

但值得指出的是，尽管中国政治发展有了长足的进步，国体具有毋庸置疑的先进性和优势，但中国的政治文化体制却仍然具有集中特点并且正在经历人治向法治的转变，而以德治国仍然在强调以法治国的背景下有着重要的地位。

二、中国的政治体制与外交决策体系的组织结构及其特点

中华人民共和国是工人阶级领导的、以工农联盟为基础的人民民主专政的国家。人民代表大会制度是我国根本的政治制度。与之相适应，中国特色社会主义的政治制度和决策体制还包括中国共产党领导的多党合作和政治协商制度、单一制国家结构与民族区域自治制度和特别行政区制度，以及各种形式的基层民主制度等。

1. "人民当家做主"的政治制度与决策体制

人民民主专政是我国的国体。我国宪法明确规定："中华人民共和

国是工人阶级领导的、以工农联盟为基础的人民民主专政的社会主义国家。"这一规定表明：人民民主专政是工人阶级（经过共产党）领导的、以工农联盟为基础的对人民实行民主和对敌人实行专政的国家政权。正如毛泽东所说："对人民内部的民主方面和对反动派的专政方面，互相结合起来，就是人民民主专政。"①

人民民主专政是马克思列宁主义关于无产阶级专政的理论同我国革命的具体实践相结合的产物，是中国共产党在领导革命斗争中的一个创造。人民民主专政作为国家政权，经历了一个发展过程。在新民主主义革命时期，人民民主专政是以工人阶级为领导、工农联盟为基础的各革命阶级的联合专政，担负着反对帝国主义、封建主义和官僚资本主义的新民主主义革命的任务。由于新民主主义革命是资产阶级民主主义的革命，因此此时的人民民主专政，还不是无产阶级专政。新中国成立后，新民主主义革命转变为社会主义革命，人民民主专政的主要任务是实现工业化，同时完成生产资料私有制的社会主义改造，消灭剥削阶级和剥削制度。社会主义制度建立后，人民民主专政已经成为无产阶级专政，其主要任务是保卫社会主义制度，领导和组织社会主义建设，对敌视、破坏社会主义制度的反动势力和反动分子实行专政。

人民民主专政是适合中国国情和革命传统的一种形式，具有鲜明的中国特色：第一，从政权组成的阶级结构来看，在新民主主义革命时期和向社会主义过渡的时期，参加国家政权的不仅有工人、农民和城市小资产阶级，在一定历史时期中还有民族资产阶级。进入社会主义以后，包括知识分子在内的工人阶级、占人口大多数的农民阶级、一切拥护社会主义和拥护祖国统一的爱国者，都属于人民的范畴，在最广大的人民内部实行民主，只对极少数人实行专政。第二，从党派之间的关系看，实行共产党领导的多党合作与政治协商。这种新型的政党关系是国际共产主义运动史上一个成功的创造，也是我国政治制度中的一个特点和优点。第三，从概念表述来看，人民民主专政的提法更全面、更明确地表

---

① 《毛泽东选集》第 4 卷，人民出版社 1991 年版，第 1475 页。

示出人民民主和人民专政这两个相互联系的方面。邓小平指出，人民民主专政实质上也就是无产阶级专政，但是人民民主专政的提法更适合于我们的国情。

坚持人民民主专政的实质，就是要不断发展社会主义民主，切实保护人民的利益，维护国家的主权、安全、统一与稳定。坚持人民民主专政，首先要坚持国家的一切权力属于人民，保证人民依照宪法和法律规定，通过各种形式和途径，管理国家事务，管理经济和文化事业，管理社会事务，保证人民当家作主。坚持人民民主专政，还必须充分履行国家政权的专政职能。任何国家要保持政权巩固和社会稳定发展，都要履行专政的职能。

2. 中国的政权组织形式和具体制度

人民代表大会制度是中国人民当家做主的政治制度实现形式，是基本的政权组织形式，与之相适应，还有如国家结构、选举、政党、行政、司法、公务员等政治结构与一系列具体制度。

（1）人民代表大会制度

人民代表大会制度是中国人民当家做主的根本政治制度，是我国的政体。在我国实行人民代表大会制度，是我们党把马克思主义基本原理同中国具体实际相结合的伟大创造，是近代以来中国社会发展的必然选择，是中国共产党带领全国各族人民长期奋斗的重要成果，反映了全国各族人民的共同利益和共同愿望。毛泽东指出："只有这个制度，才既能表现广泛的民主，使各级人民代表大会有高度的权力；又能集中处理国事，使各级政府能集中地处理被各级人民代表大会所委托的一切事务，并保障人民的一切必要的民主活动。"① 人民代表大会制度从1954年正式建立以后，经历了一个不断完善和发展的过程。

实行人民代表大会制度是中国社会主义民主政治最鲜明的特点。在我国，人民内部虽然还存在各种复杂的矛盾，但全国人民根本利益的一致性，决定了人民可以统一行使自己的国家权力。中国在实现现代化的

---

① 《毛泽东选集》第3卷，人民出版社1991年版，第1057页。

进程中，既要解决各种复杂的矛盾和问题，又要追赶发达国家，更需要集中和效率。实行人民代表大会制度最符合我国国情。在国家机构体系中，人民代表大会作为国家最高权力机关统一行使国家权力，实行民主集中制，集体行使职权，集体决定问题；国家行政机关、审判机关、检察机关由人民代表大会产生，对它负责，受它监督，合理分工、协调一致地工作，保证了国家统一有效地组织各项事业，保证一切权力属于人民。正如邓小平指出的："我们实行的就是全国人民代表大会一院制，这最符合中国实际。如果政策正确，方向正确，这种体制益处很大，很有助于国家的兴旺发达，避免很多牵扯。"①

改革开放以来，人民代表大会制度建设和人民代表大会的工作得到不断推进，人民民主不断扩大和深入。我们把直接选举人民代表大会代表的范围扩大到县，实行普遍的差额选举制度；完善了全国人民代表大会常务委员会的职权；在县级以上地方各级人民代表大会设立了常务委员会并赋予其相应职权；立法工作取得显著进展，以宪法为核心的中国特色社会主义法律体系初步形成，有力地推动和保障了改革开放和社会主义现代化建设的顺利进行。

(2) 多党合作与政治协商制度

中国共产党领导的多党合作和政治协商制度，是我国的一项基本政治制度，是马克思主义政党理论和统一战线学说与我国具体实际相结合的产物，是中国社会主义民主政治制度的重要形式。

除中国共产党外，中国内地目前还有八个民主党派。它们是：中国国民党革命委员会、中国民主同盟、中国民主建国会、中国民主促进会、中国农工民主党、中国致公党、九三学社和台湾民主自治同盟。共产党领导的多党合作和政治协商制度，是在中国人民反抗帝国主义、封建主义和官僚资本主义的革命斗争中形成的，是共产党和各民主党派及社会各界民主人士的共同选择。

中国共产党的领导是多党合作的首要前提和根本保证。但这种领导

---

① 《邓小平文选》第 3 卷，人民出版社 1993 年版，第 220 页。

是政治领导，即政治原则、政治方向和重大方针政策的领导。中国共产党与各民主党派都以宪法为根本活动准则，负有维护宪法尊严、保证宪法实施的职责。中国共产党与各民主党派合作的基本方针是"长期共存、互相监督、肝胆相照、荣辱与共"。

中国人民政治协商会议（以下简称人民政协）是中国人民爱国统一战线的组织，是中国共产党领导的多党合作和政治协商的重要机构，也是中国政治生活中发扬民主的重要形式。人民政协的主要职能是政治协商、民主监督、参政议政。

人民政协的政治协商是中国共产党领导的多党合作的重要体现，是党和国家实行科学民主决策的重要环节，是党提高执政能力的重要途径。政治协商就是中国共产党同各民主党派、人民团体及各方面的代表人士，在共同遵守宪法和基本路线的基础上，就有关国家事务和地方事务的重大问题，进行各种形式的充分讨论，集中各方面提出的正确意见，采取协商一致的原则，解决问题。

人民政协的民主监督是我国社会主义监督体系的重要组成部分，是在坚持四项基本原则的基础上通过提出意见、批评、建议的方式进行的政治监督。它是参加人民政协的各党派团体和各族各界人士通过政协组织对国家机关及其工作人员的工作进行的监督，也是中国共产党在人民政协中与各民主党派和无党派人士之间进行的互相监督。

人民政协的参政议政是人民政协履行职能的重要形式，也是党政领导机关经常听取参加人民政协的各民主党派、人民团体和各族各界人士的意见和建议、切实做好工作的有效方式。人民政协的参政议政是对政治、经济、文化和社会生活中的重要问题以及人民群众普遍关心的问题开展调查研究，反映社情民意，进行协商讨论，通过调研报告、提案、建议案或其他形式，向党和国家机关提出意见和建议。

（3）单一制国家结构与民族区域自治制度和特区制度

我国是单一制的中央集权的国家，但在统一的国家之下，实行了民族区域自治政策，还根据"一国两制"原则，在港澳台实行特别行政区。

首先，国家民族区域自治是解决我国民族问题的基本政策，是国家

的一项基本政治制度。实行这种制度,体现了我国坚持实行各民族平等、团结、合作和共同繁荣的原则。

中国是一个统一的多民族国家,在 56 个民族中,汉族人口最多,其他 55 个民族人口较少,习惯上被称为少数民族。世界上的多民族国家在处理民族问题方面有不同的制度模式,如联邦制、邦联制、民主自治等,中国采用的是民族区域自治。

民族区域自治是在统一而不可分离的国家领导下,各少数民族聚居的地方设立自治机关,行使自治权,实行区域自治。民族区域自治的核心,是保障少数民族当家做主,管理本民族、本地方事务的权利。邓小平指出:"解决民族问题,中国采取的不是民族共和国联邦的制度,而是民族区域自治的制度。我们认为这个制度比较好,适合中国的情况。"①

实行民族区域自治,符合各民族人民的共同利益和发展要求。首先,统一的多民族国家的长期存在和发展,是我国实行民族区域自治的历史依据。中国在历史上长期就是一个集中统一的国家,各民族之间虽有战有和,有统有分,但在漫长的历史进程中,认同自己是中国大家庭中的一员,始终是各民族关系的主流。第二,近代以来,在反抗外来侵略斗争中形成的爱国主义精神,是实行民族区域自治的政治基础。近代以来,在共同反抗外来侵略的浴血斗争中,中国人民体会到,各族人民只有紧密地团结和联合起来,才能维护国家的主权统一和领土完整;只有实现国家的独立自主和繁荣富强,各民族才能拥有真正的自由、平等、发展和进步。第三,各民族大杂居、小聚居的人口分布格局,各地区资源条件和发展的差异,是实行民族区域自治的现实条件。在长期的历史发展过程中,我国各民族频繁迁徙,逐步形成了大杂居、小聚居的分布格局。汉族作为中国人口最多的民族遍布全国,少数民族人口虽少,且主要聚居在广大边疆地区,但在内地所有县以上行政区域都有居住。这种你中有我、我中有你、相互依存的人口分布状况,决定了在一些少数民族聚居的地方,建立不同类型和不同行政级别的民族自治地方,

---

① 《邓小平文选》第 3 卷,人民出版社 1993 年版,第 257 页。

有利于民族关系的和谐稳定和各民族的共同发展。截至2003年底，我国共建立了155个民族自治地方，实行区域自治的少数民族人口占全国少数民族总人口的71%，民族自治地方的面积占全国国土总面积的64%左右。

根据《中华人民共和国宪法》、《民族区域自治法》和其他法律的规定，我国各民族自治地方的自治机关享有广泛的自治权利。一是自主管理本民族、本地区的内部事务的权利；二是享有制定自治条例和单行条例的权利；三是享有宗教信仰自由的权利；四是享有使用和发展本民族语言文字、按照传统风俗习惯生活及进行社会活动的权利和自由。此外，还拥有自主安排、管理、发展经济建设事业，自主发展教育、科技、文化等其他各项权利。

此外，中国在必要时还建立了特别行政区，实行"一国两制"。为完成祖国统一大业，邓小平从实际出发提出了"和平统一、一国两制"的构想，以江泽民为核心的党中央第二代领导集体和以胡锦涛为总书记的党中央，在新的形势下坚持和发展了这一思想，并具体地制定了一系列方针政策，进一步发展和完善这一的思想。"和平统一、一国两制"方针的基本内容是在祖国统一的前提下的，国家的主体坚持社会主义制度，同时在台湾、香港、澳门保持原有的资本主义制度和生活方式长期不变。2007年7月1日，胡锦涛在庆祝香港回归祖国10周年大会暨香港特别行政区第三届政府就职典礼上发表重要讲话时也强调指出，"一国两制"是完整的概念。"一国"是"两制"的前提，没有"一国"就没有"两制"。这些论述不仅指明了"和平统一、一国两制"方针的基本内容，而且再次指明了这个方针的适用范围。根据这一论述，我们将"和平统一、一国两制"的基本内容可具体化为：第一，一个中国。世界上只有一个中国，台湾是中国不可分割的一部分，中央政府在北京。这是举世公认的事实，也是和平解决台湾问题的基础和前提。中国政府坚决反对旨在分裂中国主权和领土完整的言行，反对"两个中国"、"一中一台"、或"一国两府"，反对一切可能导致"台湾独立"的企图和行径。第二，两制并存。在一个中国的前提下，大陆的社会主义制度和台湾、香港、澳门的资本主义制度，实行长期共存，共同发展。祖国统一后,台湾、香港、澳门的现行社会、经济制度不变,生活方式不变,同外国经济、文化关系不变。诸如私人财产、房屋、土地、企业所有权、合法继承权等,一律受法律保护。第三,高度自治。根据宪法和法律的规定,台湾、香港和澳门建立特别行政区。特别行政区享有高度的自治权,中央政府和特别行政区是中央和地方关系。中央不干预特别行政区的具体事务。统一后,台湾拥有在台湾的行政管理权、立法权、独立的司法权和终审权,党、政、军、财都自行管理。可以同外国签订商务、文化协定,享有一定的外事权,可以有自己的军队。第四,和平谈判。通过接触谈判,以和平方式实现祖国统一,是全体中国人的共同心愿。为结束敌对状态,实现和平统一,两岸应尽早接触谈判。但中国无义务对任何图谋分裂中国的行动,做出放弃使用武力的承诺。第五,"和平统一、一国两制"基本方针不仅适用于解决香港、澳门问题,而且也适用于解决台湾问题。

三、中国外交决策组织机构与体系分析

宪法最主要的功能就是规范国家权力,使国家权力由特定的机关、在一定的范围和限度内行使并遵循一定的方式和程序。我国1982年宪法为适应新时期现代化建设与民主法治建设需要,对国家机构做了比建国以来历部宪法都更为详尽的规定,也从而构建了政策决策的体系和组织结构的坚实基础。但以宪法为基础的现实政治体系要比宪法体系复杂得多、具体得多,有各种地位有别、作用不同的权力主体及其关系,有所谓正式与非正式的政治组织和权力(影响)系统及其相互关系,需要理论与现实结合地进行系统研究,科学的把握。以下我们首先分别研究执政党、中央国家机构、地方政权机关以及其他组织机构在中国外交决策体系中的地位和作用,而后再根据两类主要类型的决策的不同决策体系和过程对中国外交政策的决策体制进行分析和说明。

1. 执政党的外交决策职能与体制分析

中华人民共和国82宪法在序言第七段中肯定和坚持了中国共产党

在我国政治生活中的领导地位的原则,写明必然要坚持"四项基本原则"①,但与1954、1975、1978年宪法不同的是,82宪法在序言的最后一段特别强调了宪法的最高法律效力,并指出:"全国各族人民、一切国家机关和武装力量、各政党和各社会团体、各企业事业组织,都必须以宪法为根本的活动准则,并且负有维护宪法尊严、保证宪法实施的职责。"(序言第十三段)其中一个重要含义是即使作为执政党的中国共产党也要依宪法执政,一旦党的意志上升为国家意志,党就必须以宪法为根本活动准则。认识这一点有助于我们明确中国共产党的领导与宪法所规范的国家机构权限划分的关系。

政党的领导体制是一个至关重要的问题,在中国就是包括外交决策的直接政治决策体制的核心内容之一。党的领导体制,是中国共产党实施领导活动的组织结构、运行规则、运行机制的总称。主要包括:(1)党的中央、地方、基层各级、各类领导机关的机构设置、组织结构形式、职权规定;(2)以民主集中制为基本依据、规范党的领导系统活动的一系列制度法规;以及(3)党领导国家政权和社会事务的原则与方式,包括处理党政关系的基本原则、党与国家权力机关、政府机关、司法机关、军队、企事业单位、群众团体等组织的关系,以及党领导社会意识形态的体制与方式。这三者之间是互相联系、互相依赖、互相作用的统一体。

中国共产党的组织机构分为中央、地方和基层组织。党的中央组织:(1)党的全国代表大会:全党的最高领导权力机关,每五年举行一次,由中央委员会负责召集。其职权是:听取和审查中央委员会及中央纪律检查委员会的报告;讨论并决定党的重大问题;修改党的章程;选举中央委员会及中央纪律检查委员会。(2)党的全国代表会议:讨论和决定重大问题;调整和增选中央委员会、中央纪律检查委员会的部分成员。(3)中央委员会:由党的全国代表大会选举产生,每届任期五年。在全国代表大会闭会期间执行全国代表大会的决议,领导党的全部工

---

① 即坚持马克思列宁主义、毛泽东思想,坚持人民民主专政,坚持社会主义,坚持改革开放。

作，对外代表中国共产党。(4) 中央政治局、中央政治局常务委员会和中央委员会总书记：由中央委员会全体会议选举产生，中央政治局和它的常务委员会在中央委员会全体会议闭会期间，行使中央委员会的职权。中央政治局及其常务委员会的办事机构是中央书记处。中央委员会总书记负责召集中央政治局会议和政治局常委会会议，并主持中央书记处的工作。党的中央军事委员会组成人员由中央委员会决定。党的地方组织：省、自治区、直辖市、设区的市、自治州，以及县（旗）、自治县、不设区的市和市辖区的代表大会，每五年举行一次；由上述各级党的代表大会选举的委员会，每届任期五年。此外党的基层组织：在企业、农村、机关、学校、科研院所、街道、人民解放军连队和其他基层单位，凡有正式党员三人以上的，都成立党的基层组织。根据工作需要和党员人数，分别设立党的基层委员会、总支部委员会、支部委员会。目前，全国共建立党的基层组织348.7万个。其中，基层党委15.5万个，总支部17.6万个，党支部315.6万个。分布在农村的基层组织138.4万个，占总数的39.7%。中国共产党内还设有纪律检查委员会，其主要任务是维护党的章程和其他党内法规，协助党委加强党风建设，检查党的路线、方针、政策和决议的执行情况。党的中央纪委在党中央领导下工作；党的地方各级纪委和基层纪委在同级党委和上级纪委双重领导下工作。

组织机构

中国共产党全国代表大会			中共中央					
	中央委员会	委员	中央委员会总书记		胡锦涛			
			中央政治局常务委员会	委员	胡锦涛 李长春	吴邦国 习近平	温家宝 贺国强	贾庆林 周永康
	候补委员							
			中央书记处	书记	习近平 令计划	刘云山 王沪宁	李源潮	何 勇
			中央政治局	委员	习近平 王岐山 刘延东 吴邦国 周永康 贾庆林 薄熙来	王 刚 回良玉 李长春 汪 洋 胡锦涛 徐才厚	王乐泉 刘 淇 李克强 张高丽 俞正声 郭伯雄	王兆国 刘云山 李源潮 张德江 贺国强 温家宝
			中央军事委员会	主席	胡锦涛			
				副主席	郭伯雄	徐才厚		
			中央纪律检查委员会	主席	贺国强			

党对国家的领导主要是通过政治领导、思想领导和组织领导三个方面来实现的: 首先是政治领导,即党以先进理论为指导,从实际出发,为人民的根本利益科学地制定现阶段的基本路线、方针、政策,形成政治原则、政治方针和政治路线并通过法定的程序成为国家的意志;第二是思想领导,即党通过宣传党的基本理论,对广大干部和群众进行思想政治教育,引导人民自觉走社会主义的道路,把握正确的方向,使党和国家的主张,人民的根本利益成为广大人民群众的自觉的行动;第三是组织领导,主要通过推荐优秀人才担任国家机关的重要领导工作,依靠全体党员的先锋和模范作用,来从组织上为贯彻党和国家的方针政策提供组织保障。此外各级党组织还在各个层次上起到协调各方,决定重大事情的关键作用,并逐渐在现实生活中形成具体的制度。

中国共产党对国家和社会生活的领导主要是政治、思想、组织领导。其中,政治领导是根本,思想领导是灵魂,组织领导是保证。而执政党在国家权力的行使,如立法、司法和行政,在中央、地方和基层还实际上有着协调各方、科学决策的关键作用和特殊地位。例如在中国的外交实践中就历史与现实地存在着党领导下的决策协调组织机构或机制,1958年6月10日中共中央发出《关于成立财经、政治、外事、科学、文教小组的通知》成立的中央外事领导小组,这些小组直属中央政治局和书记处,陈毅为外事小组组长。该小组在"文革"期间被撤销,1981年重新恢复,1993年3月,江泽民以中央总书记、国家主席身份兼任中央外事工作领导小组组长,中央政治局委员、国务院副总理钱其琛任副组长,中央外事工作领导小组最终成了中国对外政策的最高决策机构。目前胡锦涛以中央总书记、国家主席、中央军委主席的身份兼任中央外事工作领导小组、中央国家安全领导小组组长,国务委员唐家璇任副组长、秘书长。自1993年至今,中央外事工作领导小组组长一职开始由中国最高领导人出任。同时该小组的人员构成也逐渐趋向于稳定,其职能被确定为负责对外事、国家安全工作领域的重大问题做出决策。中央外事工作领导小组可以据此看做是中国外交政策的最高决策机构。

2. 国家外交决策的组织结构和决策体制分析

国家机构和决策体制与外交决策分析,也就是要研究党的意志上升为国家意志,以及并使其得以最终实现的体系,即外国所谓狭义的国家决策过程体系。

82宪法全章共分7节,有79条(第五十七—第一百三十五条),分别对全国人民代表大会、中华人民共和国主席、国务院、中央军委、地方各级人民政府、民族自治地方的自治机关、人民法院和人民检察院的性质、地位、组织、职权等做了规定。此外《中华人民共和国公务员法》、《中华人民共和国缔结条约程序法》、《外国人入境出境管理法》、《中华人民共和国引渡法》、《中外合资经营企业法》、《中外合作经营企业法》、《外资企业法》和《对外贸易法》等一系列国内法有许多涉外方面的内容,规定了相关外事的决策体系和程序。

根据现行宪法,我国政权组织形式是人民代表大会制度,而国家结构形式为单一制国家,同时在少数民族聚居的地方实行民族区域自治制度,在港、澳、台建立特别行政区。全国性事务如外交由中央政府统一领导,其他各类国家事务则按民主集中制原则分级管理。结合绪论和总纲有关部分,国家机构一章实际上就国家外交职能的行使、国家机构在外交政策的决策与实施、外交职能的划分等方面做了严格的规定,从而回答了外交各种活动由谁决定、实施监督等问题。

(1) 全国人民代表大会的外交职能

外交事务一般是政府机关的传统特权,但是我国的人民代表大会制度决定了全国人大的特殊重要作用。宪法第三章第一节第五十七条规定:"中华人民共和国全国人民代表大会是最高国家权力机关"。其最高权力表现在宪法在赋予全国人大立法、最高领导人事任命、财政和行政监督权的同时,还直接规定全国人大"决定战争和和平问题"(第六十二条第十四款)。这是宪法赋予全国人民代表大会最高的外交职能。防止和制止战争、争取和维护和平,既是战争期间国家外交的重要内容,更是和平时期国家外交追求的根本目标。因此,决定战争与和平问题所涉及的不仅是国家权力机关最高的危机决策权力,更是和平时期国家外交战略与策略的最高常规决策权力。

外交政策要在宪法的框架内推行。作为最高国家权力机关,全国人大对中国整体外交政策与政策决策程序及政策的执行活动享有最高的立法和监督宪法实施的权力(第五十八条和第六十二条第一——第二款),并可以通过立法、司法等渠道对外交政策产生决定性作用。第六十二条第十一款还规定全国人大可以"改变或者撤销人大常委会不适当决定",说明全国人大拥有高于其常设机构的相关权力。

宪法通过赋予全国人大国家最高权力机构最高领导人职位的人事任免权(第六十二条第四、五、六款规定全国人大选举国家主席、决定国务院总理、根据国务院总理提名,决定国务院副总理、国务委员、各部部长、各委员会主任、审计长、秘书长的人选、选举中央军委主席、根据中央军委主席提名,决定中央军委其他组成人员的人选),使全国人大享有决定外交政策最高决策者人选的权力。此外宪法第六十二条第九、十款规定全国人大审查和批准国民经济和社会发展计划及计划执行情况报告、国家预算及预算执行情况报告,从而使全国人大在批准国务院预算和审查拨款时可以监督和影响外交政策,并对政策执行过程中总财政状况有最终的决定权。

(2)全国人民代表大会常务委员会的外交职能

第五十七条第二款规定:全国人大的"常设机关是全国人民代表大会常务委员会",拥有在全国人大闭会期间对国家的一系列包括外交在内的重大问题作出决定的权力。相对全国人大来说,全国人大常委会处于从属地位,但作为其常设机关又是最高国家权力机关的组成部分,这表现为人大常委会与全国人大共同"行使国家立法权"(第五十八条),根据宪法第六十七条第一——第四、第七—第八款规定,人大常委会解释宪法和法律、监督宪法实施、制定和修改除应当由全国人大制定的法律以外的其他法律、在全国人大闭会期间对全国人大制定的法律进行部分补充和修改;另外,人大常委会有权撤销国务院制定的同宪法、法律相抵触的行政法规、决定和命令;人大常委会有权撤销省、自治区、直辖市国家权力机关制定的同宪法、法律和行政法规相抵触的地方性法规和决议。宪法赋予人大常委会的上述权力使该机构具有仅次于全国人大的国家立法权和具体监督从中央到地方国家权力机关执行宪法和法律的权力。它实际上也对中国外交政策、政策决策及其实施过程的合宪性具有最高的解释和监督权。

人大常委会的外交职能是全国人大外交职能的延伸,因此宪法也赋予了人大常委会广泛而具体的外交职能。宪法第六十七条第十三—第十五、第十八—第二十款特别就涉及外交方面的重大事宜作出专门规定:人大常委会"决定驻外全权代表的任免";"决定同外国缔结的条约和重要协定的批准和废除";"规定军人和外交人员的衔级制度和其他专门衔级制度";"在全国人民代表大会闭会期间,如果遇到国家遭受武装侵犯或者必须履行国际间共同防止侵略的条约的情况,决定战争状态的宣布;决定全国总动员或者局部动员;决定全国或者个别省、自治区、直辖市的戒严"。

根据第六十七条第六款:人大常委会"监督国务院的工作",其中自然包括监督国务院"管理外交事务"等涉外工作。

宪法第六十七条第五款所规定的人大常委会"在全国人大闭会期间,审查和批准国民经济和社会发展计划、国家预算在执行过程中所必须作的部分调整方案"的权力,使她对涉外外交政策财政方面的问题具有重要的监督和决策权。此外,根据宪法第六十七条第九—第十款,人大常委会"在全国人民代表大会闭会期间,根据国务院总理的提名,决定部长、委员会主任、审计长、秘书长的人选";"根据中央军事委员会主席的提名,决定中央军事委员会其他组成人员的人选"。人大常委会对国家最高机关组成人员的任免权自然赋予了它决定主要参与外交政策决策和执行的重大人事任用权力。

在中国的实际政治经济生活中,全国人大常委会及下设的外交事务委员会还担负着作为我国整个外交工作一个重要组成部分的议会外交工作。全国人大、人大常委会及其外事委员会通过与外国议会及议会国际组织的多层次、多渠道、多形式的交往和合作,增进各国人民之间的了解和友谊,促进国家间关系的发展,扩大我国改革开放、现代化建设以及人民代表大会制度在国外的影响，努力为我国各项事业的发展创造良好的国际环境。

1982年五届人大五次会议通过的《全国人大组织法》规定了人大会议、常委会和各专门委员会的组织规则、运行程序。其中第一章人大会议中指出总理及包括外长在内的其他国务院组成人员依宪法有关规定提名通过外，第三章则规定了外事、华侨委员会的组成、职能和工作程序。同年通过的《国务院组织法》在规定国务院各部委组成规则程序后，还在第九条规定了包括外交部在内的各部委的领导制度即部长责任制，以及相关的汇报、会议（部务、部委会议）和发布命令、批示和规章的制度。

2004年九届人大三次会议通过的《立法法》在第二章立法权限规定中指出涉及国家主权的事项，国家机构的产生、组织和职权，民族区域自治制度、特别行政区制度、基层群众自治制度，犯罪和刑罚，对公民政治权利的剥夺、限制人身自由的强制措施和处罚，对非国有财产的征收，民事基本制度，基本经济制度，财政、税收、海关、金融和外贸的基本制度，以及诉讼和仲裁制度等事项，属于全国人民代表大会及其常务委员会的专属立法权。也就是把有关国家主权的事项，把海关、外贸等制度分别置于只能立法的十大事项之首和第八条基本经济制度的项下，并规范了正常的立法程序和授权暂代程序（即如有未立法者，可授权国务院，依需要对部分事项制定行政法规）；第三章规定了授权后行政法规的立法程序；第三章第七十一条规定外交部作为国务院部委可根据法律和国务院的行政法规、决定或命令，在本部门的权限范围内制定规章，内容主要涉及执行法律、法规、决定、命令的事项。

（3）中华人民共和国主席的外交职能

我国实行的是人民代表大会制度，国家主席并不是完整意义上的国家元首，而是根据全国人大及其常委会的决定行使部分职权。根据宪法第八十一第八十一条，国家主席主要有对内对外两方面的职权。国家主席对外方面的职能有："对外代表中华人民共和国，接受外国使节"；根据人大常委会的决定，"派遣和召回驻外全权代表，批准和废除同外国缔结的条约和重要协定"，"宣布战争状态，发布动员令"。由于当今世界元首外交成为国际交往中的一个重要形式,国家主席对外方面的职能还有"进行国事活动"。这使国家主席在外交事务中,对外代表国家的职能不仅表现在接访、回访和出访活动中,而且在首脑外交中发挥着十分活跃和积极的重要作用,如国家元首或政府首脑之间通过电话热线进行直接对话的机制。

(4) 国务院及国务院总理的外交权能

国务院即中央人民政府,是最高国家权力机关的执行机关,是最高国家行政机关(第八十五条)。国务院执行最高权力机关——全国人大和人大常委会的决定,是以对国家事务进行组织管理为特点的。国务院又处于全国各级行政机关体系中的最高地位,一切下级行政机关都要接受和服从国务院的领导。① 国务院的性质和地位决定了它在我国外交活动中的重要作用。

宪法第八十五条第九款规定国务院"管理对外事务"。这应当包括中国外交和涉外事务两方面的内容。中国外交指国家与其他国际法主体即主权国家政府之间的重大政治经济交往活动,外事一般则指涉外的个人或民间团体事务,从这个意义上讲,国务院在执行宪法八十五第六、七、八、十一款规定的领导国家经济工作、城乡建设、科教文卫体育计划生育等工作中所涉及的外事问题,亦应由国务院管理。根据宪法规定,"管理对外事务",是国务院专有职权,国务院以中国政府名义对外进行活动,而地方国家行政机关没有被赋予这项职权。宪法第八十五条第九款还规定,由国务院"同外国缔结条约和协定",即国务院具体负责同外国谈判和签订活动,条约和重要协定缔结后要经全国人大常委会批准。国务院的对外职能还包括第十、十二款规定的"领导和管理国防建设事业";"保护华侨的正当的权利和利益,保护归侨和侨眷的合法的权利和利益"。此外,根据第五款规定国务院"编制和执行国民经济和

---

① 第八十九条第三款:规定各部和各委员会的任务和职责,统一领导各部和各委员会的工作,并且领导不属于各部和各委员会的全国性的行政工作;第四款:统一领导全国地方各级国家行政机关的工作,规定中央和省、自治区、直辖市的国家行政机关的职权的具体划分;第十三款:改变或者撤销各部、各委员会发布的不适当的命令、指示和规章;第十四款:改变或者撤销地方各级国家行政机关的不适当的决定和命令。

社会发展计划和国家预算",国务院在编制和执行年度计划、五年计划和十年规划(由人大批准)方面的职能,使它在管理对外事务中有举足轻重的财政权力。最后,第二款规定国务院"向全国人民代表大会或者全国人民代表大会常务委员会提出议案",这一职能可以理解为,国家重大外交决策必须由国务院向全国人大提上议事日程,如提请人大批准同外国缔结条约和重要协定。

总理是国家最高行政首脑。宪法第八十八条规定"总理领导国务院工作"。国务院领导体制是总理负责制(第八十七条),即在国务院各项决策程序中,总理对重大问题有最终决定权。一方面,国务院根据宪法和法律规定的行政措施、法规,发布的决定和命令(第一款),向人大和人大常委会提出的议案,人员任免等都由总理签署;另一方面,总理负责召集和主持国务院全体会议和国务院常务会议,讨论决定重大问题。上述两方面的最终决定权都在总理。因此,国务院的外交职能主要由总理负责实施。"副总理、国务委员协助总理工作。"国务委员可以受总理委托,代表国务院进行外事活动。

作为国家最高执行机关,国务院对全国人大负责并报告工作,在全国人大闭会期间对人大常委会负责并报告工作(第九十二条)。

(5) 地方政府的对外权能

我国是单一制的中央集权的国家,但在统一的国家之下,概括实际实行民族区域自治政策,还实行一国两制,搞了特区。中国的外交权属于中央政府,但地方政府也担当一些外事的职能。1990年七届三次会议通过的《香港特别行政区基本法》与1993年八届人大一次会议通过的《澳门特别行政区基本法》不仅明确了恢复主权后,作为中华人民共和国不可分割的一部分,港澳实行"一国两制"的基本制度外,规定了港澳之外交方面的权利与义务等问题。基本法第二章规定中央人民政府负责管理与港澳有关的外交事务,管理防备,外交部在港澳设立机构处理有关事务,国家在港澳驻军担负防务任务,人大常委会有权决定宣布战争状态或紧急状态,中央政府可发布命令将有关全国性法律在港澳实施。中央政府授权特区(行政长官、行政机关及司法、经济、文化等相关部门）依法处理有关的对外事务（包括涉外司法互助、作为单独的关税区、从事涉外工贸、航运航空、文教体育活动），尤其是第七章是对外事务的专门的一章，基本法规定了对涉及港澳的国际谈判、参加国际组织、出席国际会议，代签护照和证件、实行出入境管制，设立驻外官方、半官方经贸机构或在港澳设立外国相关机构的权利和义务。

3. 其他机构与外交政策的决策与实施

所谓其他机构与组织，是一个比较广泛的概念。首先，一个国家的决策系统，按照系统分析的方法，至少包括政治系统、经济系统、文化系统和社会系统等广泛系统；第二，一个国家的决策系统还可以根据是否涉及国家政治权力为标准，区分为国家及非国家政治权力系统的组织机构和决策体系，区分为政府组织与非政府组织。在当代世界各国的外交实践中，上述的各个系统及其相关的组织、结构和个人，实际上通过各种管道和形式都在对国家的内政、外交发挥着或多或少，或积极或消极的作用与影响。因此，这个广义的决策系统便与外交政策和实施有着内在的关系，也就需要人们对这些系统结构的影响和方式进行拓展性的研究，否则，不能说明现实的决策体制与过程。第三，按照现代实证分析学派的理论，任何社会组织都还存在着正式与非正式两种组织系统及结构的影响，他们认为在分析研究中尤其应当重视非正式组织的作用与影响，因为有时在实际的功能发挥、进行决策和实施政策决定时，非正式组织往往起着关键的作用。我们看到，在外交决策组织结构，包括对中国外交政策决策机构和体制研究中的确也不泛有对非正式组织和结构的研究，其中最有代表性的是在研究外交决策体制研究中，人们不仅关注依法建立的各个机构如议会、政府、外交部以及下面的更基本的正式组织的地位和作用，而且重视对在决策与实施政策中起重要作用的人及其群众、结构的研究，例如有人做的关于区别于正式决策的政治家的公务员群体的研究等。

中国是一个发展中的社会主义国家，中国的政治发展进入到新的阶段，改革开放 30 年来中国社会与中国政治的确发生了很大的变化，但是中国的国情和实际与发达国家仍有不同。首先，中国的政治发展还具有自己文化和发展阶段的某些特征,例如社会体系的分工分化、国家职能的分解和机构的分设还不发达,权力比较集中,体系不够复杂,因而在组织上也有相关的情况,比如社会的四个系统分化的不很绝对,经济、文化与社会系统与政治系统界限不甚清楚,政府与非政府组织性质划分、政务员与公务员在事实上没有边界等,因此简单地运用国际所谓前沿研究的路子去分析中国的其他组织就不很合适。在此,我们把中国存在的除正式党政系统的一切相关组织定义为其他组织,并根据其在外交决策过程中的意义和作用进行研究,加以说明。

根据这样的思路,关于影响中国外交决策的其他机构首先要讲到是一系列准官方咨询和实施机构,包括与立法、司法和政府行政相联系的非政治行政机构,或发挥提供信息、综合研究、提供智力支持和政策咨询的作用,或根据特殊地位和优势在某些方面帮助实施落实官方外交政策的机构,这两类比如中国社会科学院、新华社、对外友协、外交部的国际问题研究所、安全部的国际关系研究所以及党校系统的研究机构等。此外,还要讲到日益发展的社会机构和民间组织,如高校系统的研究教育机构或民间学会、研究会、协会等社会、经济组织和机构,如北大的国际关系学院,清华的国际问题研究所等。有人撰文介绍中国外交思想库很有特点,指出中国外交思想库虽然形态不一,但有四个特点:第一,以北京和上海为两大重镇,呈不均衡的分散状态;第二,按照资金来源来看,中国对外政策思想库一般为政府所主导;第三,从政治倾向角度来看,在对外政策建议和主张方面,中国思想库的观点并不单一,有时甚至争论很大;第四,按照工作性质来分类,中国外交思想库的工作方向和重点有很大区别,有条"三线":一线是外交部及新华社等涉外系统的思想库;二线是军队系统或对外交流单位的思想库,聚焦中长期国际形势研究,注意收集综合、历史、全局、战略和前瞻性的外交信息;三线是高校和社科研究部门,其工作特点是更为学术化,更具理论色彩。关于其他社会组织更详细的发展情况、干预方式、特殊作用,我们拟在媒体和舆论因素一章中进一步展开说明。

第三节 完善体制、优化结构，提高决策效率

从上面研究可以得出如下基本结论：第一，必须坚持反映中国国情的基本制度和决策体制不动摇；第二，要吸收和借鉴一切人类文明包括政治文明的成果和有益的经验；第三，一定要不断创新、发展，要适应人类社会发展、中国社会发展的趋势，以更好地维护和实现国家、民族与人民的利益。

1. 坚持基本制度，发挥体制优势

人民代表大会制度建立 50 多年来，已显示出强大的生命力和巨大的优越性。人民代表大会制度是符合中国国情、体现中国社会主义国家性质、能够保证中国人民当家做主的根本政治制度和最高实现形式，也是党在国家政权中充分发扬民主、贯彻群众路线的最好实现形式，是中国社会主义政治文明的重要制度载体。人民代表大会制度健康发展，人民当家作主就有保障，党和国家的事业就顺利发展；这个制度受到破坏，人民当家作主就无法保证，党和国家的事业就会遭受损失。在建设中国特色社会主义过程中，必须毫不动摇地坚持、巩固和完善人民代表大会制度。

中国共产党的多党合作与政治协商制度是一种社会主义的新型政党制度，与资本主义国家的两党制或多党制有根本的不同。判断一个国家的政党制度究竟好不好，要从它的基本国情出发来认识，要从它的实践效果来分析。新中国成立以来，中国共产党领导的多党合作与政治协商制度在国家政治和社会生活中的重要性不断增强。中国共产党与各民主党派、无党派人士的政治协商逐步制度化和规范化；民主党派成员、无党派人士在人民代表大会中发挥着重要作用，在各级政府和司法机关中担任领导职务，在中国人民政治协商会议中发挥着重要作用；民主党派人士和无党派人士通过多渠道、多形式对执政党的工作实行民主监督，积极参与改革开放和现代化建设事业，广泛开展重大问题的调查研究，

为推动祖国统一大业和社会全面进步不断建言献策。我国经济社会发展和政治稳定的成就，充分彰显出我国政党制度的优越性。

中国共产党的领导地位是历史上形成的，又具有坚实的现实基础。建国初期，党比较注意党与国家的关系，但后来出现了党的组织国家化（1957—1966）、形成一元化体制（1966—1977），从1978年至今，中国共产党重视处理党与国家、与其他政党组织的关系，推进了领导体制的改革和改善。1980年，邓小平在著名的《党和国家领导制度的改革》讲话中提出着手解决党政不分、以党代政的问题，1982年《宪法》提出党"必须在宪法和法律的范围内活动"的原则，1987年明确提出实行党政分开，并将其视为政治体制改革的关键。1989年以后，在新的背景下，党的领导继续得到调整，逐渐规范了党实现政治领导、思想领导和组织领导的具体方式，规范了党与人大、政府、其他政党组织（包括政协）的关系，各项基本制度有所完善。人大、政府、司法机关的法律地位得到尊重，独立性获得增强，自身建设得到推进；其他各政党组织的政治协商、民主监督、参政议政能力得到加强，多党合作政治协商制度得到改善。

总之，我们的决策体制是符合中国国情的，是有其特点和优越性的，我们要坚持我们的基本制度不动摇，不能照搬照抄别人的东西。

2. 吸收文明成果，顺应时代潮流，推进体制创新与改革

资产阶级在其历史发展过程中，"都伴随着相应的政治上的进展"。如果说，资产阶级政治统治与基本制度在发达资本主义国家早就确立的话，如果说资产阶级的政治统治的性质依然如故，没有改变的话，那么，西方的政治制度，在战后则适应国家职能从"守夜人"、"警察"到"社会管理者"、"总资本家"的演变，进行了全面的调整，经历了新的发展。首先，作为阶级关系调整的产物，战后主要资本主义国家公民权普遍扩大，公民权制度取得新发展。在西方国家，形式上的政治参与程度有所提高，尤其是在公民权方面增加了社会经济权利的内容并建立了相关的制度（各种社会福利与保障制度）。第二，吸取战前历史教训，适应战后统治需要，战后西方各国都通过宪法和法律使国家权力的行

使、政权结构的布局以及国家权力结构中各主体的活动纳入法制范围。政治结构法制化进一步发展，政治统治法治化得到加强。第三，在阶级结构变动的基础上，战后西方资产阶级国家适应政治稳定的需要，经过对政治制度的调整（如选举制方面，从比例代表制到两轮多数代表制，政府体制方面，从议会内阁制到总统制的改革）使传统的议会民主制向行政集权民主制发展。此外，权力的转移还有进一步向超国家与近基层的权力配置倾斜。第四，适应经济全球化与社会信息化的发展，政治权力出现了双向转移，即一方面，以往民族国家的主权范围的权力向国际社会之国际组织和超国家的共同体上移，另一方面，权力的行使更加贴近基层，国家权力有一个向下，即决策和做事的基层方向的转移。

我们是发展中的社会主义国家，我们坚持改革和对外开放，在政治上我们也要吸收包括西方国家创造的政治文明成果。西方国家的政治文明有其文化、地域、制度和阶级的局限，但也有反映一般规律和发展趋势成熟的经验和作法。对此，我们既不能一味照抄照搬，也不能采取固步自封、一概否定的态度和做法，要为我所用，批判创新。

3. 建设科学化、民主化、效率化的外交决策体制

30年改革开放，政治上我们有很大成绩，但我们应当看到：一是政治体制没有发生根本的变化，依然具有权威政治的色彩，权力仍然高度集中，人民当家作主的实现形式还有待丰富，依法治国的力度还应加强；二是政治体制的确得到了相当的调整，事实上仍在变化过程之中，中国政治发展与政治体制的确正经历着从传统到现代的量变积累的过程之中；三是这一时期中国政治发展与政治体制的变化基本适应中国社会发展的现实要求，其发展战略选择比较符合后发国家的政治发展规律和中国的国情，结果既促进了中国经济社会发展和政治秩序的稳定，又得到基本群众的认可和支持。

但值得指出的是，尽管中国政治发展有了长足的进步，国体具有毋庸置疑的先进性和优势，实行民主集中制，集体行使职权，集体决定问题，合理分工，协调一致地工作，保证了决策和决策执行的效率。但中国的政治文化和体制却仍然需要根据发展的要求不断完善和改进。首先

根据建立社会主义市场经济和实行民主行政的要求,政府要实行职能转变和机构改革,如依法界定政府的管理职能,政府只管公民、市场、中介管不了的事务,逐渐理顺与企业、市场和社会的关系;如深化行政审批制度改革,加强社会管理和公共服务,如多次进行机构改革,建立现代公务员制度;第二积极推进依法行政,包括加强政府立法工作,改善行政执法,完善行政监督制度。第三建立政务公开、扩大公众参与、引入专家咨询、社会听证等制度,使政府的决策效率得到一定程度的改善。

总之,我们要不断改革开放,积极探索,努力实现外交决策的科学化、民主化和效率化,推动中国的外交事业,开创中国经济社会发展的新局面。

第五章 大众传媒与民意因素

无论在哪类国家，公众都不直接参与国家对外政策的制定，外交决策的具体过程都是相对封闭和不完全透明的。但是，外交决策的封闭性并不意味着一个国家的公众对国家外交战略、策略的决策不起任何作用。实际上，各国外交决策者都不会忽略公众意愿的表达和舆论的重要作用。这是因为二战后，一方面传统意义上的秘密外交、军事外交和政治外交已经延伸到更广泛的经济、社会、文化等领域，各国人民之间多层次、多领域的频繁交往和交流有了很大的发展，使得众多的人关注国际问题和参与到外交或外事活动当中；另一方面，在科技创新基础上，大众传播媒介的发展也为公众提供了丰富的信息资源和民众利益表达载体，促进了外交决策的透明度和民主化过程。因此，有人甚至说，"目前活跃于国际社会的不再是被专业外交人士所控制的精英外交，而是首脑外交、大众外交和民主外交"。除上述因素外，全球化进程中人类遇到的一些共同难题，如发展问题、环境保护、资源的合理开发和利用、国际金融风险问题等，也促使各国人民多了些世界眼光、多了些相关国际对策的积极思考。这些变化使外交决策包括决策的执行越来越受到各国公众的广泛关注，同时也越来越依赖于大众传播媒体的作用。

一般来讲，在欧美西方发达国家，公众相关的意愿主要是通过选举代议、集会游行、组织社团活动等形式间接地反映出来，而冷战后迅速发展起来的各种非政府组织逐渐成为不可忽视的影响政府决策的重要力量。但从总的情况看，相对于国内政治决策而言，西方国家的普通百姓

第五章　大众传媒与民意因素

对于外交决策的关心程度还是要低一些，因为外交决策往往并不直接涉及个人的切身利益。不过，即便公众对外交决策的反应不那么积极，各国政府也会花费大量人力、财力在国内外推行公共外交，以最大限度地获取公众对其外交政策的肯定和支持。在这方面，对公众最有影响力的新闻媒体则起着至关重要的舆论导向作用。在高度商业化的媒体社会里，新闻执政已成为成功的政治和治国的不可缺少的重要部分。然而，民主制度和发达的媒体并不自然而然地意味着公众自然会享有充分的知情权和意愿表达权利，从而实现自己的利益。

迄今为止大多数西方人依然不了解中国政治与中国外交，学者们也很少反映中国民众对外交决策的实际作用和影响。① 2008年春季发生了国外反华势力支持的"藏独"活动，暴乱分子想利用"藏独"，"绑架"奥运会。这些事件自然引起中国网民强烈谴责，甚至呼吁抵制有关国家的商品销售。但在这种情况下，一些西方媒体居然怀疑网民和老百姓愤怒的真实性，置疑这是否受了政府的影响！而中国的外交决策者着实感受到了来自民间的力量，甚至压力。那么，民众到底对中国外交决策有没有影响？有多大的影响力？

要回答这个问题，必须从历史与现实相结合入手，要在具体分析中寻找答案。应当看到，30年来改革开放政策、媒体的发展和全球化进程，大大增强了中国外交决策的民主化与透明度，推动了中国外交决策的科学化、现代化向前发展。但到新世纪之初，发展的中国面临着如何融入世界，世界如何接受发展起来的中国的问题。这既是一个机遇又是一次挑战，历史与现实都告诉中国，充分发展媒体，健康地发展公众外交是中国的必然选择。

说明人民政治参与程度发生的巨大变化，把通过媒体体现的民意作为外交决策的重要因素来研究，对于决策者之外交决策的科学化很有必要，对于世人认识了解中国的外交决策也很重要，这便是本章的研究主题和目的。

---

① 郝雨凡、林更生主编的《中国外交政策开放与多元的社会因素分析》（社会科学文献出版社2007年版）是近期出版的一项国际合作的高质量的实证性研究成果，很值得推荐。

第一节 大众传媒的发展对外交的作用和影响

任何政治决策都离不开媒体和以各种形式表达的公众舆论。如果说，媒体是信息传播手段，是民众获取信息和表达意愿的渠道，也是民主参与公共决策的必要条件的话，那么，公众舆论则是指通过上述渠道形成、反映的公众的意见、建议和愿望，实际上是对所接受的各种信息的反馈。媒体和公众舆论既是特定国家特定时期政治文化的一部分，又对其政治文化的形成与发展起着极其重要的影响作用，其中，媒体的角色更为直接[①]。因为政权的合法性（如通过宣传使广大公众接受某种意识形态），决策的合理性（收集必要信息和了解公众意见），对某项政治决策的理解和执行（对该项政策做必要的宣传讲解和监督执行）以及限制或鼓励公众的政治参与（通过控制信息阻碍或促进政治发展）等都在相当程度上取决于媒体的宣传。也因此，在一定的社会背景下，研究大众传媒的发展与外交政策决策的关系便成为十分必要和重要的了。

一、信息社会与传媒时代

人类社会处在不断的发展变化过程当中，人们也在能动地认识世界和影响世界的发展实践当中。科学把握社会的发展阶段与基本特征从来是人们认识社会从而指导实践的方法。自上世纪下半期以来，我们的社会发生了革命性的变化。因此，人们不无道理地提出我们进入了叫做"后工业社会"、"信息社会"或"大众传媒"世界及电视、网络的时代。

1. 关于信息社会的到来

信息社会（或后工业社会、知识经济）是相对于农业社会、工业社

[①] 媒体在西方被许多人称为"第四权力"。近来，中国也越来越重视媒体参与决策和对决策的影响。

会而言的一个表明社会技术基础发生质的变化的新概念。信息社会与后工业社会没有原则区别，与知识经济亦有内在关联。信息社会也称信息化社会，是指脱离工业化社会之后，以信息为基础，信息生产、交换与消费在经济社会生活中起基础性作用的社会。

从第一次社会大分工，农业从畜牧业分离出来近几千年以来，自第一次产业革命，现代工业经济占主导地位近300多年以来，我们一直生活在所谓农业社会和工业社会之中，人类所从事的大规模的物质生产，其主要资源是以物质和能源为基础的。但自第二次世界大战之后、上世纪50年代中期以后，尤其是从上世纪80—90年代以来，在新一次科学技术革命浪潮的推动之下，尤其是在信息技术革命性突破并与其他科技、生产革命性结合的基础上，社会技术经济基础发生了并还在发生着重大的革命性变化。这种变化影响和改变着人们的生产方式、生活方式以及人类生活的方方面面。正是在这样的情况下，一些敏感的科学家、哲学家或未来学家提出了所谓"后工业社会"[①]、信息社会[②]、知识经济[③]等新概念，试图以此反映社会发展中这一革命性变化的现实过程。

在所谓信息社会中，信息成为比物质和能源更为重要的资源，以开发和利用信息资源为目的信息经济活动迅速扩大，逐渐取代工业生产活动而成为国民经济活动的主要内容。信息经济在国民经济中占据主导地位，并构成社会信息化的物质基础。以计算机、微电子和通信技术为主的信息技术革命是社会信息化的动力源泉。由于信息技术在物质生产、科研教育、医疗保健、企业和政府管理以及家庭中的广泛应用，从而对经济和社会发展产生了巨大而深刻的影响。所以，它也根本上改变了人们的生活方式、行为方式和价值观念。

[①] 见丹尼尔·贝尔：《后工业社会的来临——对社会预测的一项探索》（中文），商务出版1984年版。该书指出美国已经超越了工业社会进入了后工业社会，其标志是社会结构的变化、服务经济的创立、知识的核心地位、智能技术的突起，提出所谓广义的以信息（知识）为核心的社会的产生与发展的趋势。

[②] 阿尔文·托夫勒：《第三次浪潮》（1980），中信出版社2006年版；约翰·奈斯比特：《大趋势》，新华出版社1984年版。

[③] 1985年在美国CALGAR大学成立的知识科学研究所（KSI）的建议书上，明确提出该所成立的背景是知识经济的到来。

因此，人们看到，信息社会的到来使社会经济文化出现了一系列新的特点和趋势：（1）社会经济的主体由制造业转向以高新科技为核心的第三产业，即信息和知识产业占据主导地位；（2）劳动力主体不再是机械的操作者，而是信息的生产者和传播者；（3）商品交易不再主要依靠现金，而是主要依靠信用；（4）贸易不再主要局限于国内，跨国贸易和全球贸易将成为主流。信息社会有一系列不同以往的新现象，引起增长方式、劳动生产率、组织体制、工作与生活方式的变化，此外对全球经济和环保经济，对政治、军事均有重要之影响。与之相适应，信息社会在推动社会进步，改变我们生活的过程中，也引发了一些新的矛盾和问题，如结构性失业、数字鸿沟及新的群体间的不平等。与之相适应，新科技还会产生许多负面效应，并提出了社会管理中方方面面的新问题。

总的讲，信息社会到来是一个客观的过程，信息社会的概念（以及相关的理论和研究）是人们从科学技术的角度，也是从社会生产力发展的角度认识变化了的社会并以此为依据划分社会发展阶段和社会性质的一种努力，研究的是所谓技术经济形态，即社会生产力发展状态与产业结构，而不是社会经济形态，即生产资料所有制基础上的生产关系及社会关系的情况。值得指出的是，社会技术经济形态虽然不能全面反映社会经济形态，不能更直接、更全面地揭示社会关系变化的社会本质，但是它却能精确地说明作为生产关系基础的生产力方面的重大变化，进而说明包括政治和决策方面的我们社会其他方面所面临的技术基础的变革。因此，研究它对于认识我们的社会及我们生活的变革、对于其对政治与决策的影响，有着重要的价值和意义。

2. 关于大众传媒的发展

人类社会从诞生开始，其生存和发展就须臾离不开信息传播活动。在人类社会初期，人们只能依靠原始而古老的传播方式如表情、动作等进行信息和感情交流。方式的简单限制了信息的传递。大约2—2.5万年前，人类发明了使自己彻底"从猿到人"的转变的传播工具（口头）语言。5000年前，文字作为抽象化、规范化的符号系统产生了。语言和文字都是符号系统，它们的发明和使用是人类传播在符号层面的重大革命。

马克思说过，语言是劳动的产物，是思想的直接现实。如果简单地回溯人类交流的发展史，我们可以看到，是（口头）语言给人类社会形成和发展带来了质的飞跃，它不仅改变了动物性的随机的沟通形式，更使人独特的内在的思想得到外在的显现，人们的社会关系有了新的媒介和方式。无论是其后出现的文字还是图像，以及其后漫长岁月中不断产生的各种信息符号，究其本质，都是为了更好地记录语言，或者是记录以语言形式呈现的人类思想。口语是转瞬即逝的，为了使它包含的信息得以保存，人类学会了绘画，发明了文字，与此同时，最早的媒介也出现了。出于文字传播的需要，人类发明了书写文字的笔墨纸张。为了实现真正意义的大规模的迅捷的社会传播，出现了近代印刷技术，这是传播史技术层面的重大突破。高速印刷机、电报、电话的发明和使用，大大缩短了语言和文字传递到目的地的时间和空间距离。如何更好更快更完整的传递语言或是文字信息，成为人类不断的探索媒介形式进步的原动力。同时，媒介形式的演变和新媒介的层出不穷都是伴随着人类社会经济和技术不断的现代化的脚步的，特别是进入近现代社会后，出现了不仅能传递信息，更能交流思想，表明态度的"大众媒体"报纸、广播。值得我们注意的是，在出现电视这个真正意义上的大众媒体以前，任何一种媒介都是传递某种单一符号的，或是声音符号（话语、音乐、声响），或是书面符号（文字、图形、绘画、照片）。所以说在过去的漫长岁月里，人类已经习惯了这种信息接受方式，并依照其当时所处社会的某些固定规范，在语言符号和书面符号两套系统中进行信息的转换和解读。

传播媒体或称"传媒"、"媒体"或"媒介"，意指环境、媒介、手段、传播信息的途径，制造和传播信息机器，传媒即准确、及时、全面数据的发现和传播；是实验工具，调查手段。传播信息资讯的载体，可以是私人机构，也可以是官方机构。传播管道有纸类（新闻报纸、杂志）、声类（电台广播）、视频类（电视、电影）还有现代的网络类（电脑视频）。现代传媒分类有多种说法，就是信息传播过程中从传播者到接受者之间携带和传递信息的一切物质工具的不同形式。1943年美国图书馆协会的《战后公共图书馆的准则》一书中首次使用传媒这一词作为专门术语,现在已成为各种传播工具的总称。第一类传媒,即人们面对面传递信息的媒介,主要指人类的口语,也包括表情、动作、眼神等身体语言。口语与体语实现了人与人之间最早的信息交流。第二类传媒,包括绘画、文字、印刷和摄影等。在这种信息交流方式中,信息的接受者要靠感官接受信息,信息的发出者则开始使用一定的传播设施。第三类传媒,无论是信息的发出者还是接受者,都必须借助传播设施。这类传媒包括电话、唱片、电影、广播、电视、计算机通讯,等等。

大众传媒视之为普通大众所使用的传媒。现今有人认为手机视频将成为第四类传媒。而自从计算机的普及化,网上媒体在计算机网络中亦成为一种新形式的传播媒体。纯正的广告设计公司并不能算是传媒机构,只因有些广告公司也拥有自己的传播管道,所以也成为传媒公司。

3. 我们生活在"信息社会"与传媒时代

如上所述,所谓信息社会、传媒时代,都是一种形象的说法,一种强调的说法,主要是说信息与传媒在当今社会中的基础性重要作用,说明社会因此而发生了重大变化,比如所谓传媒时代是要表示一方面传媒的革命性发展成为我们生活的这一时期区别于以前时期的重要的社会特征,另一方面是强调传媒在我们社会如此的发展,以至于传媒已在严重地影响,甚至于决定着我们生活。我们讲今天生活在"信息社会"与传媒时代,也是强调社会变化了的一个重要的现实,对信息、媒体的作用不能小看。

讲到信息和媒体的作用,首先要看到它的一系列一般功能,如通过特定的方式监测社会环境、协调社会关系、传承社会文化。此外,这些功能还可以分别从经济、政治、文化与社会等层面加以认识和考察。我们要进而研究的是传媒的发展、信息的发展对包括外交决策的政治决策的一般意义。

二、信息社会和传媒大国

信息革命、大众媒体发展是社会现代化的重要产物和重大进步，反过来又对社会以重要的积极影响。我们认为，技术上的发展变化及每一次的蜕变升级，都与其所在社会的现代化息息相关。社会的现代化并不仅仅是技术的现代化，而信息、媒体也显然仅仅是作为一个技术载体出现在世人面前，它是在社会结合中发挥其意义的。社会的进步赋予信息技术、大众媒体发展以诸多积极影响，如形成发展动力、提供社会基础，给予社会意义，因此必须结合社会研究技术，反过来研究技术也就是要明确其社会意义。以下我们正是要以西方发达国家为例结合社会分析信息、传媒发展的影响和意义。

1. 新科技的发展与西方传媒大国

信息技术创新与新科技革命的浪潮是在一定的社会形式下发生和发展的，而大众传媒的发展又反过来有其强大的社会功能和制度特点。大众传播媒介是指广播电视、报纸杂志、电影等社会传播形式。它们的功能是以各种手段传播特定的思想和观点，在无形中对传播"受众"施加影响甚至是加以控制。在西方国家，这些"媒体"是工业革命后特别是近百年来才迅速发展起来的，作为最有力的大众传播媒介之一的电视是在上世纪50—60年代才普遍发展起来的，而网络则可以说是新世纪转折时期的产物。

大众传媒的高速度发展，是当今西方发达国家和社会的重要特征之一。西方有些学者看到这样的事实，索性把当代西方社会称为"信息社会"、"传媒时代"。实际上，今天的西方主要发达国家的确都是"传媒大国"，例如早在1978年，美国的日报种类有1790种，日报总销量为18140万份，每千人拥有报纸787份，杂志种类种，总销量（年）21000万份；拥有彩电视机的家庭占总数的98%电视总量为13800万台。[①] 上

[①] 参见《外国新闻界概况》，新华出版社1980年版，第927、第947—949、第1140页相关内容。

世纪末以来发展最快的部门是网络的开发和利用。1969年,刚问世的阿帕网只是作为军用科学研究人员相互联系的通讯网络、电脑平台兴起的。40年后的今天,这一电脑互联网络已发展成为服务于人际通讯、群体/社区交流、组织沟通和大众传播等各种不同层次、不同领域的传播活动、用户遍布世界各地的世界性复合型传播网络、综合性信息平台,成为迄今人类社会发展最快、用途最广的电子传播工具。1994年,Yahoo等搜索引擎功能强大的网站正式向公众开放,从此逐渐发展成为著名门户网站;也是在这一年,在美国出现了世界上第一批传媒网站———一批敢于领先一步创新冒险的美国报刊在网上建立了网站[①]。互联网的出现,极大地改变了世界的通讯方式,促使人类的生活方式发生巨大变化。2004年,美联社和美国在线联合进行的一项调查显示,有24%的受访者通过互联网了解政治新闻;有近43%的投票者称要通过互联网了解选举情况;约有10%的互联网用户在选举辩论期间接入信息公告栏、聊天室或是博客。[②]

今天,世界各地成千上万的传媒网站已成为网上内容服务的强大生力军。访问因特网的用户和上网人数与日俱增。美国凭借在信息业中的主导地位和网络第一语言——英语,成为名副其实的"信息超强国"。40年来,美国一直利用因特网技术和发源地优势,掌控因特网核心优势。目前,支撑全世界互联网运转的共有13台根服务器,其中10台在美国。也就是说,每天世界各地的电子邮件有很多要先由美国人"过目"。

美国的情况如此,欧洲日本等相关国家的情况也比较类似,在这些国家中,上网家庭基本过半。最近国际上的一些研究数据表明,不论在因特网的发源地美国,还是在因特网起步较晚的法国,因特网甚至形成了对传统媒体(报刊、电视、电台等)主导地位的挑战。可见研究当代西方发达国家,特别是当代西方国家主导的意识形态和外交政策,不能不充分地重视大众传播媒介发展及其地位和作用这个因素。

---

① 中国新闻传播学评论:http://cjr.zjol.com.cn/05cjr/system/2004/11/05/003558012.shtml
② PHPstat 网站:http://report.phpstat.netview.php? tid=38&id=4012

2. 大众传媒发展与文化的自由与垄断

现代西方文化是在现代西方基本经济制度产生和发展的基础上形成发展的,其核心是个人主义。个人主义是一个内容广泛而被中国诸多误解的概念,其内含,如马克思在《共产党宣言》中指出的那些,是摆脱了封建束缚的个性解放,是冷冰冰的利己主义,是掘取金钱与财富的欲望,以及由此激发的敬业、冒险与进取精神,等等。从历史主义出发,应当认为,个人主义,首先是近代历史上西方资产阶级革命的光辉的旗帜,是人类解放事业的历史性进步成果;其次,是适应西方自由市场经济制度的上层建筑的意识形态;第三,从本质上又是资产所有者阶级的思想体系。第二次世界大战后,西方发达国家的文化矛盾非常突出,并不断发展。一方面,适应社会进步和经济发展的"健康文化"、"精神文明"现象大量存在、不断发展;另一方面,以极端个人主义为特征的西方文化和社会问题也不仅存在,而且更加突显。一方面,作为社会非主流意识形态,极左翼思潮和传统社会主义政党把新的文化因素引入社会;另一方面,西方主流文化本身也在发生分化,形成保守主义右翼和激进的新自由主义的左翼。这表明,在国家垄断资本主义发展的基础上,战后西方发达国家的文化矛盾进一步发展,以个人主义为核心的价值体系在发生着演变。

与此同时,战后西方发达国家的文化管理制度和体制也因信息社会与大众传媒的发展而发生了辩证的发展。从历史上看,言论、出版自由是近代资产阶级的革命主张,是西方民主的旗帜和神话。在事实上,一方面,经过"文艺复兴"、"启蒙运动"为标志的文化革命,以英、美、法为代表的近代政治革命,以及其后数百年的长期发展,西方发达国家的确逐渐在形式上消除了因出身、宗法等传统原因形成的等级和特权,并把人从封建与宗教的神权中解放了出来,尤其是战后基本上实现了法律上的思想自由,又增加了许多政治社会权益。这些无疑是历史上人的解放的发展,人类文明的重大进步。但另一方面,西方国家的思想文化自由从来就不是绝对的。人们逐渐获得的法律保证的思想言论的自由,首先在资产阶级革命后的政治实践中,便以为保障所谓"社会公益"和

"他人利益"不受侵犯,而形成了并被设置了重重或种种限制,这在西方国家的一系列法律法规中可以明确地读到,在法律实践中可以看到。第二世界大战后,西方国家文化自由一方面有了进一步发展的社会条件和技术支持,这是进步的意义和趋势,但另一方面技术进步也有负面影响,大众传媒的革命性发展在实际上形成的不是真正自由的趋势而是思想文化垄断的结果。

第二次世界大战后,尤其是五六十年代以来以电视为标志,80—90年代以来以数字技术与英特网络为代表的现代传播媒介在西方各国获得了迅速的发展。一方面,大众传媒成为一种手段,减少了传播的成本,扩大了传播的数量和质量,增加了人们的参与度,强化了监督、参与的手段,这无疑对真正的民主与自由提供了更大的可能,在实践中也实际上扩大了人们的政治参与度,例如利用传媒的竞选,受众人数呈几合数增加,政治丑闻的媒体曝光,造成很大的社会政治影响,甚至形成政治地震。因此,有人不无根据地把媒体、舆论称为继立法、司法与行政之后的"第四大权力"。但另一方面,大众传媒发展的社会后果也有局限,也有负面影响。因为在西方发达国家,传媒在事实上是一种产业,是由人们为资本收益而从事的经营活动和组织,而传播产业还天然地有利于垄断。西方国家的传媒也在战后的竞争中迅速地成为一种垄断性产业,为垄断资本所控制与垄断。统计表明,一方面,公众受媒体的影响是空前的,人均接受传媒的时间很长,政治、经济社会信息的来源主要是媒体,如报刊、电视、网络等;另一方面在当代西方国家,大众传播媒介几乎都是由垄断集团控制的,例如英国是由"七家多国公司或富裕家族拥有英国全部大发行量的报纸",美国大众传媒则被美国全国广播公司等少数企业所垄断。大众传播媒体被少数垄断集团所垄断控制的后果,如有些人分析的那样,就是大众永远只能接受"新闻制造者"希望他们知道的新闻。这样,西方国家的文化自由便被有产者所垄断的公司所控制,被他们所垄断。此外,在垄断进入传媒的同时,各国政府与垄断资本还紧密地结合起来。它们通过法律的、行政的、经济的各种方式对传媒进行管理:通过自办和入股方式直接地介入传媒产业,通过发布会,吹风会制造、控制新闻，甚至一些西方国家还用强力机关对新闻实行实际的管制，如美国政府就制定关于改善美国形象的、干涉别国内政的对外宣传计划和方案，在伊拉克战争中也一定程度上限制了不利的报导。

在当今高度商业化的媒体社会里，新闻执政已成为成功的政治和治国的不可缺少的重要部分。美国的执政者和政治家十分重视运用新闻来执政，即运用新闻来提高公共政策部门的执政形象、执政公信和执政的合法性。从美国基层的市政厅到白宫，从基层的社会运动到庞大预算的利益组织，各种政治团体对这一点的认识都越来越清楚。

美国华盛顿大学政治传播学教授兰斯·班尼特的《新闻：政治的幻象》揭示了美国政府新闻执政和新闻治国的手段：通过对媒体议程的设置，从而达到对公共议程的设置，在公众当中形成广泛关注的议题，最终实现合力效应。为此，美国政府有一系列的做法和制度：

——用表态制造新闻。在商业化媒体和全球化媒体的环境下，各级政府官员重视在事件发生后及时表态，第一时间发出政府声音，把民众迅速凝聚到政府的周围。他们注意政府的政务公开和政府发言人制度的完善，力图使政府的声音及时让本国人民和世界听见；他们十分注意掌握新闻发布规律，使政府的议程、媒体的议程和公共议程三合为一，以期更有效地引导舆论，提高政府执政能力。

——用行动制造新闻。美国领导人经常在全国各地视察讲话，他们把每天的活动日程提前告诉记者，让记者把领导人的行动和讲话及时变成新闻，告知公众，力图使公众总是跟着国家领导人的行动、发言和思想行动。美国领导人的一切的行动都是为了通过媒体争取民心，进而争取连任。

——用政策制造新闻。即围绕"新闻性"制定政策。所谓"新闻性"政策，即修改或制定一项政策，一定要有新的内容并且会获得人民群众的欢迎。如果一项政策没有新的内容，就不会受到人民群众的欢迎。

——策划"今天的台词"。美国政府最高决策会议是美国总统每天在白宫召开的会议。但是，这个会议主要的时间讨论的不是别的，而是今天的新闻应该是什么？今天白宫应该向媒体发布的"新闻台词"、"新闻关键词"是什么？通过白宫最高层的新闻策划会，通过一个口径、一个关键词，确保美国人民、美国媒体乃至世界人民和各国媒体甚至政府关注的议程是白宫策划出来的议程，把议程设置和新闻选择的权力紧紧地抓在手里。[1]

最后的结果是当代西方国家那些被限制的思想文化自由，在私人资本垄断的基础上，进一步为国家所限制和垄断。可见，当代西方发达国家有效的文化体制在很大程度上得益于现代化的大众传播媒介的发展。没有广为普及的电视和其他传媒，西方发达国家的思想文化控制是不可想象的。传媒的发展巩固了资本对文化的统治。因此，有人不无夸张地称，当代西方发达国家是"电视资本主义"，是"网络资本主义"。对此，我们应当有辩证的观点，全面的认识。

三、传媒发展与国际政治和外交

虽然大众传播媒介有其社会性质和历史局限性，但在现代社会中，任何一项政策的决策和实施都离不开大众传播媒体的介入，也离不开以种种渠道表达的公众舆论。熟悉国际政治与国际关系的人都知道，目前活跃于国际社会的不仅是被专业外交人士所控制的精英外交，而是首脑外交、大众外交和民主外交。在公开化的国际社会里，谁掌握或利用了舆论的力量，谁就有可能在国际舞台上占据有利的位置。

早在1998年，随着美国CNN在海湾战争中及国际政治中的显著作用，法国《国际研究》杂志上发表的一篇关于冷战后国际关系问题的文章[2]中就指出，战后影响国际关系的最重要的两次革命一是发明了原子弹，二是信息技术的兴起。原子弹的威慑作用，使世界上无论多么强大的国家都不再敢轻易挑起热战。而信息技术的发展则更深层次地改变了

---

[1] 见新浪网2005年2月18日《瞭望东方周刊》：《新闻执政成为成功治国的重要部分》。http://www.sina.com.cn

[2] Irnerio Seminatore（法国国际展望与国际关系欧洲研究所教授）：《后冷战国际关系：全球性的动荡》，法国《国际问题研究》，1998年9月。

国际政治。首先，信息技术的发展使媒体成为信息源的主要传播者和控制者。媒体可以有选择地通过信息潜移默化地影响受众对国际问题是非的判断，进而影响他们对国家外交政策的决策。第二，在知识爆炸的时代，可信任知识的供给将成为新的权力来源。与此同时，媒体在处理和过滤知识的同时，也可以通过图像、音频等手段制造"感觉"。媒体垄断和编造信息的功能，具有潜在危害性。

关于传媒与外交的关系，已经引起我国学者的关注，有的学者为了说明传媒发展与外交的关系以及传媒在各国外交活动中的重要作用，直接提出了所谓"传媒外交"，认为传媒外交作为外交概念和传媒概念的交叉，被媒体和外交界广泛应用，其准确的含义，可以借用传播学理论，从传播者、传播渠道、传媒效果三个方面对传媒外交展开探讨。其主要观点：

一是外交活动的开展和外交决策，离不开传媒的报道，报道既是信息来源又是政策手段。外交活动关涉一个国家的安危、在国际上的地位和形象，是大众关注的焦点。随着世界各国政治、经济、文化的融合速度加快，人们对外交事务的热衷度逐渐提高，而传媒利用报道风云变幻的外交内容有利于争夺受众。出于职业需求、政治目的和经济效益三重目标，传媒对外交领域的关注度日益升温，其对外交活动的影响也渐趋明显和深远。如美国，有人甚至称CNN取代了中央情报局成为决策者最新、最全面的信息渠道。外交官员日常获取信息的途径一般有三个方面：传媒、驻外使馆的报告以及情报部门的详细资料。但在碰到突发事件时，往往是大众传媒向决策者提供最快捷的报道。传媒不仅告诉决策者世界上正在发生什么，还会向他们翔实地提供世界舆论和有关各方对发生事件的反应。美国前国防部长切尼曾公开说CNN是他最好的信息来源。

二是成功的传媒不仅随着外交事务的演变不断调整自己的报道内容，还能通过富有创造性的独家和深度报道，引领外交活动的进展，从而更彻底地赢得受众。传媒通过传播渠道为公众舆论参与外交决策过程提供了平台。媒体既可以为外交决策提供重要信息源，也可以为外交政策的出台或重大外交活动造舆论、造声势、烘托气氛，并为具体实施外交政策作铺垫，甚至影响外交决策的具体程序。各方媒体可以提供多种角度的信息，可以更加真实地反映出事态的本质及其矛盾，在促使政府外交加快决策速度和增强透明度的同时，也增加了政府判断和外交决策的难度。同时，传媒还加快了外交决策的进程。由于电视直播特别是网络传播方式的运用，发生在世界各个角落的事件，可以在瞬间甚至在同一时刻，呈现在相隔千山万水的人们面前，其速度之快令外交决策者应接不暇。外交部门或国家领导人为了国家利益或出于外交惯例和原则的考虑，经常不得不马上对此作出反应，有时整部国家机器都会因此而马上运转起来。1999年5月7日，美国战机用导弹轰炸了中国驻南斯拉夫联盟共和国大使馆，尽管南联盟境内向外传递信息的渠道遭到了战火的摧毁，但新闻记者仍然在个把小时内把消息快速传回国内，中国外交部奉命立即向美国和北约提出抗议。与此同时，反美示威游行活动也迅速在中国国内发动起来。当然，现代化传媒手段虽然能以极富感染力的方式报道国际上的"突发事件"，但是也由于报道往往从事件表象切入，忽略了事件发生的历史背景和冲突的演变过程，以局部的表面真实取代事态的深层真实，因而导致了决策的复杂化。

三是从传媒效果看，它服务于外交政策，但也一定程度上影响、改变着一国外交决策的过程和内容。对于一般民众来说，传媒是了解国内外政治、经济、文化、军事、外交等方面情况的首要来源。因此，传媒已成为人们生活中一个不可或缺的"朋友"。得益于这种独特角色，传媒在社会生活中拥有了一种"话语霸权"，对社会生活的方方面面都产生了潜移默化的影响。作为社会生活一部分的外交，自然也不例外，而传媒对外交的影响方式是多样和巧妙的。2008年春季，西方媒体对西藏事件明显有失水准的报道，使所有中国人特别是没有出过国的中国人在震惊和愤怒的同时，也深切感受到了西方媒体政治化的程度。传媒在设置"热点"上的威力很大。传媒将其认为重要的消息，以最快的速度在电视和广播的黄金时段以新闻形式播出，或者刊在报刊最显著的位置，而对于不重要的消息则少报道或不报道。它决定公众看什么、听什么，决定什么是世界上发生的大事。它可以把公众的注意力迅速集中到某一事件或某一政策上来，也可以使公众的注意力转移到另一个问题上去。这样，传媒实际上拥有了设定议事日程的功能，并对决策者形成舆论压力。传媒还可以将本来没有列入政府议程的某一事件或地区设定在议事日程中，也可以使原本已经设定在外交议程中的某一事件或地区在重要性上升级，还可以改变或加速改变政府对外政策中的某些决策。

近十年来国际信息网络的发展，让我们看到了媒体在国际政治中更加突出的影响作用。互联网的高速发展大大加速了信息和知识的跨国流动，互联网、电子邮件、即时通信软件、在线论坛和个人博客与传统大众传媒并用，使百姓与专业人员几乎享用同样简单、方便的有关国际政治与外交的信息源，国内大事、国际外交风云成了他们经常挂在嘴边或博客中议论的话题。秘密外交越来越难以为继，外交透明度增强。这一趋势意味着在传统决策圈之外的行为体能够比以前更加方便地影响决策圈内的行为体以及决策过程，尤其当决策圈外的行为体能够有效动员民众支持的时候。

当然，事实证明，传媒之于外交，有如一把双刃剑，既可以产生正面影响，也会使外交处于非常被动的局面。《纽约时报》是美国第一大报，其发行量超过100万份。1971年，美国在越南战场打得烽火连天，不能自拔。当年6月13日，《纽约时报》开始连续刊登美国防部绝密文件《关于越南问题的美国决策过程史》（简称为"五角大楼文件"）的核心内容，详细描述了美国是怎样卷入越战的，在越南做了些什么，应当做什么，不应当做什么等。通过这一文件，美国国民终于得知，美历届政府在越战问题上错误地估计形势而陷入泥潭，为掩饰这个严重的决策失误，政府采取明一套暗一套的手法欺骗国民，说了大量谎话。由于当时越南战场不仅是美国国内问题的焦点，也是国际问题的热点，《纽约时报》这一举动，犹如石破天惊，一时间，美国国内民众的反战热潮一浪高过一浪，美国政府最终退出了越战。可以说，《纽约时报》的报道是一个重要原因。

第二节　大众传媒发展与中国外交决策

改革开放以来，中国社会发生了多方面的变化：思想解放带来了文化多样化（各类杂志、报刊、出版物激增），国内外交流（直接的人员接触和在国外学习、国际研讨会、国外书籍出版）促进了文化开放。而在公众与外交决策的关系上，中国 30 年的变化一个突出表现就是公众在获取信息和表达意见方面的自由得到发展，大众在外交决策中的参与度有所增强。毛泽东时代民众获取信息和表达意愿的渠道比较有特点：信息渠道比较有限，信息来源比较单一，国际上意识形态的对立，造成信息的相互排斥和屏蔽，国家间少有人员往来和交流，总体上中国公众舆论自由参与度不高。改革开放 30 年以来，经济社会发展，人民生活水平提高，中国的公民意识加强，公民社会开始形成，中国的政治参与意识和水平变化明显。中国政治参与意识与公民意识的增强也提高了关注外交政策的自主性。而大众传媒在中国的发展是中国公众参与、影响外交决策的重要手段和技术基础。

一、改革开放以来经济社会的全面进步

1978 年，中国共产党召开了具有重大历史意义的十一届三中全会，实现了"三大转变"，开启了改革开放发展的历史新时期。胡锦涛同志在党的十七大报告中深刻指出："改革开放是决定当代中国命运的关键抉择。"

"从（三中全会）那时以来，中国共产党人和中国人民以一往无前的进取精神和波澜壮阔的创新实践，谱写了中华民族自强不息、顽强奋进新的壮丽史诗，中国人民的面貌、社会主义中国的面貌、中国共产党的面貌发生了历史性变化"。①

---

① 《中国共产党第十七次全国代表大会文件汇编》，人民出版社 2007 年版，第 6—7 页。

新时期最鲜明的特点是改革开放。从农村到城市、从经济领域到其他各个领域，全面改革的进程势不可挡地展开了；从沿海到沿江沿边，从东部到中西部，对外开放的大门毅然决然地打开了。这场历史上从未有过的大改革大开放，极大地调动了亿万人民的积极性，使我国成功实现了从高度集中的计划经济体制到充满活力的社会主义市场经济体制、从封闭半封闭到全方位开放的伟大历史转折。今天，一个面向现代化、面向世界、面向未来的社会主义中国巍然屹立在世界东方。

新时期最显著的成就是快速发展。我们党实施现代化建设"三步走"战略，带领人民艰苦奋斗，推动我国以世界上少有的速度持续快速发展起来。我国经济从一度濒于崩溃的边缘发展到总量跃至世界第四，进出口总额位居世界第三，人民生活从温饱不足发展到总体小康，农村贫困人口从两亿五千多万减少到两千多万，政治建设、文化建设、社会建设取得举世瞩目的成就。中国的发展不仅使中国人民稳定地走上了富裕安康的广阔道路，而且为世界经济发展和人类文明进步做出了重大贡献。

新时期最突出的标志是与时俱进。我们党坚持马克思主义的思想路线，不断探索和回答什么是社会主义、怎样建设社会主义，建设什么样的党、怎样建设党，实现什么样的发展、怎样发展等重大理论和实际问题，不断推进马克思主义中国化，坚持并丰富党的基本理论、基本路线、基本纲领、基本经验。社会主义和马克思主义在中国大地上焕发出勃勃生机，给人民带来更多福祉，使中华民族大踏步赶上时代前进潮流，迎来伟大复兴的光明前景。

事实雄辩地证明，改革开放是决定当代中国命运的关键抉择，是发展中国特色社会主义、实现中华民族伟大复兴的必由之路；只有社会主义才能救中国，只有改革开放才能发展中国、发展社会主义、发展马克思主义。

而改革开放以来，中国社会也发生了多方面的变化，就外交领域而言归结起来，就是公众有关获取信息和表达意见的自由得到发展，媒体发展促进了公众外交参与的发展。

二、大众传媒发展与公众参与自主性的提高

如前所述,相对于其他公共政策而言,公众对于外交政策的决策往往不是非常敏感,因为它不直接涉及个人利益。然而,由于各种政治、经济、社会、文化或历史的原因,各国人民的政治行为方式可以有很大差异,中国人对政治就十分敏感。① 上下五千年悠久的历史赋予了中国人强烈的民族感情和自尊,1949 年新中国成立以前中国所经历的百年屈辱和战乱使中国人尤其珍惜在国际舞台上独立自主的地位和和平的国际环境;毛泽东领导时期中国社会发生的各种政治运动使中国人的政治神经更加敏感;80 年代以来中国社会和国际社会出现的迅速而深刻的变化要求人们对世界必须重新认识。这一切都使中国人对包括中国外交决策在内的国际国内政策的变化甚至对外国的一些相关(特别是最有影响的一些国家)政策的变化均十分敏感。过去,尽管人们并不能在媒体上经常听到普通百姓的意见,但是他们却总会通过各种正式或非正式渠道表达出来(媒体、有组织的学习、各种会议、人与人的接触、包括过去的"小道消息"等)。随着中国改革开放政策的实施和中国与世界的交往迅速发展,媒介和人民群众在外交决策中的地位和作用变得更加直接和普遍。"外交决策者在不知不觉中,将自己曾经集中的权力,部分地让给了公众和舆论",中国学者对中国外交决策现状的这种评论绝不是一种夸张。当然,在 50 多年的中国外交史上,媒介和大众的参与程度和参与方式都有很大的差别,也就是说,今天公众舆论的表达渠道和方式发生了重大变化。思想解放带来的变化、国内外交流带来的变化,使公众有了更广泛的获取信息和表达意见的自由。

1. 改革开放前民众获取信息和表达意愿的渠道相对有限、比较单一

20 世纪 70 年代末以前,中国媒介载体和信息渠道都比较有限、单

---

① 参见张明澍:《中国政治人》,中国社会科学出版社 1994 年版。

一。形成这样一种情况的主要原因：一是国际环境比较严峻，意识形态对峙导致国际上攻击性宣传泛滥，为了维持中国社会的稳定性，中国政治决策者采取了集中掌握文化宣传的方法。那个时代，中国公众信息来源主要是频道极为有限的电台和四份内容相对同质的全国性正式报刊和一些地方报刊。人民对国际新闻的了解和国际事务的判断主要根据来自党、政府及中央人民广播电台或全国统一发行的报刊。而中国政策决策者的一些实质性重要新闻往往通过外交渠道或国外媒体来获得，一般百姓基本不能收听外台，看不到直接来自国外的报纸、杂志或其他新闻报道。以反映国外有关新闻和评论为主要内容的《参考消息》在80年代前一直属于内部刊物，只对党政机关、社会团体和企事业单位，并且还限级发行，即只在一定行政级别和专业部门范围内发行。二是大众传播媒体也远没有发展到今天的程度。信息传播手段除广播电台外，就是有限的几份报纸。除这两个方面的因素外，中国在经济和政治方面基本上处于封闭或半封闭状态，除与友好的社会主义国家和建立外交关系的部分友好国家、第三世界国家外，中国与国外的人员往来和交流都很少，一般民众根本没有自己了解外界的机会。由于获取信息的渠道十分有限，缺少信息支持，普通人很难形成对国际关系中的事件、人物及其行为的客观判断或对上级的外交决策有实质意义的建言或影响，这在很大程度上限制了公众的外交决策的政治参与。社会情绪、民间学术观点以及新闻媒体对外交政策的直接影响都是不太可能的，更难以想象学者和媒体就中国与某国之间的双边关系进行公开的、不受严格约束的评论。在这期间，公众舆论对中国外交政策决策的影响显然比较弱，也是中国外交决策从形式上较少受公众舆论影响的一个重要原因。

当然，中国公众绝非生活在信息完全封闭的真空。在毛泽东时代，人民群众获取信息和参与政治的主要渠道是参加有组织的政治学习或党组织活动。不论从事何种职业，不论在城市还是在偏远的乡村，所有的人都要在自己的所在工作单位定期参加各种会议或有组织的政治学习讨论，都要关心国家大事和世界大事，因为毛泽东一再告诫中国国民要"关心国家大事"，要"胸怀祖国，放眼世界"。应该说，学习的内容经常是很广泛的,其中既有国内政治经济社会等方面的理论,也包括经过一定机构严格选择的国际新闻。显然,组织学习的目的实际上主要在于让公众了解、理解和支持中央对有关问题的立场、观点和决策,学习讨论期间每个人也有表达自己意见的权利和机会。不过,自从1957年"反右"斗争后,特别是在"文化大革命"的特殊背景下,人们即使有不同意见,也轻易不敢在公众场合表达。尤其是从事外交业务的专业人员,他们要时刻提醒自己保持与党和国家的政策相一致,在过去很长一个时期里,对比较敏感的外交课题,他们不能自主、公开地发表议论,更不能发表任何出位的言论。因为"外交无小事"。新闻媒体和学者也都遵循这样的准则。

在毛泽东时代特殊的国际环境下,外交一直被视为无硝烟的战场,在这个战场上作战指挥的主要是战争年代的将军们和报界外交家,重大外交政策的决策权主要由毛泽东和周恩来行使。不过,许多老外交官至今记忆犹新的是周恩来总理一竿子插到底听取外交部基层意见的制度性工作方式和党政领导实行的民主集中制原则,这使半军事化的外交决策体制依然保持了集体的智慧。不仅如此,特殊的国际环境也使中国外交决策者不仅极其重视官方外交,也积极开展半官方和民间外交。这一时期的半官方和民间外交的确对中国的外交事业发挥了十分积极的作用(特别是在50年代建国之初由中国知名人士和民主人士开展的外交活动,以及70年代初的乒乓外交)。但是总体上讲,由于国内外政治环境、政治决策机制和信息技术等原因的限制,中国公众参与政治决策的广度和自发性都很有限,在外交决策方面基本没有形成自主的和政治参与意义上的公众舆论。

"外交无小事"基础上的相对封闭的决策体制和相对弱小的公众参与程度,对当时的外交工作产生了两重影响:一方面是"好事",因为决策过程不受过多的压力;另一方面又不是好事,因为外交行为缺少民意和舆论的后盾,显得比较单薄,少有回旋余地。

2. 改革开放新时期公众信息和表达渠道拓宽、自主性增强

上世纪80年代期间,中国媒体和公众舆论与外交政策决策的关系

发生了重要的变化。

首先，中国大众传媒随着改革开放政策的实施和深入越来越开放和自主。随着现代科技的进步，信息传播手段越来越多样化，信息传播越来越快速和直接。媒体的发达也使信息资源激增和日趋大众化。

上世纪80年代前，《参考》只对内，不对外；80年代有了半公开的《小参考》和不公开的《大参考》；90年代《小参考》公开，《大参考》半公开。而到20世纪90年代末21世纪初，因特网的发展使所有能够上网的人都有平等享有各种信息资源的权利，不仅学者和媒体可以进行公开的、相对少有约束的评论，甚至百姓也可以在网上与职业外交家和决策者直接对话。在这种情况下，以往的《参考》已失去任何保密的意义，唯有专家或学者的"重要"分析见解构成《内参》的主要内容。在发展的形势下，《参考消息》（《小参考》）逐渐由内部刊物成为面向更低行政级别发行的半公开刊物，不过这一时期依然存在着不对外公开的《内部参考消息》（《大参考》）。80年代也是电视在中国不断普及与发展的重要时期，这一新的信息传播手段越来越成为民间与政府沟通与互动的重要渠道。改革开放之初，中国各级组织单位依然在很大程度上保留了有组织的开会、学习活动制度，但是它已经不再是决策者与广大公众信息互递的唯一渠道。由于言论渠道与出版发行事业的空前发展，同时也就出现了群众自发组织讨论的组织与形式。

第二，中国的开放进程，增加了对外界的了解和世界的眼光。1978年，十一届三中全会后中国新的政治局面的开始，再度激发了中国公众的政治参与热情。邓小平时代的重要特征是中国实行了对内改革和对外开放的政策，这不仅使中国的政治经济和社会开始了巨大变化，也使中国与世界的联系日益紧密起来。这种联系又是多层面、多领域和多方位的，这种联系对中国外交政策的影响可以说是空前的。这里暂且不讲活跃的官方政治外交和经济领域开放带动下的频繁外事交流和活动，仅文化教育领域的变化就可以折射出中国社会心态和公众舆论倾向。首先，从改革开放初期开始，完善和发展教育与科研事业就成为备受中国政治决策者关注的大事。这为各种综合大学和学术机构逐步建立起国际政治、国际关系院系以及有关的研究机构或政策研究中心提供了有利条件，这类院系和研究机构的建立不仅带动了相关出版物的发展，同时也逐步与国外相关机构开展起比较频繁的学术交流活动，使更多的人有了更多的深入研究国际问题和中国外交政策的机会，也为他们提供了对中国外交决策发表个人见解的平台。再者，从上世纪80年代起，中国越来越多的普通公民，主要是青年学生或学者走出国门，开始了直接与世界其他国家的政治经济文化交流、碰撞、学习、反思的过程，这些见多识广的人形形色色的心路历程对国内更广大的民众起着极其重要的宣传和影响作用。以上两个方面的动态发展突出反映了中国社会渴望了解世界的总体趋势。这种状况一方面促进了中国外交政策决策向法制化、专业化和年轻化发展，同时也在中国民主发展的背景下促使广大中国公众逐渐形成了相对独立、多样化意愿构成的公众舆论。公众对国际的认识与了解，自然会引发他们对国内问题，包括对中国外交政策问题的思考。不过，80年代期间，普通中国人政治参与的热点应该说更多的是在国内政策方面，因为这一时期中国国内处于百废待兴的局面，与此同时中国与国际社会之间出现了空前的相互了解与合作的需求，中国所处的国际环境以及中国公众对1949年以来中国外交总体上持较积极的肯定态度也就使他们对中国外交不会格外关注。

第三，改革的发展带来不断的思想解放，人们摆脱了精神压抑和束缚。过去，尤其是在"文革"期间，由于阶级斗争扩大化，意识形态控制严格，使人们在精神上受到压抑。作为个人，人们不能独立自主地思考，缺乏有个性化的精神表达，人格的尊严不能得到很好的保护，个人的权利没有有效的保障，"文化大革命"期间，还有一种个人崇拜和盲目服从，使人们一定程度上变成了附属品而失去了自主和独立。改革开放不仅促使社会利益关系发生了重大的变化，而且也促进了人们精神上的解放，使人们开始摆脱相对压抑的状态，获得了一定的精神自由和解放。这表现在：对个人崇拜、当代迷信的摒弃，对自由、民主的向往，对人类优秀文化成果的追求，对人类尊严的重视，对个人权利的维护，等等。

与之相适应，总结"文化大革命"的教训，党和国家还开始重视民主和法制建设，80 年代，随着法制与民主建设的不断发展，各种出版物（书籍、报纸、杂志）迅速增多，其中包括日益增多的国外出版物或译著。国内外交流思路开阔，科技进步信息增多且方便快捷，媒体大大发展。

我们知道政治参与程度的水平一般是与政治、经济和科学技术的发展相联系的，更确切地说，政治参与需要信息公开和社会公正，需要获取信息和意见表达渠道的畅通。从这个意义上讲，公众的政治参与既需要政治发展环境，同时也在很大程度上与媒体及其功能的发展相联系。

大众传播媒体的迅速发展并不会自然而然地使政治决策达到透明和民主。实现决策透明和民主的必要条件之一就是信息对公众开放，只有公众能够接触到各种信息，他们才能有判断是非的能力和发表有参考价值意见的可能。这需要政治决策者具有海纳百川的开放心胸和驾驭复杂全局的智慧，我们党和政府也确实在这一时期这一方面采取了切实的推进。此外，事实上中国实行的改革开放国策和国际化进程，也为大众传播媒体自身的迅速发展提供了有利环境。在这一基础上，也必然引起现实的变化，即极大地催生和培养了中国公民的民主要求和参与的愿望。

中国的改革开放首先源于思想解放。思想解放的一个重要标志就是新闻和言论的更加的自主、自由。此外，还有出版业的兴旺和发达。根据北大 2004 版最新核心期刊目录，仅哲学、社会学、政治、法律类的全国核心期刊就有 250 种。

中国的对外开放国策，不仅仅是国内市场对外国资本和商品的开放，而是全方位的开放。中国全方位的对外开放创造了全方位外交的复杂形势，中国人走出去，外国人请进来。外事和外交活动、国际大事甚至成为亿万人民茶前饭后的主要话题。在某些令人关注的外交问题上，新闻媒体和学者发表言论的自由度之大，恐怕那些在西方有过生活经历的人都感到惊诧。例如，中国与其他国家的双边政治摩擦是极度敏感的话题，而这在过去，媒体和学者是碰不得的，更没有公开讨论的空间。但现在，无论怎样敏感的外交事件，都有可能成为主流媒体公开议论的焦点。

伴随着改革开放和现代化的脚步,大众对大众媒体的态度和要求也开始转变。单线的信息从媒体向大众传递的状态显然不能适应要求。社会阶层的变迁,利益主体的分化,受众需求的分化与多化,加之消费时代受众对传媒的心理期待升值,都对传媒形成了无形的压力。特别是在经济体制改制后的媒体所具有的企业性,使媒体开始关注过去不在视野中的"中间阶层"和"弱势群体"以及普通的个人生活。从中国电视上第一次出现广告,到第一次有注重人文气息的新闻节目《东方时空》,再到第一次出现以市井琐事为报道对象,采用"口头聊天"式的"说"新闻的民生新闻,都是电视要成为服务大众的媒体的意识体现。与之相应的是,在这些电视节目中所采用的语言是"近"口语化的。受众对这些节目所传递的信息的解读也是呈现一种积极的态度,比如《南京零距离》、《实话实说》都获得了广泛的关注和赞扬,老百姓用高收视率明确地表达着他们的态度。但是,现代化绝不仅仅带来物质的极大丰富,更为重要的是观念的现代化和政治的现代化。西方在谈到前者时,其观点是:从人文上说,现代性就是现代精神问题,是指人文世界的精神价值的现代性。包括文化上的世俗化和观念上的理性化。人们对社会交往和社会行为的看法不再依赖于宗教的权威或是神圣的仪式,而是依靠教会以外的社会组织和科学机构,独立地从事现实活动。与西方社会不同的是,中国没有宗教权威,但却有高度集中的行政权力,而共同点是民众的个性、理性和独立思考的能力被培养起来,这不仅是社会的,而且是人的异质化过程。

三、公众外交的凸显与外交决策的新实践

随着90年代全球化进程的加快,国际事务中的一个重要变化是出现了"传统外交"与"公众外交"齐头并进的趋势。这一发展趋势也明显地影响着中国外交政策的决策。

1989年中国发生"政治风波"之后,一些西方国家对中国实行了制裁。1991年,苏联从改革走向解体,接着一系列社会主义国家发生转

向、剧变。这两个事件深深震撼了中国社会，也促使公众对中国内政外交政策开始了更深入、更实际、更复杂的思考过程。中国改革开放并没有因此而止步，相反，以邓小平同志的南方讲话和党的第十四次代表大会为标志向前大踏步地发展了。与之相适应，中国经济社会也出现了更多的新现象。例如民间学术团体活动随1992年改革开放的深入而更加活跃，决策的开放度更大，有关学者时常会被直接请到有关决策机构出谋划策。90年代末新世纪初，国际形势呈现纷繁复杂的局面，中国公众出于对自身处境的关心开始自主参与有关外交政策的讨论，他们的观点和态度对中国外交决策的影响逐渐增进。与上述变化相伴的是信息技术进步与媒体的发展与开放进程。

随着现代科技的进步，信息传播手段越来越多样化，使信息传播越来越快速和直接。在信息渠道越来越纷繁的同时，信息也越来越公开和透明。媒体的发达首先使信息资源激增和日趋大众化。电视的普及率不断提高、频道也由单一到极其丰富。随着改革开放政策的实施和深入，中国的媒体越来越开放和自主。自90年代以来，通过新闻媒体表达的社会公众情绪、学术观点开始越来越多地影响外交政策的决策者。最先导致这一变化的具有分水岭意义的事件，就是北约飞机轰炸中国驻南斯拉夫大使馆。从那一事件开始，中国的新闻媒体、学者和网上论坛对外交事务的议论逐渐变得公开化和个人化。1998年6月25—27日，美国总统克林顿对中国进行了为时三天的访问，中央电视台不仅及时报道了克林顿访华期间的全部活动并史无前例地现场直播记者招待会全过程。此后，凡出现重大国际国内热点问题，都会由媒体出面邀请有关学者发表见解，名曰"点评"，使得中国公众可以经常在媒体上听到有关学者公开地、不受严格约束的就许多"敏感问题"，如中国与某国之间的双边关系、反扩散和导弹防御等发表评论。这种公开讨论在80年代以前是难以想象的，甚至在80年代期间也几乎是听不到的。此外，种类繁多的报纸、杂志、书籍也是民众获取信息的重要渠道，也从更大意义上开通了民意表达渠道。信息资源的公开和民主进程的发展不仅使学者和媒体可以进行公开的、有一定自由度与个性化的评论，普通百姓也有了与职业外交官员直接对话的可能,由此形成了中国民众参与外交的一大特色。如今从电视对话节目到学术性报纸、杂志与书籍,包括《人民日报》都会刊登专家们"圆桌会议"般的讨论文章。某些报纸,如《环球时报》和《南方周末》,甚至会刊登一些与官方政策观点不完全一致的文章。对全球事务越来越多的公开讨论也拓宽了中国外交政策的思路。

到20世纪末21世纪初,由于因特网的发展,使所有能够上网的人都享有获取各种信息资源的平等权利。根据中国互联网络信息中心的统计,1997年10月第一次调查结果显示,中国有62万上网用户人数,截至2002年12月31日,我国网民数量已经达到5910万,已是当初的95.3倍,我国WWW站点数为37.16万个。1994年,中国实现了与国际互联网的TCP/IP(传输控制/网际互接协议)连接,开通了互联网,开始提供互联网的全功能服务,成为第71个正式加入互联网的国家。中国开通互联网后,上网人数以几何倍数增长,其中宽带接入用户达到2000万户,互联网站60万个,上网计算机3660万台,CN域名注册总量40.5万个,互联网国际出口带宽超过60G。2001年6月,上网人数2560万人,到2002年6月,上网人数4580万人2003年6月,上网人数6800万人2004年6月,上网人数8700万人2005年6月,上网人数10300万人2006年6月,上网人数12300万人,到2007年底,这一数字为2.1亿人。这个群体仍以每年数千万之巨扩张。到2008年2月止,我国网民数达已达2.21亿人,超过美国居全球首位。[①]

这种情况意味着,外交决策者视野里的景象正变得越来越纷繁复杂。他们不再只是单纯地考虑国与国之间的高层交往,而且还要小心地面对和处理国内的舆论和民意,必须在对外关系和国内民意之间进行平衡,或者作出适度的倾斜。因此,在某些时候,外交决策者会在不知不觉中将自己曾经垄断的权力部分地让给了公众和舆论。这是最近几年

---

① 新华网北京2008年4月23日电(冯晓芳、周丹丹)消息。记者23日从工业和信息化部了解到,截至2月份,目前,网络电话(VOIP)、"点对点"网络技术(P2P)、通过IP宽带网传送的电视类业务(IPTV)、即时通信、搜索引擎等新技术新业务的出现,对互联网监管提出了更高要求。

来，中国外交决策模式所发生的巨大变化。

中国网络公民的政治态度已经影响高层决策。2008年6月20日，胡锦涛总书记与强国论坛网友视频聊天，以一种前所未有的特殊方式表明了国家对于网络意见的重视。强国论坛上胡锦涛总书记说，"虽然我平时工作比较忙，不可能每天都上网，但我还是抽时间尽量上网。我特别要讲的是，人民网强国论坛是我经常上网必选的网站之一"，"平时我上网，一是想看一看国内外新闻，二是想从网上了解网民朋友们关心些什么问题、有些什么看法，三是希望从网上了解网民朋友们对党和国家工作有些什么意见和建议。""网友们提出的一些建议、意见，我们是非常关注的。我们强调以人为本、执政为民，因此想问题、做决策、办事情，都需要广泛听取人民群众的意见，集中人民群众的智慧。通过互联网来了解民情、汇聚民智，也是一个重要的渠道。"2005年3月14日，两会结束后，温家宝总理在记者招待会上说："昨天我浏览了一下新华网，他们知道我今天开记者招待会，竟然给我提了几百个问题……他们的许多建议和意见是值得我和政府认真考虑的。"通过网路形成定期的、制度化的良性互动，会让民众如实反映社情与民意，也让政治精英充分了解民意，政府的有关决策就会越来越合理。当代的网路政治参与，越来越显示出与传统政治参与完全不同的新形态。当网路成为资讯传播的重要工具后，公民就开始从网路获取政治资讯，利用网路表达政治诉求。

中国的外交政策决策机构也非常重视民众的呼声，如果说21世纪以前最直接听取民众外交政策意见的渠道是外交部设置的热线电话，那么从20世纪末、新世纪起，互联网站则成为官方与民间最直接的交流工具。为了让广大关心中国外交事务的公众及时了解中国的外交事件和政策，外交部建立了以外交部官方网站为核心的网络系统，从2000年至今为止，外交部网站已经举办了21次网上交流，2004年仅一年时间内，外交部中文主站群访问量已经达到54528048人次。目前日点击率已达到140万次。百姓因此可以在网上与外交官员就中国外交政策问题直接对话。在伊拉克战争、阿富汗战争、"9·11"恐怖袭击等重大国际事件期间,外交部相关司局的官员们纷纷来到"中国外交论坛",就有关问题与公众"面对面"进行讨论和解答。2003年李肇星外长在长达1小时45分钟的访谈中,网民们共提了2000多个大到我国外交政策、外交工作,小到外长个人长相的"尖锐"问题。李肇星外长在与网民的交流中坦承,"网民的许多观点很有参考价值",他说,"关于中国外交是'软'还是'硬'的争论就经常让他们反省和深思,政府决策应从民间言论中汲取丰富的营养,中国外交离不开全国人民的帮助和支持。"

鉴于公众外交影响日渐增加,政府和专家正在合力营造一种更积极的外交政策公众舆论氛围。外交部于2004年成立了用以专门协调公众外交工作的公众外交处,开设了公众开放日。职业外交官员已经两度把在网上发表过很有见地意见的一些"网民"请到外交部并与他们进行面对面的交流。这一机制将来会使越来越多的普通民众走进曾经神秘的外交部参观,与外交官直面交流。"这些公众对于中国外交的关心和期望让我们十分感动,我们真诚地希望以后通过更多的方式和渠道加强与公众的沟通和理解。"① 有的网友发帖写道,"以前只是泛泛地议政,现在好像获得了一种参政的感觉"。网络公民不是"乌合之众",他们并不简单区分左右,他们负责任、有理性和反思精神,使他们的影响日渐上升。被调查网友上网的最大动力是希望影响政府决策,推动社会进步,这说明关心政治的网民有着强烈的社会责任感,这与他们的年龄、职业、受教育程度有着密不可分的关联。网络公民们的意见引来执政者的关注和对话,而这种对话又鼓励着更多人发出更大的声音。

当然,面对媒体与民众的政治参与,持较消极看法的学者评论说,决策者的耳根子从此不再清净,似乎担心太多的意见会影响决策者们作出正确选择。但是也有学者认为,正是90年代后期以来,"世界上发生

---

① 见2004年3月20日《北京晚报》:《新添公众外交处——中国外交揭开神秘盖头》。文章就沈国放关于外交部成立用以专门协调公众外交工作的公众外交处和期待百姓参与公众外交话题进行的报道。http://jczs.sina.com.cn 2004年03月20日。

的重大国际政治事件,如科索沃战争、中国驻南使馆被炸、北约东扩、中美撞机事件、'9·11'事件、阿富汗战争、朝鲜核问题、伊拉克战争以及北京奥运会前西方挑起的'藏独'事件等,引发了中国公众对中国面临的重大国际政治经济形势和基本外部环境进行了相当认真、广泛和深刻的思考,强烈表达了不同的声音,甚至有激烈争论。"① 不论什么人有怎样的看法,媒体与公众参与外交,并对外交政策的决策产生影响已经是现实和必然的趋势。在处理日中关系时,中国广大民众的呼声使得中国外交决策者们一方面要向公众做大量解释工作,另一方面要对日做出更强硬的姿态。公众舆论会直接影响到中国对外关系的发展变化和外交政策的调整,这对中国未来发展至关重要。

中国网民对拉萨事件和奥运火炬事件的强烈反应,也使国外开始看到了中国民众的影响力。随着大众传媒的迅速发展,人们正在不知不觉间见证并经历着一场深刻的变革。中国公民第一次引人注目地利用网络发表意见,是针对2000年奥运会上韩国、西班牙和葡萄牙的足球赛,本来热切盼望韩国能代表亚洲取得好成绩的中国球迷,对裁判明显偏袒韩国感到失望,甚至愤怒,网上表达自己情感和意见的球迷达数百万。第二次是中国发生非典时,网络发挥了前所未有的信息沟通和意见传递的作用,中国网民对政治和社会关注也第一次引起高层决策者的极大重视。第三次是2005年5月,在中国东南沿海地区的主要城市,数万人通过手机短信和诸如QQ、MSN这样的即时通信软件自发组织起声势浩大的游行,反对日本首相小泉纯一郎参拜供奉有甲级战犯灵位的靖国神社。同一时期,网民通过互联网组织了反对日本谋求成为安理会常任理事国的在线签名活动,2005年5月间,中国外交部发言人刘建超在不到一个星期的时间里,两次就这些活动专门回答了记者提问。

在网络时代,在信息越来越对称的时代,网络民主背后的亿万网民

---

① 时殷弘,中国人民大学国际关系学院教授,见2004年3月20日《北京晚报》:《新添公众外交处——中国外交揭开神秘盖头》。文章就沈国放关于外交部成立用以专门协调公众外交工作的公众外交处和期待百姓参与公众外交进行的报道。http://jczs.sina.com.cn 2004年03月20日。

正以其对时代的准确把握，掀起了新一轮狂飙突进的公众参与、社会参与、政治参与——一个全新的有别于精英意识的网络民主时代已经来临。虽然，网络是虚拟的，民主却并不虚拟。民主表达的渠道是虚拟的，民主表达的结果却并不虚拟。相反，恰恰因为兼具现实与虚拟两重身份，在平等、广泛、畅通、高速的渠道下，网民敢于说真话，能够说真话，也因此能够让决策者听到真实声音，充分听民意、知民情、集民智，形成良性互动，从而更有利于下情上达，治国行政。

总之，我国自20世纪70年代末启动改革开放进程，由此媒体对中国外交政策制定的影响总体呈逐渐上升的趋势。目前中国的大众传媒之于外交政策显示了很多的功能。尽管中国外交政策的制定还不是一个充分开放的过程，但体制内的政治精英仍可引导公众舆论，影响大众的认知。有学者更加乐观地认为，互联网是一种推动中国通向民主化的重要力量，因为它提供了"多－多"的交流新模式，使得那些处于传统决策圈之外的人能够以更加方便和更加廉价的方式在线表达自己的看法。有学者认为信息技术的发展使得在线公众舆论成为一种足以影响外交决策的社会力量，尽管最终的决策仍然是由党和政府制定的。

以兰普顿为代表的美国学者已经注意到中国外交和安全政策正在发生的重要变化将对中国在21世纪初期的国际行为产生深刻影响。这些变化包括中国外交的职业化、合作多元化、去中心化和全球化。同时尽管在外国学者眼中，中国政府对待互联网之类新兴媒体的态度总体来说是消极的，倾向于在某些时候以关闭某个有争议网站服务器的方式来控制事态恶化。另一方面，部分中国的媒体因为拥有数量庞大的用户，因此在信息发布方面拥有特殊的优势。同时在研究中国的具体案例后，还有研究者认为，信息技术和现代传媒的发展，为中国通过传媒在全球范围内改善自身形象提供了可能。

上述所有研究都说明了这样一个基本事实：大众传媒与中国外交政策制定之间的关系已经并且正在继续发生重要的变化，尽管这种变化的速度可能相对比较缓慢。

第三节 发展大众传媒，促进外交决策的科学化、民主化

中国是一个发展中的大国，中国需要在经济社会发展的过程中，大力发展大众传媒，以促进包括外交决策的政治体制过程的科学化、民主化，这是中国制度上的要求，是决策规律的要求，也是发展中国外交的需要。在中国大力发展大众传媒与公众舆论参与的同时，还要发展与规范并举，要提高参与者的素质与提高党和政府的媒介执政能力共进，以促进其可持续发展。此外，国际关系还涉及政策的对象，即各相关的外国的政府、媒体，尤其是广大民意和公众。当今中国外交面临新的机遇和挑战之一是发展起来的中国如何融入世界，如何让世界体系接受一个发展起来的中国，在这方面应充分利用传媒，加强与世界各国的交往和沟通，做好中国的整体文化外交十分重要。

一、发展大众传媒与公众外交的重要性和必要性

在欧美的许多国家，公众外交是国家外交政策中十分重要的组成部分。在我国，进一步发展大众传媒与公众外交对于中国的外交与外交决策既是国家性质和决策体制的根本要求，也对科学地决策和有效地落实外交政策有着非常重要的战略意义和现实意义。

1. 公众更广泛的参与有益于科学决策

从制度上讲，中国是一个人民当家做主的国家，国家的决策体制、过程和结果的要求，用中国共产党十六大以来的新词语、新理念来表达，就是要坚持"以人为本"。所谓以人为本的人，就是以每个人为单位的个人与由每个人组成的公众或人民的统一；所谓以人为本的本，就是要依靠人、为了人和实现人的发展。这在国家经济社会发展的问题上如此，在外交决策过程中也是如此。在外交决策中坚持以人为本，就是要求党和政府在外交决策中要充分反映广大公众的愿望、意见和要求，

切实维护和发展国家的根本利益（国家的利益在中国也就是作为国家社会基础的广大人民群众的利益）；就是要求党和政府在外交决策中切实依靠广大人民群众的智慧和支持。毛泽东曾说"人民，只有人民才是创造世界历史的动力"，"我们自己往往是幼稚可笑的"，邓小平在领导改革开放中也很强调人民群众的作用，认为改革开放中许许多多的东西都是由群众在实践中提出来的，是群众的智慧。江泽民同志说，好办法不是从天上掉下来的，也不是我们头脑里固有的，归根到底来自于人民群众创造历史的实践。胡锦涛同志指出："尊重人民实践、从人民的伟大创造中汲取思想营养并上升为理论，是我们党进行理论创新的不竭源泉。"就是要党和政府引导人民群众积极参与决策，并在决策过程中促进参与人觉悟的提高、能力的增强、自身价值的实现和发展。

从决策规律上讲，决策的多元化和民主化是政策决策科学化、效率高的重要条件，与实现决策的目的有着内在、必然和本质的联系。"团结就是力量"、"三个臭皮匠顶一个诸葛亮"、"分工是效率的基础"这些话都是人们在从不同的角度说明民主决策与科学决策的一般关系和重要意义。实际上，公众参与和民主决策能更好地表达、综合和实现决策主体的利益，能更充分地接触信息，更好地吸收和运用人民群众的集体智慧，能使决策更好地贴近群众，也才能更好地得到人民群众的认同、支持，使决策符合实际、符合规律、得到高效率的落实。

总之，要实现科学决策和政策的效率，在当代中国的背景下，必须要非常重视人民群众的参与，实现决策的民主化；而人民群众的参与和决策的民主化，一点也离不开大力发展现代传播工具和科学运用现代媒体。

2. 中国外交需要强大的国内舆论支持

1978年后的中国以一种异常惊人的速度开始了现代化的进程，中国社会也随之迅速地发生巨大的变化。30年来，大众媒体特别是电视媒体取得了非常可观的进步，它无论是从硬件上还是从节目形式上，都发生了巨大变化。但客观地横向比较而言，中国国内舆论的力量还是相对薄弱的，实际上它对本国政府决策的影响还都比较有限，更不好说它对外国政府决策地影响了。外国政府在与中国政府交往时,往往认为中国媒体的声音实际上就是中国政府的声音,既然如此,他们只与中国政府打交道也就足矣,不必再去考虑中国的国内舆论等其他因素。在这样的情况下,当一项真正代表中国多数人的意愿和利益的中国政府的外交决策出台时,外国政府也往往只是将其视为单纯的政府决策,而不会认为它与多数中国人的真实愿望和利益有直接关系,也不认为这些政策有如此复杂和如此难以改变的社会基础。一项单纯的政府决策,既容易自身发生变化也较容易通过国际协商所改变。而当一项外交政策真正为国内多数人所推动、所认可时,外国政府想要改变它,就必须付出更多的"政策成本"。

此外,舆论对政府外交政策的支持还在于它有着与政府外交不一样的渠道和表达方式,从而与政府外交形成合力,更有利于外交政策的成功实现。在很多外交场合中,政府的话不可能说得十分绝对,因为政府必须为自己的每一句话承担责任,但在措词得当的同时所付出的代价是表达会失去相应的分量。而舆论可以用一种肯定甚至是激情的语气把政府的真正要求表露出来,其好处在于既可以不承担外交上的责任,又可以直接把中国公众的要求和感情表达得最有分量、最有效果。实际上,政府和舆论一主一辅,相互作用,才能相得益彰,更有可能为中国的外交奏出一曲强劲的乐章。

3. 公众舆论可为外交提供更多的回旋余地

或许有人问,要是舆论与当时中国政府的外交政策不一致怎么办?会不会影响中国的政策,损害我们的外交利益?首先,出现公众舆论不完全相同的情况应当认为是正常的,而且在很多情况下还是一件好事。总的来说,政府应该代表人民的利益。因此,政府决策包括外交决策在内应该是代表大多数人利益的,与主流舆论也应该是大致吻合的。当然,政府决策与舆论不可能完全一致,政府在对外决策中必须考虑本国的实力、利益以及有关国家的反映等种种因素,而舆论就可以不涉及这当中的某些因素,而强调和突出一些因素。此外,政府决策与民间论政的着言点,也不会是完全一样的。但舆论毕竟不可能直接作用于政府决策，尤其是与公众利益关联度较小的外交决策。因此，当舆论与政府决策相差不大时，它一般不可能改变政府决策，也难以减弱或抵销政府决策的力量。如果舆论与政府决策出现了较大的偏差，政府就应该反省自己。因为在民主体制中，当政府政策不能和大多数人的意见保持一致时，政府政策就必须改变。这不是简单的对与错的问题。在这种情况下，舆论能给政府以较多的压力来使之改正政策，使之更符合民意，也往往会符合实际。决策更符合实际，当然是一件好事。

舆论与政府外交决策不相一致还有一个好处就是，它可以为中国外交提供更多的回旋余地。在目前的中国外交中，基本上只有一个声音对外说话，这固然更加高效有序，但实际上是放弃了自己可以使用的许多筹码。外交是一项妥协的工作，可使用的筹码越多，所获得的利益就可能更大。对代表国家的行政机构而言，权力机构（或立法机构）、司法机构、政治反对派和新闻舆论既是制约它的力量，也是便于它开展外交工作的筹码。许多国家在谈判过程中，或是谈判已经完成，甚至已草签协议的时候，又以舆论压力、国会通不过为由要求重新谈判，或是拖延执行。当然，这种情况可能会对一个国家的信誉产生影响，但实际结果是，利用这些筹码的国家在下一次谈判中往往得到了比以前更多的让步和更好的要价。当然民间论政还是要多一点理性，少一点情绪。民间论政可能也会有一些负面影响，如容易激化民族情绪等。但在民主社会，民间论政不但在总体上是于国于民有利的事情，而且是应该而且必须提倡的事情，否则，民主一词就名不符实。当然，作为一个负责任的公民，特别是作为有较高文化程度的知识分子，在论政方面还是必须有一些规范或者说有一些标准。别的不讲，至少在对外关系方面，本人认为，民间论政应多一点理性，少一些情绪，多谈些问题，少谈些主义，才能真正于国于民有利。

二、大众传媒与公众参与：发展与规范的统一

一切事物都有其两面性，而媒体的发展和公众舆论自由，对于党和政府包括外交在内的政策决策来讲，既是机遇，也是挑战。毫无疑问，

舆论的多元化使决策层增添了更多的耳目和视角，这是决策民主化所带来的积极结果。但与此同时，它给决策者增加了工作难度，比如决策过程的逐渐开放，尤其是民间和网上舆论的高度普及化，中国外交政策的制定者和执行者，从此再也没有耳根清净的时候。这不仅对决策者，而且对舆论的管理和提高主体的素质提出了更高的要求。

首先，我们不难看到有些网络上的言论是犀利的，从集群到分散，现在亦呈多元化的趋势发展，之中也不乏一些出格的、错误的情绪、言论及利益的诉求。例如，虽然被外国人夸张但实际上一些网民确实也多少反映出的"民族情绪或主义"，例如有些我们注意到的似乎是可以理解的但是不健康的一些现象和作法：不够负责任的批评、违反公众利益和他人利益的作法等。事实上在国际关系中，民族情绪的极端就是民族主义，其危害是很大的。它常常导致盲目排外，利益诉求的片面，还可能有益于培养对恐怖主义认同等，而不正确的舆论常常就是诞生极端民族主义的温床。这方面，法国的情况是一例。法国是一个现代民主社会，但极端民族主义就是利用相对开放的舆论环境，以一些突出的社会问题为题材，借助大众传媒，制造不正确的、不真实的舆论，以影响公众舆论，结果造成2002年大选中极右翼政治领导人勒庞成功进入第二轮法国总统的不正常局面。应当说，中国没有极端民族主义的历史传统和社会根基，在对外关系中民族主义也没有市场。但中国的媒体也应防微杜渐，不要让舆论引起更多的民族主义的情绪，从而造成不好的国际影响，尤其是随着中国的发展，世界上早就存在着大量的所谓"中国威胁论"及其变种，如先后出现的"中国粮食威胁论"、"能源威胁论"、"人口和环境威胁论"等。

事实还表明，民主与集中、自由与法治还是辩证统一的。从来就没有绝对的民主和不受限制的自由，公众舆论要引导、要规范、要健康、要文明，要符合国家的利益和有益于科学的决策。这是一个新的课题，要解决这个问题，一方面要求我们的公众论者要自觉提高政治素质，但另一方面，执政党和国家也应当不断地提高自己管理和指导的水平，即提高媒体执政能力。应当看到，中国现在主流媒体基本上是配合国家外交政策的,是健康向上的。但有时候学术界一些学者为影响国家的外交政策,而发表一些出位、出格、不很科学、不大负责的言论。因此,无论是媒体还是学者,尤其是那些较有影响力的学者,应当珍惜自己所拥有的话语权,做到有责任不要滥用。要知道在任何一个社会,不管多么自由和开放,外交事务都永远是敏感地带,在某些情况下甚至是禁区。媒体和学者该说些什么,不该说些什么,自己都必须掌握好分寸。由于国际社会仍处于无政府状态,没有一个能真正代表全人类利益的机构,各国在国际交往、外交决策中只能在本国利益的基础上进行折中,忽视了这个基础,只会损害我国外交工作,只能导致外交工作的大失败。因此,民间人士在论政时应理性地考虑到这一点,在论及对外关系时还是应以是否符合我国国家利益为辨别是非的根本标准。我们提倡在国际关系中尊重民主,尊重全人类的共同利益,但如果均以民主、独裁或是以人道、全人类共同利益来为外交工作划线,那不但于事无补,还会对我国外交工作有害。总之,我们的公众论者要以理论事,以事服人,以国家为重,以建设为本,不要情绪化,要有责任感和建设性。

应当看到,我们现在的执政党和政府还是很有威信的,但是我们要使公众外交健康发展还必须进一步增强媒体执政能力,要在推进民主的同时,加强法制建设,用法律的、行政的手段,通过规范、教育,倡导真正使现代媒体和公众外交参与更加有序有效并得到健康的发展,使其更好地用时代精神和民族特色发展和完善我们的决策体制。新一届中央领导集体十分关注传统主流媒体的新闻改革,特别要求党报在新闻报道中坚持"三贴近"原则(即贴近实际、贴近生活、贴近群众)。所谓新闻的"三贴近"就是让媒体的议程变成公众议程,把政府所关心的事情和问题变成广大公众所关注和思考的问题。人们总是简单地把"三贴近"理解为对党报的要求,其实,"三贴近"更应该是领导人对媒体素养的最基本的要求。"三贴近"要求各级领导干部牢牢掌握新闻发布规律,使政府的议程、媒体的议程和公共议程合三为一,更有效地引导舆论,提高政府执政能力。只有当领导干部在开会、讲话、报告、视察中遵循"三贴近"的原则,按照如下新闻规律办事,即:(1)愿意并及时表态;(2)策划特定场合表态(不要总在会议室里);(3)采用新闻语言表态,让领导人的讲话或发言简洁、清晰、人性和新闻性。这样,政府的声音才不仅能在党报上发出,而且还能在商业化媒体甚至国际媒体上发出。

驾驭舆论的执政能力应该是顺应新闻规律,运用传播技巧,通过新闻发布机制的建立和完善,调动媒体的兴奋点,使媒体自觉自愿地围绕公共政策部门所发布的新闻事件和议题来进行报道和追踪。作为加强执政能力的突破口,议程设置所塑造的舆论民意更可以使社会内部成员获得强烈的政治认同感。

三、做好中国对外文化外交:增加交往与共识

中国驻日大使王毅在回答《中国新闻周刊》如何看待 21 世纪中国外交的发展方向时说,中国的外交要高举和平、发展与合作的旗帜,树立公正、民主、进步的形象。中国的国力已经明显增强,国际地位得到了很大提高,自己与过去比,中国已发生了很大变化。就世界力量对比而言,中国也是发展最快的力量。在此形势下,全世界目光越来越集中在中国身上,越来越关注中国发展起来以后会做什么,要在世界上发挥什么样的作用。从我们自身而言,我们当然还是一个发展中国家,还有很长的路要走;但从外界来讲,已经把中国视为一个大国和强国,我们的举手投足都会引起各方面的注意。这就给我们带来一个新的重大课题,就是在继续发展硬实力的同时,要花大力气构筑我们的软实力,建立我们的影响力。

1. 新世纪新挑战:发展的中国如何融入世界

依照邓小平的设计,中国从站在国际社会外面作激进的挑战,到回归世界经济发展的主流,迄今已有 30 年。30 年后,已把对外开放奉为基本国策的中国突然发现,他们似乎非常熟悉的对外事务却遇到空前的挑战。最近的例子便是 2008 年奥运火炬传递,在欧美一些国家中,抗议之声随处可闻。看到那些激愤的面庞,对于希望拥抱世界的自信的中

国人来说，是一个巨大的震撼。这也许是当今的中国或者是下一代的中国领导层要认真对待的最重要的外交问题之一。实际上，走向世界的中国遇到的麻烦并不是从今天才开始，不是从奥运火炬才开始的。

这里反映的问题实质不仅是世界政治关系的变化，如政府外交之外，公众外交发展的新情况、新规则和新作法，中国政府和中国人民外交有一个不断适应的问题，而且是因为中国发展所引起的国际政治和我国外交必然要面对的新情况、新问题。归结起来就是因为中国崛起使中国外交与中国发展面临着新的机遇和挑战，这就是发展了的中国如何续继发展，能否融入世界，而开放的世界尤其是发达国家又该如何接受发展起来的中国。

2. 增加沟通，做好中国的文化外交工作

如何面对机遇迎接挑战？中国的回答就是除了排除一切国家、力量的敌对干扰外，要做好中国的外交工作，增加中国与世界的沟通、交流与交往，让世界了解中国、认识中国、接近中国，进而友好中国。要达到这样的目标，我们不仅要做好政府外交，还要做好公众外交；不仅要重视做好传统的政治、经济外交，尤其要创新发展做好文化、社会外交；不仅要把外国政府作为我们外交的对象，还要贴近相关国家和整个世界各国人民和各种组织；我们不仅要发展大众传媒，利用多种手段做好宣传、说服、引导世界舆论的工作，我们还需要了解各国政府与人民的关切、情感、文化和利益。为此，中国已经做出了很多的努力，但我们应当做出进一步努力。

政府外交更加注重发展沟通、了解和交往　在2006年的最后一周，中国政府公布了第五本《国防白皮书》。它以更多的数字公布了更多的"军事秘密"，最让人瞩目的是，它首次向世人披露了这个国家武装力量未来发展的战略意图。几乎与此同时，中央政府还承诺，为国际媒体在北京奥运会期间提供"更大便利"的服务与保障，并第一次公布中共中央有关部门新闻发言人名单及新闻发布机构的电话。迄今，中国国务院已有74个部门建立了新闻发布制度。2007年始，国家发改委等9部委推出由新闻发言人定时发布新闻的制度。政府甚至讲，中国将把国际媒体视为"建设性合作伙伴"。

与这些变化相伴随的，还包括中国日益重视对自己外交政策的宣传与推广。过去几十年中，中国依靠《人民日报》和新华社的新闻报道以及外交部的一些小册子，阐述自己的观点或展开国际论战。自上世纪90年代中期以来，中国已经认识到在国际上介绍自己的政策对于塑造国家形象的重要性。从1991年发布第一部白皮书截至2009年1月，中国已发表了60部白皮书，涉及民主政治建设、法治建设、政党制度、人权状况、军控、国防、防扩散、宗教问题、人口问题、能源、环境问题、知识产权问题、食品药品安全以及西藏问题等内容，全面准确地介绍中国政府在这些重大问题上的政策主张、原则立场和取得的进展，增进了国际社会对中国的了解和认识，受到了广泛关注。

文化外交在扩大了解的同时会增加共识 文化是认知，是情感，但更是价值，文化建设与经济的物质生产、政治的权力生产和社会的人的生存的建设既相联系、又相区别，其中最主要是价值的生产。文化的外交主要目标是要在增加相互认知、拉近彼此距离的基础上，进行观念的沟通，形成一定程度的价值认同。中国为什么要增加沟通、扩大文化交流、做好文化外交的工作，因为这是和中国走向世界、走向未来紧密联系在一起的。要把中国的理念和对世界的看法告诉世界，我们希望世界和平，希望共同发展，是发自内心的，所谓"中国威胁论"是毫无根据的。中国创造了经济奇迹，同时也把经济活动当中所体现出来的一种我们国家发展所需要的、推动国家进步的思想文化理念呈现给世界。进入21世纪，"软实力"在综合国力竞争中的重要地位和作用愈益突出。文化外交格外受各方关注。文化外交与传统的政治外交、军事外交、经济外交等完全不同，但又相辅相成，共同担负着实现国家利益的重任。

随着文化被越来越多地引入国家的对外政策中，文化外交成为国际关系研究领域的新宠。改革开放以来，中国在政治外交、经济外交和军事外交领域都取得了显著的成就。但是，中国对外文化交流存在严重"赤字"。在2006年4月2日举行的"中国梦与和谐世界"研讨会上，赵启正列举了一系列数据，希望引起人们对中国在对外文化交流方面贸易逆差的重视。2004年，中国从美国引进图书4000多种，出口只有14种；从英国引进2000多种，出口只有16种；从日本引进近700种，出口22种。从2000年到2004年，中国进口的影片及影视作品是4300多部，而出口的影片屈指可数。自1984年国家彻底开放自费留学门槛之后，中国赴外国留学的人员逐年增多，据教育部统计，2007年，中国各类出国留学人员总数为14.4万人，其中国家公派8853人，单位公派6957人，自费留学12.9万人，占当年出国留学总人数的近90%。与1978年的860人相比，出国留学人数翻了167.44倍。目前，我国累计已有121万人出国留学，他们的足迹遍布100多个国家和地区，留学回国人员总数近32万人。目前在外的留学人员有89.2万人。其中65.72万人正在进行本科、硕士、博士阶段的学习以及从事博士后研究或学术访问等。中国学生留学的对象国家主要包括美国、日本、澳大利亚、英国、加拿大等国，荷兰、南非等国也逐渐受到中国学生的青睐。

另一方面，就全球范围而言，中国的传统政治理念、当今的政治发展、经济与社会进步的现实、求合作谋发展的愿望与政策趋势并未在西方舆论界得到客观、全面地反映。有许多实例可以证明这一点。许多西方国家百姓在西藏问题和对达赖的态度表现出来无知或知之甚少尤其说明问题。到目前为止，西方国家大多还是简单地用固有的"专制"概念看待中国政治，此外又多了对中国经济发展的畏惧。

中国文化外交是以中华传统文化为载体、通过政府组织或民间文化交往而展开的、为达到在世界范围内促进和平、发展经济为目的的一种外交活动。官方交流、大众交流和大众传播媒体的交流，其中媒介负有独特的重要使命。为强化中国的声音，必须寻找媒体通道，这其中最关键的一点是合作，是多层次、多方式、多渠道的合作。因为合作传递的声音要响亮得多。

政府外交与公共外交（公关）结合。 文化外交的发展应两条轨道齐头并进。一是官方文化外交，二是公共文化外交，争取世界人对中国文化的共识。官方文化外交指政府对政府的文化交流，也包括政府通过行政和财政手段加大对文化外交的投入,配备相应的新政策。中国文化部近年来致力于"文化外交"、文化年活动。但文化交流不仅是办几个展览,演几场戏,开几个讲座,实质上是我们通过文化交流告诉世界,中国人在想什么、做什么,中国对世界未来的期望是什么,这是心灵的沟通。同样,我们把外国的优秀文化引进来,也是为了了解世界的不同国家不同地区的他们在想什么、做什么。基于这样的互相了解,才能够建立一种信赖。未来世界竞争很激烈,但是可以在利益上取得共同点的,对手是具有可合作性的。中国文化始终是用博大的胸怀面对世界,一直是在与世界文化的交流和激荡中成长。我们的文化是世界上唯一没有中断的最古老的文化。但同时我们也要有危机感。现在科技日新月异,文化要传播要壮大离不开经济,离不开科技手段,在这方面我们还是有差距的,我们要赶上去,要发愤图强繁荣经济,发展文化。

公共文化外交包括政府以外各个层次、各个领域、各种方式的人员和文化产品的交流。毛泽东时代的文化外交是乒乓外交、大使夫人外交,而当今的文化外交已经包含了太多的内容和形式。外交部公共外交处的建立,似乎已经不足以应对公共文化外交的需求,而这需要全社会和每一个国民的共同努力。问题是文化的成果和文化底蕴的深厚只是一种基础,要从一种自在的形态变成一种自觉的形态,其中还是有差距的。正因如此,建设"文化大国"战略是有远见的。中国有深厚的现实基础,有悠久的历史传统,再有一种适应时代需要的文化自觉,中国文化的发展定会与经济的发展一样令人刮目相看。只有在物质生产、精神生产、行为方式和思维方式上的文化素质的全面提升,这个民族才能说是一个有文化、有希望的民族。

3. 外交涉及方方面面,其中媒体很关键

新闻除了要坚持正确的导向以外,媒体还要提高自己的品位,文化产品必须要以自己高品位的文化价值来影响受众。文化应该插上媒体的翅膀,传播既广又远。媒体更应加强文化修养,使文化的灵魂更加纯洁,形态更加多姿多彩,使受众更加受益。2009年2月24日,据广电总局网站披露,中央电台下发了《加快新媒体发展思路的决定》,确定

了中央电台未来新媒体发展的思路。其中首要内容就是坚持以科学发展观为指导,围绕"世界眼光、开放胸怀、内合外联、多元发展"战略思路,提升新媒体核心竞争力和影响力。该文件指出,一是整合资源,根据"台网一体"发展战略和市场需求,通过组织制度安排和管理运作协调的方式,对中央电台传统媒体和新媒体的内容、人力、技术资源进行合理的重新配置,发挥资源的聚合效应,提高资源利用率。二是全台办网,要求全台各部门顺应新媒体融合发展的传媒趋势,认真落实积极配合新媒体发展的各项部署。三是面向市场,实施市场化运营方式,积极利用市场有利因素,吸收社会资本,壮大经济实力。四是充分依靠中央及总局支持和帮助,扩大新媒体业务范畴,增强新媒体资源实力;加大台内资金使用、人才配置、技术支持、项目审批等倾斜力度,扶持新媒体业务快速增长。五是进行科学规划,强化管理。把握新媒体发展的最新趋势,立足中央电台已有资源和发展目标,使政策调整与发展趋势相统一,资源整合与市场需求相统一;加强规划落实的动态管理,确保工作部署落到实处。

媒体作为政府和人民的喉舌,坚持正确的舆论导向是第一位,新闻不存在适应市场的问题,新闻本身就是要准确及时宣传党的方针政策,反映人民的呼声,反映人民的创造。作为一个媒体集团,这是最核心的东西。当然还有其他方面的内容,应该丰富多彩。无论是报纸还是电视,要想取得良好的经济效益,必须是有更多的人看,而且核心就是内容,是质量,如果离开媒体文化的正确价值取向去追求经济效益,必然走偏方向。

总之,中国要以世界人民为本,以国家和人民利益为基础,充分认识和运用媒体手段和公众舆论,认识外交规律,推进科学决策,完善决策体制,开拓中国特色社会主义外交的新局面。

结　语

一

我倾向于认同辩证唯物主义的历史决定论，即认为事物发展有不以人的意志为转移的客观规律，而人作为历史的主体又是可以相对或绝对地认识人们生活其中的客观世界及其规律，从而能动地"改造"世界。

马克思是这一历史观的创始人，在150年前就曾对这一历史观的内容及其科学性做过堪称经典的论证，① 但在其后乃至今天，也有不少人对这种历史观提出质疑，例如主张"辨伪"的科学主义大师"非决定论"者奥地利人波普及其他的著作《历史决定论的贫困》。② 应当说，决定论与非决定论，在学理上都有自己的根据，它们之间的争论也肯定会不断地继续下去。但作为一种生活观，我们似乎应当认同"决定论"。因为，人们总是需要一种更积极的、参与的态度，追求一种有目的的、自觉的状态，争取一种有效的或成功的过程与结果。

本项研究从设计上也属于"决定论"，因为它需要这样的一种逻辑假设，即认为中国外交决策作为一种实践活动具有其客观性，有不以人的意志为转移的客观规律，而我们可以通过研究，得以描述现象，分析事物，发现规律，指导实践，最后更好地实现国家和社会的利益。

---

① 参见《马克思恩格斯选集》，第2卷，人民出版社1995年版，第31—35页。
② 参见卡尔·波普：《历史决定论的贫困》，华夏出版社1987年版。

因此，本书各部分内容试图说明中国外交及其决策不是偶然、无序、不可认知的，而是由一系列重要因素影响和决定的，是必然的、有规律和可认识的。其中有国际影响因素和国内影响因素，国内因素又可划分为制度的、法律的、文化的、传媒的等诸种新老因素。它们之间相互联系、相互影响，构成了一个统一的整体，共同成为影响和决定中国外交政策的重要因素。其中内部因素是根据，外部因素是条件；内部的诸因素又有主有次，有轻有重，有不同的内容与形式。不仅如此，本研究还贯穿一种发展变化的观点，认为这些因素无论是自身的质和量，还是相互之间关系及其各自的重要性也在不断发展变化的过程之中，并因此成为一些可以认知的从而应当在实践中加以把握的趋势：

首先，国际环境对中国的影响和中国的国际影响都不仅在历史上还在现实和未来中有着不可逆的、不断增长的倾向。笔者认为其主要原因在于经济全球化基础之上的全球化的浪潮与中国在改革开放中的巨大发展。

其次，作为时代的发展和中国社会的转型的结果，一些因素，诸如法律的因素、公众媒介的因素会比较快地发展起来，并日益显示出更加重要的性质；而另外一些因素，如政治文化、决策体制的变化则因各种历史的和现实的原因，则不会在近期同步发生同样重要的变化。

第三，还有一些因素，已经发生了明显的变化，已与以往很不相同。

总之，影响中国外交科学决策有多种因素，而各种因素也在不断演进和发展，它们在内容和形式、方向和质量上都对我们的实践提出了新的要求，而正确认识和实现这些新要求是我们进行科学决策不能忽视的重要方面。

作者认为，本项研究所做的工作肯定是有限的，认识也是阶段性的，但如果我们能够引起学界及社会更深入的不断探讨而达到对问题近于客观、正确的认知并得出有用的结论，那无疑会对中国外交及其政策的优化，对完善我们科学决策的相关体制，对更好地实现国家的目标和人民的利益，具有重要价值和意义的。

结 语

二

研究需要方法，方法必须科学。依现在人们的认识，当下政治学研究大约有两种基本的倾向或范式，即规范性和经验性方法或范式。① 规范性的研究范式是一种"本质主义"的认识方法，强调本质决定事物的活动规律和发展趋势。因此，其主张首先借助理论进行假定，然后按照逻辑进行论证，透过现象认识本质。经验性的研究范式与规范性的研究范式截然相反，它不相信假设和推理，只相信可观察到的事实。经验性范式是一种"功能主义"的认识方法，主张通过观察对象活动的表象，了解对象活动的功能及其与相关事物、周围环境的相互作用，找出事物之间的因果联系。

有人把两种范式简单地概括为传统与现代、西方与东方的区别，这种认识不无道理，但也不能绝对。我认为"两者"关系还是基础与前沿、基本与补充的关系，而在运用范式进行研究工作时，我们需要思考的不是两者的排斥，倒是两者的结合，要认识事物的本质，但又要回到对事物之现象的认识。总之，是二者的辩证统一。

本项研究的范式选择偏重于规范性研究，但又希望借鉴经验性范式，实现两者的有机结合，达到更好地认识外交决策本质的目的。当然本项研究的"规范性"是远远不够的：首先，规范性研究的规范还显得不严格。规范性研究要有一定的理论为指导，以历史研究为基础，通过假设、论证，达到对本质规律的认识。本研究虽然有一致的历史理论基础，但历史的研究论证尚不充分。大家知道，规范性范式的论证方式是历史主义的，它的理论分析与推理总要以历史为依托。规范性的理论认为社会结构具有整体性的特点，在这种结构中的局部与整体具有时空上的不可分割性。在政治学及社会科学领域里，任何企图通过局部或个别典型说明整体的作法的意义和功效都是十分有限的。因此，政治学只能

---

① 参见房宁：《规范性与经验性之争——政治学的基本范式》，《政治学研究》1997 年第 1 期。

通过对相对完整的某一历史过程作出整体分析，从中得出规律性的认识，再与现实的事物进行对照和比较，最终对现实作出解释或预测。由于在这一环节上还不够到位，因此本研究得出的对规律的认识还具有一定的相对性。

此外，本研究也借鉴经验性研究范式，希望具有一定的实证研究的色彩，但对现象的考察在外交决策研究中有天然的困难（不够透明），因此有时只能依据已有的和可有的观察资料，得出一些初步的结论，远谈不上完善的定量分析、动态研究和用事实说话。

综合起来，我只能说本研究是一次方法论结合的尝试，是否能够得到学界的肯定，是否起积极的作用还可加以讨论，还有待经受实践进一步的检验。

三

关于本书的最后定位，我还要讲三句话：一是首先是学习，其次是研究；二是它既是一个终结，又是一个开始；三是它既充满自己不懈耕耘的汗水，又凝结着许多先辈的艰辛和同事指导和帮助。为什么说首先是学习，其次是研究呢？

对我来说，关注世界大事和中国外交由来已久。在七七级北外法国语言文学系毕业来外交学院工作以来，这种关注就像是注入自己的血脉，从来没有离开。开始是在翻译室从事《外交译丛》的翻译工作和编辑，广泛涉猎国际关系、国际法、中国外交、对外战略等学科和专题；而后在开放中国的大背景下，在外交学院的小环境下，曾为满足自己的认知需要和政治关切，也为外交学院的教学科研需要和要求（自上世纪90年代初始到外语系法语教研室做教员），我从关注发展到学习，学习相关的理论和历史，学习相关的政策和现实；最后这种学习从校内到校外，从业余到专业，学到了法国的蒙彼利埃大学法学院和巴黎十一大政治学院。作为学习的结果，我在修完了相关课程的基础上，完成了《中国基层行政决策分析——以司徒镇村级公路修建为例》的学位论文（1997），获得了法国政治学硕士学位（DEA），此后我开始系统关注和研究外交决策与当代中国外交问题，并于2004年完成了《中国外交决策——三个阶段发展的分析》的博士学位论文，获得法国政治学博士学位，受到答辩专家的充分肯定。而这篇博士学位论文就是本项研究的基础和本书的雏形。可见，从来龙去脉上看，本书首先是学习的要求，第二才是研究的结果。此外，我讲首先是学习，其次是研究，还是说这本书尽管是我长期关注和研究的结果，但是它还只是一种科学研究的尝试，是学做研究的过程。此前，我虽然发表过一些相关的研究成果，但这是第一次综合，希望能够形成一本有专著色彩的书。

第二是说本书的出版，它既是一个终结，又是一个开始。时空无限，认识无止境。此一研究的结束是彼一研究的开始，本项研究是我们认识这个问题的一个部分。因此，我希望抛砖引玉，以迎来大家进一步的探讨和更好成果的出现。此外，本书还是自己学习研究过程的一个结果，一个阶段性工作的终结。因此，上一个阶段的终结是下一阶段的开始，我对相关问题的研究还要继续研究下去，还要不断地追问下去，这既是我的希望，也是我的态度。

最后，本项成果完成是我个人多年学习研究努力的结果，但在这个过程中又有许多前辈、同事、家人的指导帮助和付出。首先要感谢我的两位导师米歇尔·米阿耶教授、埃勒萨耶格教授；感谢外交学院领导的指导和同事们的大力支持和帮助；最后要感谢家人的付出。他们不仅曾不厌其烦地陪我讨论、构思、研究、写作，还与我一起去实地调研，贡献时间、精力、情感和智慧。最后，人事部留学人员研究基金还对本项研究的后期工作，为本书的出版提供了大力支持，而中央编译局的李其庆局长、中央编译出版社编辑谭洁、郑锦同志付出的创造性劳动，也是无与伦比的。在此，一并表示衷心的感谢。

参考文献

一、著作类（中文）

1. 中华人民共和国外交部、中共中央文献研究室编：《毛泽东外交文选》，中共中央文献出版社、世界知识出版社 1994 年版。
2. 中华人民共和国外交部外交史研究室：《毛泽东外交思想研究》，世界知识出版社 1994 年版。
3. 李君如：《毛泽东与当代中国》，福建人民出版社 1992 年版。
4. 金春明、许全兴、陈登才、郭德宏：《毛泽东思想基本问题》，中共中央党校出版社 2001 年版。
5. 裴坚章主编：《研究周恩来——外交思想与实践》，中华人民共和国外交部外交史编辑室，世界知识出版社 1989 年版。
6. 叶自成著：《新中国外交思想：从毛泽东到邓小平——毛泽东、周恩来、邓小平外交思想比较研究》，北京大学出版社 2001 年版。
7. 李越然：《外交舞台上的新中国领袖》，外语教学出版社 1994 年版。
8. 逄先知、李捷：《毛泽东与抗美援朝》，中央文献出版社 2000 年版。
9. 宋一秀、杨梅葉编著《毛泽东的人际世界》，红旗出版社 1992 年版。

10.《邓小平文选》第三卷，人民出版社 1993 年版。

11.《邓小平外交思想学习纲要》编写组：《邓小平外交思想学习纲要》，世界知识出版社 2000 年版。

12. 王泰平、张光佑主编：《邓小平外交思想研究论文集》，世界知识出版社 1996 年版。

13. 毛毛：《我的父亲邓小平——文革岁月》，中央文献出版社 2000 年版。

14. 韩念龙主编：《当代中国外交》，中国社会科学出版社 1988 年 3 月第 1 版。

15. 王绍坊主编：《中国当代外交史》（鸦片战争至辛亥革命 1840—1911），河南人民出版社出版，1988 年 8 月第 1 版。

16. 吴东之：《中国当代外交史》（中华民国时期，1911—1949），河南人民出版社出版，1990 年版。

17. 谢益显主编：《中国当代外交史》（中华人民共和国时期 1949—1994），河南人民出版社出版 1995 年版。

18. 谢益显主编：《中国当代外交史（1949—1995）》，中国青年出版，1997 版。

19. 曲星：《中国外交 50 年》，江苏人民出版社 2000 年版。

20. 吴冷西：《10 年论战（1956—1966）——中苏关系回忆录》1—2 卷，中央文献出版社 1999 年版。

21. 田曾佩、王泰平主编：《老外交官回忆周恩来》，世界知识出版社 1998 年 2 月。

22. 余世诚：《邓小平与毛泽东》，中央党校出版社 1995 年版。

23. 俞吾金：《邓小平：在历史的天平上》，上海人民出版社 1994 年版。

24. 徐则浩：《王稼祥传》，当代中国出版社 1996 年版。

25. 曾涛：《外交生涯十七年》，江苏人民出版社 1997 年版。

26. 耿飚：《耿飚回忆录（1949—1992）》，江苏人民出版社 1998 年版。

27. 云水：《出使七国纪实——将军大使王幼平》，世界知识出版社 1996 年版。
28. 刘晓、伍修权等：《我的大使生涯》，江苏人民出版社 1993 年版。
29. 熊向晖：《我的情报与外交生涯》，中共党史出版社 1999 年版。
30. 李连庆：《外交英才乔冠华》，江苏人民出版社 2000 年版。
31. 尹家民：《黄镇将军的大使生涯》，江苏人民出版社 1998 年版。
32. 王泰平主编：《当代中国使节外交生涯（1—6 辑）》外交部《当代中国使节外交生涯》编委会，世界知识出版社 1997 年版。
33. 陈汉文编著：《在国际舞台上》，四川人民出版社 1985 年版。
34. （美）理查德·尼克松：《领导者》，世界知识出版社 1983 年版。
35. 温乐群：《外国首脑与中国》，天津社会科学院出版，2001 年 3 月第 1 版。
36. 李樵：《中国历代外交家列传》，世界知识出版社 1996 年 2 月第 1 版。
37. 张历历、杨闯、周启朋：《现代国际关系学》，重庆出版社 1989 年版。
38. 金应忠、倪世雄：《国际关系理论比较研究》，中国社会科学出版社 1992 年版。
39. 王逸舟：《全球政治与中国外交》，世界知识出版社 2003 年版。
40. 王逸舟：《当代国际政治析论》，上海人民出版社 1995 年版。
41. 冯军特主编：《当代世界经济与政治》，经济管理出版社 1998 年版。
42. 张历历著：《外交决策》，世界知识出版社 2007 年版。
43. 冯玉军：《俄罗斯外交决策机制》，时事出版社 2002 年版。
44. 赵全胜：《解读中国外交政策——微观、宏观相结合的研究方法》，月旦出版社股份有限公司出版。1999 年版。
45. 阎学通：《中国国家利益分析》，天津人民出版社 1996 年版。

46. 秦亚青主编：《文化与国际社会：建构主义国际关系理论研究》，世界知识出版社 2006 年版。

47. 康绍邦、宫力等：《马克思主义国际战略理论》，九州出版社 2006 年版。

48. 杨成绪：《国际大格局：对 1992—2006 年国际形势的观察》，世界知识出版社 2006 年版。

49. 王家福：《国际战略学》，黑龙江人民出版社 1986 年版。

50. 俞新天等：《国际体系中的中国角色》，中国大百科全书出版社 2008 年 4 月第 1 版。

51. 中共中央党校国际战略研究所：《中国和平崛起的新道路》，中共中央党校出版社 2004 年版。

52. 毛寿龙：《政治社会学》，中国社会科学出版社 2001 年版。

53. （美）朱迪斯·戈尔茨坦、罗伯特·O. 基欧汉编：《观念与外交政策》，刘国栋、于军译，北京大学出版社 2005 年版。

54. 陈乐民主编：《西方外交思想史》，中国社会科学出版社 1995 年版。

55. （美）亚历山大·温特：《国际政治的社会理论》，秦亚青译，上海人民出版社 2000 年版。

56. （美）布鲁斯·拉西特、哈维·斯塔尔：《世界政治》第五版，华夏出版社 2001 年版。

57. （英）杰夫·贝里奇、莫里斯·基恩斯－索珀著：《外交理论——从马基雅维里到基辛格》，陆悦麟、高正译，北京大学出版社 2006 年版。

58. 杨公来：《外交理论与实践》，四川大学出版社 1992 年版。

59. （波兰）尤·库库尔卡：《国际关系学》，林军、于振起译，中国人民公安大学出版社 1991 年版。

60. 李智：《文化外交——一种传播学的解读》，北京大学出版社 2005 年版。

61. 朱光磊：《当代中国政府过程》，天津人民出版社 1997 年版。

62. 李琮：《当代资本主义论》，社会科学文献出版社1993年版。

63. 刘光溪：《碰撞·融合·发展》，上海人民出版社2002年版。

64. 政治体制研究丛书编委会编：《中国政府的职能和政治组织结构》，华夏出版社1989年北京。

65. 李和中：《比较公务员制度》，中共中央党校出版社2003年版。

66. 《十年来影响中央高层经济决策的论点汇集》（内部参考1—2）。

67. 杨宏山：《当代中国政治关系》，经济日报出版社2002年版。

68. 刘海藩、王怀超、朱满良主编：《当前党政干部关注的若干重大思想理论问题》，中共中央党校出版社2003年版。

69. 王雨田主编：《控制论、信息论、系统科学与哲学》，中国人民大学出版社1988年版。

70. 曾小华：《文化·制度与社会变革》，中国经济出版社2004年7月第1版。

71. 潘禾一：《文化与国际关系》，浙江大学出版社2005年版。

72. 郝雨、凡林主编：《中国外交决策—开发与多元社会因素分析》，社会科学文献出版社2007年版。

73. （美）鲍大可《中国外交决策：结构与过程》，1986年中国社会科学院内部刊印资料。

74. （美）詹姆斯·多尔蒂、小罗伯特·普法尔茨格拉夫：《争论中的国际关系理论》，世界知识出版社1987年版。

75. （美）列奥·施特劳斯、约瑟夫·克罗波西主编：《政治哲学史》，李天然等译，河北人民出版社1998年版。

76. 侯少文：《依法治国与党的领导》，浙江人民出版社1998年版。

77. 李慎明主编：《低谷且听新潮声：21世纪的世界社会主义前景》，社会科学文献出版社2005年版。

78. 张小霞：《中国高层智囊——影响当代中国发展进程的人（1—4)》，陕西师范大学出版社2001年版。

79. 黄修荣主编：《较量的背后——中共与西方的对抗与合作（1—

2)》,吉林人民出版社 1999 年版。

80. 刘建飞主编:《政治文化与 21 世纪中美日关系》,解放军出版社 2006 年版。
81. 牛先锋:《知识经济与社会主义》,红旗出版社 2002 年版。
82. 斯文·温德尔、丹尼斯·麦奎尔著:《大众传播模式论》,祝建华、武伟译,上海译文出版社 1987 年版。
83. 马德普主编:《中西政治文化论丛》,天津人民出版社 2001 年 1 月。
84. (美)梅尔文·德夫勒、埃弗雷特·E. 丹尼斯著:《大众传播通论》,颜建军、王怡红、张跃红、李道文译,华夏出版社 1989 年版。
85. 张隆栋、傅显明编著:《外国新闻事业史简编》,中国人民大学出版社 1988 年版。
86. 明安香:《传媒全球化与中国崛起》,社会科学文献出版社 2008 年版。
87. 王学东:《外国战略中的声誉因素研究——冷战后中国参与国际制度的解释》,天津人民出版社 2007 年版。
88. (美)乔舒亚·库珀·雷默等:《中国形象——外国学者眼里的中国》,社会科学文献出版社 2006 年版。
89. 姜安:《意识形态与外交博弈 兼论中美关系的政治文化逻辑》,中央党校出版社 1999 年版。
90. 费正清(Johm King Fairbank):《中国:传统与变迁》,世界知识出版社 2001 年版。

二、著作类(外文)

1. Davis B. Bobrow *Understanding Foreign Policy Decision: The Chinese Case,* The free press 1979.
2. Chih-yu Shih, *The Spirit of Chinese Foreign Policy: A pysychocultral View* The Macmillan Press Ltd, London, 1990.

3. Grahamt T. Allison, *Essence of Decision-Explaining the Cuban Missile Crisis Little, Brown and Company, Boston*, 1971.

4. Sous la diriction d'Elizabeth Economy, Michel Oksenberg, *China Joins The World : Progress and Prospects* Council on Foreign Relations, Inc. 1999.

5. Jacques Lagroye, *Sociologie politique* Presses de la Fondation Nationale des Sciences Politiques& Dalloz, 1993.

6. JEREL A. Rosati Holt, *The Politics of United States Foreign Policy* Rinehart and Winston, Inc, 1993.

7. Jonathan H. Torner, *The Structure of Sociologie Theory* Resised Edition, 1986.

8. Luning, *The Dynamics of Chinese Foreign Policy Decision Making* Westview Press, 1997.

9. Maurice Duverge, *Sociologie de la Politique : Eléments de Science Politique* Presse Universitaire de France, 1973.

10. M. Merle, "Politique étrangère "in *Traité de Science politique*, tome 4 *les politiques publiques*, Madeleine Grawitz, Jian Leca, Presse Universitaire de France, 1985, Paris

11. Raymond Boudon, *Les Méthodes en Sociologie* 9e édition Presses Universitaires de France, Paris, 1993.

12. Roger Hilsman with Laura Gaughran and Patricia Weitsman, *The Politics of Policy Making in Defense and Foreign Affaires: Conceptual Models and Bureaucratic Politics* Published by Prentice-Hall, Inc. 1993.

13. André Wilmots, *La Gestion politique et centres du pouvoir en République populaire de Chine* 7doc, Harmattan, 2001.

14. Jean-Luc Domenach, *Où va la Chine* Fayard, sept. 2002.

15. Samuel S. Kim, 2000 *China and the World-China Foreign Policy in The Post-Mao Era*, Wistview Press, 1984.

16. Béjà J. Philippe: *Politique étrangère de la Chine depuis Tiananmen et*

Rivalité avec USA 2001.

17. Bergère, *la Chine de 1949 à nos jours* Arinadn Colin, 2004.
18. Alain Roux, *La Chine au 20ᵉ Siècle* Armand Colin, 1998, 2ᵉ étdition.
19. Yu Bin, "Study of Chinese Foreign Policy : Problems and Prospect", in 46, 1994.
20. Jean-Pierre Cabestan *Le système politique de la Chine populaire* Presse universitaires de France, 1994.

三、论文类（中文）：

1. 张清敏：《外交政策分析的三个学派》，《世界经济与政治》，2001年第9期。
2. 张历历：《关于中国外交决策研究的几个问题》，《国际论坛》，2000年第2期。
3. 周太忠：《外交政策意识：范畴与现实》　《管理科学文摘》，1994年第2期。
4. 杨成绪：《中国外交重大决策——中国对世界大战不可避免看法的演变》，《科学决策》，1997年第5期。
5. 庞中英：《半个世纪的中国外交：变化与走向》，《国际经济评论》，1998年第3期。
6. 郝华：《邓小平对新时期中国外交的重大贡献》，《党的生活》，2001年第4期。
7. 张妍：《传统文化与中国外交》，国际关系学院学报，1998年第3期。
8. 苏长和：《文明与跨国关系——中国外交政策及其认同的一种建构主义分析》，《世界经济与政治》，2000年第12期。
9. 牛军：《1969年中苏边界冲突与中国外交战略的调整》，《当代中国史研究》，1999年第1期。
10. 郭树永：《国际制度的融入与国家利益——中国外交的一种历史分析》，《世界经济与政治》，1999年第4期。

11. 刘利军：《毛泽东与邓小平和平外交政策比较》，《西南民族学院学报》，1999 年第 5 期。
12. 汪波：《外交政策研究的学科跨越——从政治文化研究外交政策的理论价值与意义》，《武汉大学学报》，2000 年第 1 期。
13. 李宝俊：《党的十一届三中全会以来中国外交的特点》，《教学与研究》，1998 年第 11 期。
14. 王金根：《论国际政治理论的综合研究》，《赣南师范学院学报》，2001 年第 4 期。
15. 李宝俊：《党的十一届三中全会以来中国外交的特点》，《教学与研究》，1998 年第 11 期。
16、刘利军：《毛泽东与邓小平和平外交政策比较》，《西南民族学院学报》，1999 年第 5 期。

四、网址

1. http://www.Moftec.com.cn: La Commission du Commerce économique nationale(établi le mars 1993)
2. http:/www.fmprc.gov.cn: Ministère des Affaires étrangères (établi 1949)
3. http:/www.amb-chine.fr: Ambassade de Chine en France
4. http:/www.chinajounal.net.cn CNKIKW, K10161: Journal de Chine
5. http://www.law.base.com.cn : site des données juridiques de Chine
6. http://www.cass.net.cn: Académie de Sciences sociales
7. http://www.sass.stc.sh.cn: Académie de Sciences sociales de Shanghai
8. http:/www.costing.gov.cn
9. http:/www.chinadaily.net: le quotidien de la Chine
10. http://french.peopledaily.com.cn
11. http://www.chinaorg.cn
12. http://www.ladocfrancaise.gouv.fr

13. http:/www. monde-diplomatique. fr/index/pays/chine. html
14. http://www. chinaonline. com/apec/C01101550. asp
15. http://www. chinajournal. net. cn
16. http/news. sina. com. cn
17. http:/www. cepii. fr: Centre d'études prospectives et d'informations internationales
18. http:/www. cnpeal. com
19. http:/www. u-paris 10. fr/bdic/ Bibliothèque de documentation internationale contemporaine
20. http:/www. palissy. humana. : Centre de Recherche du Développement du Conseil des Affaires d'Etat
21. http://www. insidechina. com
22. http://www. courrierinternational. com/numeros/573/05303901. asp? TYPE = archives
23. http://www. bbcmonitoring. com